O NÓ
DO ENSINO
MÉDIO

Dados Internacionais de Catalogação na Publicação (CIP)
(Câmara Brasileira do Livro, SP, Brasil)

Carneiro, Moaci Alves
    O nó do Ensino Médio / Moaci Alves Carneiro. 3. ed. –
Petrópolis, RJ : Vozes, 2012.

    Bibliografia
    ISBN 978-85-326-4294-3

    1. Avaliação educacional 2. Educação – Brasil
3. Ensino Médio 4. Prática de ensino I. Título.

11-13195   CDD-373

Índices para catálogo sistemático:
1. Ensino Médio : Avaliação   373

Moaci Alves Carneiro

O NÓ DO ENSINO MÉDIO

2ª Reimpressão
Novembro/2016

EDITORA
VOZES

Petrópolis

CONSELHO EDITORIAL

Diretor
Gilberto Gonçalves Garcia

Editores
Aline dos Santos Carneiro
Edrian Josué Pasini
José Maria da Silva
Marilac Loraine Oleniki

Conselheiros
Francisco Morás
Leonardo A.R.T. dos Santos
Ludovico Garmus
Teobaldo Heidemann
Volney J. Berkenbrock

Secretário executivo
João Batista Kreuch

Editoração: Maria da Conceição B. de Sousa
Diagramação: Sheilandre Desenv. Gráfico
Capa: Omar Santos

ISBN 978-85-326-4294-3

Editado conforme o novo acordo ortográfico.

Este livro foi composto e impresso pela Editora Vozes Ltda.

SUMÁRIO

APRESENTAÇÃO

Os caminhos do Ensino Médio brasileiro têm oscilado ao longo de nossa história educacional. As reformas se sucedem e, com elas, o Ensino Médio ensaia passos, quase sempre trôpegos, na direção de um destino incerto.

Etapa final da educação básica, o Ensino Médio se conduz, em sua formulação e em seu funcionamento, por rotas equivocadas, explicitando, assim, as confusões conceituais abrigadas na legislação brasileira em torno de noções como educação e ensino, educação básica e Ensino Fundamental, sistema educacional e sistema de ensino, prova e avaliação e, o mais inquietante, Ensino Médio como preparação para acessar a universidade, e, não, como etapa final da educação básica.

Talvez este emaranhado de equívocos contribua para a indefinição das funções socioeducacionais do Ensino Médio e para torná-lo, prevalecentemente, refém do vestibular. Circunstância agravada hoje pela decisão do Ministério da Educação de transformar o novo Exame Nacional do Ensino Médio (Enem) em prova de acesso ao Ensino Superior.

Os últimos resultados dos dois principais instrumentos de avaliação usados, um, para aferir a qualidade da escola de educação básica, o Ideb, e, outro, para aferir o desempenho dos alunos do Ensino Médio, o Enem, têm contribuído para uma exacerbada produção de argumentos apressados sobre as fragilidades deste nível de ensino no Brasil. As explicações se perdem entre opiniões frouxas, fantasias e argumentos requentados.

O Professor Moaci Carneiro, profundo conhecedor das dobras da estrutura e funcionamento de nossa educação básica, foge do lugar comum das explicações "históricas" sobre as insuficiências do nosso Ensino Médio e põe, direto, o dedo na ferida. A falta de professores qualificados para as disciplinas do que chama de núcleo duro do currículo do Ensino Médio (Física, Matemática, Química e Biologia) tem, como causa, os baixos salários que lhes são pagos. Na escola pública o Ensino Médio é fraco porque os salários docentes são baixos.

Para fundamentar sua posição, trabalha com duas linhas de argumentação: salários reais dos professores destas disciplinas e salários comparativos, em que o professor é, sob o ponto de vista de sua remuneração, confrontado com outros profissionais. A conclusão é estarrecedora. A remuneração dos professores do Ensino Médio é agressivamente inferior à de outros profissionais nas fases inicial, intermédia e final da carreira profissional.

É esta visão realista e despida de artifícios argumentativos sobre esta questão que o autor define como "o que vemos e o que não queremos ver na problemática do Ensino Médio brasileiro".

A obra em tela apresenta pontos críticos, descortina alternativas de solução e, sobretudo, chama a atenção para a agonia que vive o Ensino Médio público e para as desconformidades do novo (!) Enem.

A expectativa é que este livro do Professor Moaci Carneiro possa contribuir para reduzir os espaços de penumbra que encobrem as verdadeiras causas das debilidades de um Ensino Médio que funciona divorciado da educação básica.

Brasília, DF, maio de 2011.
Maria do Socorro Santos Uchoa Carneiro
Consultora sênior de Organismos Nacionais e
Internacionais para a Área de Educação Básica

INTRODUÇÃO

Pela vida inteira tenho atuado profissionalmente na área de educação. Do Ensino Fundamental à Pós-graduação, inclusive em programas de doutorado. E em situações variadas. No Brasil e no exterior. Como professor, como gestor, como pesquisador, como membro de equipes especializadas do Ministério da Educação e como consultor de organismos nacionais e internacionais.

A vivência enriquecedora em contextos tão diversos me possibilitou, de um lado, acumular níveis de compreensão seletiva sobre concepções, políticas e práticas dos sistemas de ensino e, de outro, desocultar pontos críticos alinhados na centralidade muscular da problemática da educação básica. Dentre estes, destaca-se, no processo intérmino de circularidades inter/intrassistemas de ensino, a temática do Ensino Médio. Este com suas fragilidades e deformações. Neste campo, é notório que a praxe tem sido fazer análises sob a forma de um processo de rotulagem, sem que se consiga desconstruir a teia que o prende ao campo híbrido de suas disfunções. Entenda-se: o Ensino Médio **funciona** sem as **funções** que legalmente lhe são inerentes. Ele não é tratado como constituinte e, sim, como parte isolada ou segmento blindado da blocagem da educação básica.

À luz de uma visão epistemológica adequada dos conhecimentos sistematizados integrantes do compacto curricular da educação básica, a estrutura deste bloco de ensino deve-se caracterizar pela indivisibilidade, constituindo, no todo, um verdadeiro sintagma pedagógico. O contrário é o que se costuma fazer. Pratica-se o esquartejamento pedagógico através de um processo de demarcação de segmentos (níveis) que se afirmam no alinhamento estruturante da educação básica, não pela interpenetração, mas pelo isolamento.

Esta deformação ganha consagração e culminância na forma como se opera a avaliação do Ensino Médio. Processo cujos resultados não produzem consequências práticas nos sistemas de ensino nem nas escolas porque não chegam ao conhecimento dos professores. Estes, aliás, têm sido solenemente ignorados na elaboração do próprio instrumento de avaliação, sob a alegação da falta de competência técnica. Este fato dá, aos professores, a sensação de uma categoria profissional menor, sentindo-se, como destaca Walter Benjamin: *somos pobres de histórias surpreendentes. A razão é que os fatos já nos chegam acompanhados de explicações.*

A emissão de discursos tangenciados sobre o Ensino Médio, quase sempre à margem dos seus reais desafios históricos, o tem jogado no limbo das políticas educacionais do Estado brasileiro, produzindo o retardamento de sua adequada reconfiguração. Quais são estes desafios? Em primeiro lugar, enxergá-lo como mero nível de ensino e, não, como etapa final da educação básica. Em segundo lugar, atribuir às suas desconformidades, centralmente a má formação dos professores. Em terceiro lugar, montar instrumentos sofisticados de avaliação sem a participação dos professores e, tanto pior, sem fazer uso dos resultados obtidos e acumulados. Por fim, culpar o Ensino Superior privado pela formação sem qualidade dos professores. Se é verdade que, como regra geral, as universidades quer sejam públicas, quer sejam privadas mantêm relações casuais com os sistemas de ensino e, também, alimentam relações tênues e intermitentes com as escolas, é igualmente verdade que o campo de investigação e a análise e observação das formas de funcionamento do Ensino Médio precisam ser desterritorializados a partir da rejeição de produções discursivas desviantes.

Ocorre, quase sempre, que a variedade orgânica dos argumentos sobre as fragilidades e deformações do Ensino Médio posicionam-se mais à sombra de tendências técnicas de gestão da educação, das relações desta com o setor produtivo e da má-formação docente do que à luz da necessidade de uma adequada leitura das informações do mercado de trabalho, disponíveis para ressituar a docência como campo de atuação profissional. Sobretudo no que diz respeito àqueles que trabalham nas redes públicas de ensino. Assim, culpar o professor pela face empobrecida do Ensino Médio significa que continuamos travados no pensar **uno**, que já virou ladainha! Esta forma de pensar é a base de uma simetria de respostas do passado e do presente que tem servido apenas para o travamento de soluções efetivas.

O MEC sabe que as deficiências do nosso Ensino Médio são gravíssimas. Sabe que, neste particular, a nossa educação básica deságua em uma educação sem base, o que nos joga de costas para os anseios do desenvolvimento tecnológico do país e do mundo. E, não menos grave, sabe que grande parte dos cidadãos brasileiros é abandonada ao risco de uma cidadania menor. Pessoas sem educação escolar básica e, portanto, sem as precondições para um tirocínio profissional dentro das exigências da sociedade do conhecimento, têm um futuro declinante. Mas... e as soluções?!

O fato é que o Brasil sempre tratou a educação básica com um olhar diferente das lentes que usa para enxergar a educação superior. E em decorrência, sempre percebeu o Ensino Médio como um problema da classe média, deixando-o, na esfera pública, como algo a ser cuidado fora de esquemas de planejamento estatal. Tanto é assim que a face do Ensino Médio só é percebida quando saem resultados incômodos de avaliações internacionais ou quando o setor empresarial passa a reclamar do baixo nível de escolaridade dos trabalhadores. Fato que ocorre sempre por fatores externos ao próprio país. Este tipo de reclamação tem origem em mecanismos de competitividade internacional. Ou seja, sempre que o Brasil passa a sofrer restrições nesta área, retorna o desconforto gerado pela baixa escolaridade do trabalhador brasileiro. A educação básica, que culmina com um Ensino Médio de padrão internacional, não conta com mecanismos permanentes de indução de políticas educacionais que ofereçam uma escola de alta qualidade. Por isso, o Estado brasileiro aceita a convivência de dois tipos de Ensino Médio: o oferecido pelas escolas federais e pelos colégios universitários, de padrão internacional, e o ofertado pelas redes públicas estaduais, quase sempre hospedado em escolas com todos os tipos de carência, inclusive com um imenso contingente de professores improvisados. Neste último caso, parece distante o cumprimento do mandamento legal de preparação do aluno para o exercício da cidadania e para fornecer-lhe os meios de progredir no trabalho e em estudos posteriores (LDB, art. 22).

A recente publicação do Índice de Desenvolvimento Humano (IDH), pelo Programa das Nações Unidas para o Desenvolvimento (Pnud), pôs o Brasil em posição paradoxal e desconfortável mais uma vez. Se, de um lado, o país avançou quatro posições entre 2009-2010 em lista do IDH, de outro, o nosso desempenho aparece nitidamente comprometedor em decorrência dos indicadores insatisfatórios em educação.

O Índice de Desenvolvimento Humano é uma espécie de retrato social do mundo. Embora o Brasil haja sido o país que mais avançou no *ranking*, em comparação ao resultado anterior, passando a ocupar a 75ª colocação, o resultado na área educacional continua a ser preocupante. Países como Chile e Peru estão à nossa frente em índice de escolaridade. Enquanto a população brasileira adulta chega a 7,2 anos de estudo, a do Chile registra 9,7 e a do Peru, 9,6. E a da Argentina, 9,3 anos. Os resultados do IDH apontam que a melhoria da qualidade de vida do brasileiro avançou significativamente; no entanto, os problemas estruturais da educação, tais como a precariedade e limitação da educação infantil, a evasão escolar no Ensino Médio e a baixa qualidade geral da educação básica permanecem e, pior, sem solução à vista. Até porque não há da parte do governo políticas pontuais consistentes e de médio prazo para enfrentar estas questões. Não menos grave é o fato de que a América Latina é a região em desenvolvimento humano, segundo o IDH/ ONU (2010), que mais se aproxima das nações desenvolvidas, porém, [...] *é na educação que o Brasil mais precisa fazer esforços para se aproximar da média da região e dos dez países latino-americanos mais bem colocados no IDH* (*Valor Econômico*, 5-7/11/10). Esta observação havia sido feita anteriormente pelo economista-chefe da Ocde, Pier Carlo Padoan, quando comentou que *o Brasil encontrou um equilíbrio importante entre o crescimento econômico e as questões sociais, embora possa crescer mais se houver melhorias na educação e no sistema fiscal* (*O Estado de S. Paulo*, 11/09/10, p. B2).

Três aspectos entravam na composição do IDH até recentemente: a expectativa de vida, a escolaridade e o PIB *per capita*. O IDH de 2010 incluiu novos fatores que cobrem informações importantes sobre as desigualdades internas de cada país. Passou a ser chamado de IDH-D. O Brasil ficou na posição 73, no conjunto de 137 países com este novo índice.

Em 2006, os dados do *Programme for International Student Assessment* (Pisa), cujos testes são aplicados no Brasil, revelaram que mais de 70% dos alunos com 15 anos de idade não tinham domínio dos conhecimentos básicos de Matemática. Em Ciências, 61% estavam abaixo do mínimo exigido e, gravíssimo, 55% não conseguiam ir além de uma leitura mecânica (não compreensiva) de textos. Menos de 1% dos alunos brasileiros atingiu níveis considerados de excelência, enquanto que nos países desenvolvidos este número vai para além de 10%.

Em 2009, o Brasil apresentou um resultado só aparentemente melhor. Na verdade, embora haja melhorado sua posição geral no *ranking* do Pisa, com os piores alunos avançando cinco pontos – o que significa 11 pontos abaixo do aumento médio – o que houve, de fato, foi que os alunos de melhor performance terminaram puxando para cima a posição brasileira. Importante dizer que o Brasil prossegue não oferecendo oportunidades iguais para todos os alunos. E esta é uma questão central no debate educacional. Muitas vezes, nós brasileiros, somos convidados por agências internacionais e por peritos em educação a olhar os avanços do Chile na área da educação em geral. Embora se reconheçam avanços significativos na educação daquele país nas últimas décadas, não há como ocultar que, neste mesmo período, o ensino primário e o ensino secundário, que recebem 60% dos alunos, ou são privados ou subvencionados. No Ensino Superior, por sua vez, não há uma única universidade pública. Daí, os violentos protestos de rua em 2011 pela igualdade de oportunidades educacionais para todos.

Tradicionalmente o Brasil trata o assunto sempre em partes. Basta ver o que ocorre com a nossa Educação Infantil. Pesquisa do Inep/MEC-2011 constatou que o país precisa incorporar cerca de 2 milhões de crianças de 4 e 5 anos à escola. Neste sentido, teria de contratar mais 100 mil professores como condição não só para um atendimento adequado, mas também para substituir a natureza assistencialista de nossas pré-escolas por uma visão educacional, rica em conteúdos lúdicos e em alternativas de socialização e de experiências sensoriais e motoras. Importa dizer que a situação brasileira na educação básica é dramática porque não há como resolver os problemas do Ensino Médio, como etapa final da educação básica, na rede pública, sem antes resolver as questões inerentes à refundação de nossa pré-escola.

É melancólico perceber que o paradoxo semântico e sociopedagógico de um Ensino Médio que **funciona** sem **funções** demarcantes do ciclo terminal da educação básica remete à constatação da falta de uma compreensão ampliada e potencializada de educação básica. Esta circunstância, aliás, torna o Ensino Médio quase sempre opaco, dado que percebido como mera etapa de transição no ciclo da escolarização essencial. Na verdade, o atual Ensino Médio público não prepara o aluno para a vida, para o exercício da cidadania, para o mercado de trabalho nem para o ingresso na universidade. Tal como se apresenta, ele é, de fato, um terreno sombrio. O desafio, portanto, é como transformar esta confusão em clareza.

O afastamento que o Ensino Médio guarda da educação básica é desdobramento de uma calculada ambiguidade estrutural e semântica fortemente presente na educação brasileira. Consiste ela em operar cada conceito abstratamente e em não viabilizar sua concretização socialmente. Assim, por exemplo, o avanço conceitual do Sistema Nacional de Educação encontra espaços de materialidade reduzidíssimos no compacto dos níveis e modalidades de ensino. Ao menos no que tange a um alinhamento de segmentos integrados na concepção estruturante de educação básica. De fato, esta funciona como um conjunto de *entre partes* de uma totalidade desarticulada. Nesta mesma direção reside a confusão que os textos legais e normativos fazem entre educação e ensino e entre avaliação e prova. Nos últimos anos, com o abandono do Plano Nacional de Educação (PNE) pelo governo, substituindo-o ardilosamente pelo Plano de Desenvolvimento da Educação (PDE) e com a recente Resolução 04/2010, do Conselho Nacional de Educação (CNE), que, em seu art. 4º, fala em projeto nacional de educação, conceito à margem da Constituição Federal e da Lei de Diretrizes e Bases da Educação Nacional, esta confusão se generalizou[1].

As questões levantadas, via de regra, como diretamente responsáveis pelas desconformidades do Ensino Médio, têm produzido uma simetria de respostas no passado e no presente que não contribuem para avançar na solução nuclear do problema. Significa que continuamos travados no enredamento de causas supostas. Do contrário, a falta de professor, dentre outras questões, já teria sido resolvida. Por que conseguimos manter e operar políticas consistentes e duradouras para preparar quadros docentes altamente qualificados para o Ensino Superior e não conseguimos para o Ensino Médio?[2] É que, na verdade, as respostas que politicamente convêm enxergar são peças frouxas de um encaixe falso. Não correspondem ao que a realidade aponta. Esta tem sido uma tendência marcante dos especialistas, peritos e consultores em Ensino Médio. Perdem-se em redemoinhos conceituais porque os argumentos por eles invocados são, quase sempre, também, equivocados. A partir do fato de que os professores jamais são consultados. São vozes quase nunca ouvidas. É curioso como, cada vez mais, falam sobre Ensino Médio, economistas, engenheiros, empresários e jornalistas, e, cada vez menos, professores, educadores, sociólogos, antropólogos, psicólogos etc. É como se dissessem: a estes falta competência! E não são capazes de um discurso neutro sobre o pro-

---

1. Na verdade, nos termos em que se apresenta, o referido projeto nacional de educação é inconstitucional porque fere o art. 22, inc. XXIV da CF, e é ilegal porque fere o art. 9º, inc. I da LDB. Os marcos de referência das políticas públicas de educação devem ser aqueles contidos no Plano Nacional de Educação, por tratar-se de lei aprovada pelo Congresso Nacional. O abandono do PNE jogou ao esquecimento as metas ali contidas. Este fato é tão grave que o Coneb/2010 recomenda que *o novo PNE se consolide como política de Estado* e, ainda, [...] *que haja um acompanhamento rigoroso de suas metas.*

2. A pós-graduação é o nível de organização da educação brasileira mais consistente. Opera livre de influências políticas e é vinculada exclusivamente a parâmetros de formação técnico-científica e acadêmica. Nossos programas de mestrado e doutorado têm se desenvolvido dentro de padrões de excelência internacional, afirmando-se, ao longo dos últimos quarenta anos, como uma das realizações mais bem-sucedidas do Estado brasileiro no âmbito da educação. As duas consequências mais imediatas deste sucesso são quadros docentes universitários bem formados e um volume crescente de estudos e pesquisas relevantes, que têm colocado o Brasil em posição ascendente no cenário internacional.

blema! Aqui, vale lembrar as observações de Chauí (1980: 21), quando afirma que [...] *há um discurso do poder que se pronuncia sobre a educação, definindo seu sentido, finalidade, forma e conteúdo.* E arremata: *A condição para o prestígio e para a eficácia do discurso da competência como discurso do conhecimento depende da afirmação tácita e da aceitação tácita da incompetência dos homens enquanto sujeitos sociais e políticos.*

O fato é que o Ensino Médio brasileiro funciona divorciado do conceito de educação básica e descolado das necessidades básicas de aprendizagem dos seus alunos. Ou seja, funciona fora dos parâmetros legais definidos na Constituição Federal e na LDB. O professor sem formação adequada é o apoio que a máquina política viciada usa para fabricar professores temporários. Não é que não haja pessoas dispostas a ir para o magistério das disciplinas abandonadas nem que o sistema seja incapaz de recrutar e manter bons professores habilitados. A seletividade negativa é do interesse da escolarização de um **sujeito que não age**. Como aponta Demo (1978: 18), [...] *não há como chegar a uma seletividade positiva segundo o que os melhores optariam por esta profissão, sem passar pela melhoria da remuneração.* E, ao Estado brasileiro, convém não olhar para este ângulo da questão.

Diante deste quadro de inteira desolação salarial, de falta de perspectiva de mudanças e depois de uma longa experiência como profissional da educação, permito-me acionar uma outra lógica distante da hibridização de visões que enxergam, no professor, um tipo de trabalhador vocacionado. Aqui, precisa-se trabalhar com a ideia de um escrutínio crítico sobre as providências a adotar diante de uma problemática para cuja solução costumam-se alegar razões fantasiosas ou, ao menos, despossuídas de senso de realidade do mercado de trabalho.

Na verdade, nosso grande problema no Ensino Médio público não é que temos uma escola ruim, senão que não temos escola adequada para este fim. Temos um ajuntamento de pessoas e de atividades, trabalhando em um espaço em que cada um, dentro do possível, tenta ser professor e em que cada escola, dentro do impossível, tenta ser escola. Por isso, não causa surpresa a revelação dos resultados do Exame Nacional do Ensino Médio (Enem) de 2009, referente às escolas estaduais paulistas. Mesmo as escolas adotadas pela iniciativa privada apresentaram desempenho análogo àquelas que não possuem apoio. A parceria é sempre bem-vinda, porém, resolve a aparência. A essência permanece intocada porque diz respeito não ao **patrão**, mas ao **padrão** pedagógico da escola. Os professores sabem e sentem isto!

Estas constatações têm raízes envergadas pelo tempo. Na verdade, a escola pública que, por décadas, foi o laboratório da educação escolar das elites brasileiras, com a massificação do ensino foi cedendo esta condição de vetor de confirmação econômica e social das elites regionais e se transformando numa espécie de "concessão" às camadas populares e aos habitantes das periferias. Por isso, não importa que ela seja eficiente. Importa, sim, e só, que exista! Concessão não é obrigação, é liberalidade!

Rigorosamente analisado em sua natureza de educação essencial, o Ensino Médio, tal qual existe como oferta de educação escolar hoje, é disponibilizado fora dos parâmetros da legislação (LDB), seja porque não atende, nem por aproximação, o conjunto de princípios, finalidades, objetivos, diretrizes e características que lhe são atribuídos pelos artigos 3º, 4º, 22, 23, 26, 35 e 36 da Lei de Diretrizes e Bases da Educação Nacional, seja porque os gestores dos sistemas de ensino desfocam o atendimento *às necessidades básicas de aprendizagem dos alunos (Jomtien, 1990),* sobrepondo-lhes impulsos normativos circunstanciais plantados em *marketing* político de ocasião. Por exemplo: Enem e vestibular, atualmente, assemelham-se muito, sobretudo depois que surgiu o "novo Enem", transformando o ENSINO MÉDIO em ENSINO *MÍDIA.* Todo dia está na imprensa como notícia à margem de questões da educação, traduzindo uma confusão inaceitável entre formação e deformação.

A desculpa inconsistente do Estado brasileiro de que o Ensino Médio, constitucionalmente, está fora do circuito da oferta de ensino obrigatório (CF, art, 208, inc. I), é uma falsa alegação para justificar sua desrespeitosa omissão, uma vez que este mesmo artigo, no inciso II, fala na "progressiva universalização do Ensino Médio gratuito". Por outro lado, a LDB posta, dentre os princípios de ministração do ensino, "a garantia do padrão de qualidade" (art. 3º, inc. IX). Isto supõe acesso e permanência com sucesso na escola, dentro de uma rota finalística muito clara: pleno desenvolvimento do aluno (aquisição de níveis adequados de amadurecimento), seu preparo para o exercício da cidadania (aquisição de níveis adequados de consciência social) e sua qualificação para o trabalho (aquisição de níveis adequados de competências e habilidades para o mundo do trabalho).

Distante desta moldura legal, o Ensino Médio em geral vai perdendo legitimidade e o Ensino Médio público vai aumentando sua trajetória agônica dentro de um processo de falência visível.

Não significa que estejamos em um caminho sem volta. As escolas, os professores e os alunos estão aí, neste palco com poucos refletores e à espera de iniciativas do Estado que possam melhorar as condições de iluminação da ribalta. Sem educação básica universalizada estaremos fora da sociedade do conhecimento e de uma convivência planetária em igualdade de condições para avançar no âmbito do eixo educação, cultura e civilização planetária. Isto significa que a educação básica tem que ter qualidade social, o Ensino Médio tem que ter alta qualidade acadêmica e a escola pública de Ensino Médio tem que funcionar com todas as condições que lhe possibilitem preparar o aluno para o exercício da cidadania, para o trabalho e para o prosseguimento de estudos posteriores. Sem esta escola pública, a educação escolar não poderá contribuir para reposicionar o cidadão brasileiro em formação no âmbito da nova ordem global.

Dois fatos são inegáveis. Primeiro: o amplo acesso dos jovens à universidade é fundamental. Segundo, jamais teremos educação superior de qualidade PARA TODOS, se não tivermos educação básica de qualidade PARA TODOS. Ela já assegura, de partida, o alargamento de chances de empregabilidade e de melhores salários.

O Ensino Médio é um enorme quebra-cabeça, mas é possível juntar as peças, desde que percorramos o caminho certo e, não, certos caminhos **historicamente batidos**, como passaremos a ver.

PARTE I

ENSINO MÉDIO: CRÍTICAS E SOLUÇÕES

1
DO ENSINO MÉDIO AO ENSINO *MÍDIA*

Como instituição social, a escola está definitivamente ligada à história da civilização. Como processo de aprendizagem sistematizada, a educação básica está visceralmente ligada à história da cultura.

Na evolução deste duplo horizonte, as etapas de escolarização foram se encorpando em ritmo estabelecido pelo processo de urbanização e pelo desenvolvimento e fortalecimento dos ciclos econômicos.

O direito à educação foi-se cristalizando dentro deste imenso painel diacrônico com a sedimentação das etapas de calendarização e de certificação dos exercícios escolares.

A universalização deste direito, no interior de cada sociedade, assume, de forma deslinear, o caráter de selo dos avanços da democracia e de expressão comprobatória da cidadania. Estes dois estatutos civilizatórios e de marcas culturais ganham níveis de operacionalidade em escalas descompassadas. Assim, nos países da Europa Ocidental e Nórdica, o direito universal à educação tem contornos definidos já no século XIX. Nos demais países, sobretudo aqueles que demarcam o mapa das nações em desenvolvimento e, mais recentemente, das nações emergentes, os contornos de políticas de Estado assestadas para uma intencionalidade educativa escolar, universal e obrigatória, começam a se definir somente a partir da década de 1950.

Tanto é assim que, no caso brasileiro, bases de dados do Inep/MEC revelam que as matrículas no Ensino Médio eram muito baixas e concentradas praticamente nas capitais, até a metade do século XX.

Este traço marcante do Ensino Médio brasileiro impregnou-o, desde a sua organização inicial, de um caráter elitista à medida que sua função jamais foi fechar o ciclo da educação básica, mas, sim, abrir a porta para o ciclo da educação superior. Refletindo esta consciência coletiva, a mídia brasileira sempre deu especial destaque a notícias ligadas ao vestibular. Em tempos recentes, os investimentos das grandes redes privadas de ensino para anunciar os nomes e fotos dos alunos bem posicionados nos seus vestibulares são volumosos e agressivos sob o ponto de vista de *marketing* empresarial. Há, também, uma razão cultural por trás desta festa publicitária.

A bem da verdade, **mídia** e sociedade celebram a juventude. Há uma convicção universal, ultrapassando fronteiras culturais e transbordando gerações e contextos socioantropológicos, segundo a qual o jovem está sempre na porta de entrada de uma bem-sucedida vida adulta. O vigor físico parece ser a senha do sucesso. Em consequência, a escola, via vestibular, vai ajudar neste processo rumo ao êxito, contribuindo diretamente para introduzir **o não criança e quase adulto** no âmbito do seu dimensionamento verdadeiro. É no ambiente escolar que ele passa a perceber o enlace necessário entre o individual, o social, o jurídico, o simbólico, o imaginário e, sobretudo, percebe o concreto apropriado (está tudo dominado!), representado pela possibilidade efetiva de uma profissão qualificada. O conúbio destas múltiplas faces da vida em ritmo de identidade autônoma favorece a localização de expressões de autoestima através do eixo consagrador juventude/trabalho/cidadania. Localização que [...] *funciona como ideia mediadora entre a subjetividade, implicada na palavra "adolescente", e o sujeito jurídico, o cidadão, com direitos e capaz de assumir livremente obrigações,* como assinala Taber (2000: 186). Assim, passar no vestibular e, agora, ultrapassar o Enem, pela sua força mercadológica, é não apenas proclamar o valor do conhecimento e da cultura, mas também se autoproclamar como capaz de abrir a cortina do mundo do trabalho e do êxito profissional.

Aqui, é interessante observar um fenômeno de convergência *mágica* existente na visão compartilhada pelos donos de escola, pelos professores e alunos, pelos familiares, pela comunidade e pela própria mídia. A universidade exerce um fascínio tamanho no imaginário coletivo que o número de alunos de determinada escola que consegue ingressar em seus cursos torna-se a sinalização mais importante e o indicador definitivo da qualidade da escola. Este resultado [...] *demonstra a legitimidade dos conteúdos ensinados, afetando bastante a proposta pedagógica, se lembrarmos as características dos vestibulares no país* (KRAWAZYK, 2004: 152).

No Brasil, é somente com as políticas de correção de fluxo no Ensino Fundamental e, principalmente, com exigências reiteradas do setor empresarial e do mercado de trabalho, que a demanda por Ensino Médio se amplia fortemente. Em conexão, amplia-se, também, o circuito de heterogeneidade das populações de jovens trabalhadores, postulando este nível de ensino. É conveniente registrar que a diversidade de perfil da população, neste caso, estava e está referenciada às dimensões socioeconômicas e à faixa etária dos demandantes. Esta constatação aponta níveis crescentes de dificuldade para a operacionalização das escolas públicas de Ensino Médio face à pluralidade cultural, à diversidade de distorção idade/série e de poder aquisitivo de classes sociais que passaram a marcar presença nas salas de aula, sem que, para tanto, as escolas se preparassem adequadamente. Nem sob o ponto de vista dos insumos materiais, nem sob o ponto de vista de um novo professor, que seria exigido pelos contextos socioeconômicos emergentes.

A verdade é que o Ensino Médio brasileiro, a partir do seu desalojamento das capitais, dos territórios urbanos favorecidos e de sua expansão para áreas sociais e geográficas populares passou a acumular fragilidades, deformações e disfunções. Isto porque hospedado em [...] *uma estrutura sistêmica pouco desenvolvida.*

É notório que o Estado brasileiro jamais planejou um Ensino Médio para receber alunos de classes populares. Em relação a elas, a escola pública de Ensino Médio manteve sempre no passado um sentimento de superioridade cultural. Vivendo em meios modestos e como filhos de pais modestos, os alunos das classes populares sempre foram vistos e tratados como alguém que, no passado, deveria ir para os colégios agrícolas, para os cursos de comércio, com o fim de obtenção de certificados/diplomas de aprendizagem profissional e, no presente, para as escolas públicas onde há, em geral, uma perceptível decomposição de formas organizacionais estruturadas adequada e suficientemente. E que funcionam graças ao heroísmo dos seus professores!

Como ocorre em todas as áreas, o funcionamento da máquina pública não transborda na direção dos pobres. Esta tem sido a nossa história. Uma história de exclusão, também, na educação básica e, sobretudo, no Ensino Médio.

Todo este quadro de desconformidades ganha dramaticidade social com a globalização da economia e as consequentes transformações produtivas. A exigência por educação básica de qualidade aumentou universalmente. No caso específico do Brasil, os requerimentos de uma economia em franca expansão impuseram avanços nos níveis de escolarização dos jovens, até como forma de se evitar a ameaça do desemprego. A própria necessidade de qualificação profissional passou a ser calçada em uma educação básica somente reconhecida como tal se capaz de disponibilizar o conjunto de competências e habilidades reclamadas pelo mundo do trabalho e pelo mercado de trabalho, porém, a partir dos novos e exigentes parâmetros da sociedade do conhecimento e da sociedade em rede.

A par desta expansão do Ensino Médio, foi-se ampliando, ao mesmo tempo, uma gama de espaços de acesso do aluno jovem à universidade. Na verdade, vivemos uma longa experiência cultural em que [...] *a universidade não só é uma categoria estruturante do jovem na sociedade, mas também do ensino na escola média* (KRAWAZYK, 2004: 152). É na relação Ensino Médio/educação superior que se há de localizar o campo de distorções dos processos de avaliação do ciclo de estudos do Ensino Médio. Tal alinhamento relacional tem feito esmaecer a ideia de Ensino Médio como etapa de coroamento de todo o ciclo da educação básica, assumindo, definitivamente, a natureza de passaporte para a educação superior.

Este desvio de rota ganha extensa envergadura com o chamado **novo** Enem, que, na verdade, nada mais é do que o Enem/Vestibular para satisfação geral do ensino privado. Neste lance político (!), o Ensino Médio se traveste intensamente da condição de *ensino mídia*.

Em sua versão atual, o Enem produziu o mais arrojado esquema de publicidade em torno de notícias de educação na mídia nacional de todos os tempos. Levantamentos feitos em alguns dos principais jornais e revistas do país[1] nos últimos 12 meses (jan./2010-jan./2011) indicam que 74% do noticiário sobre educação trataram do Enem/vestibular. A bem da verdade, a história recente da educação brasileira, via mídia, jamais registrou uma sequência tão agressiva de notícias desabonadoras, em tão curto espaço de tempo, quanto no triênio 2009-2011. Basta lembrar a cronologia dos problemas do Enem só em 2010: a) 8 de agosto: atraso nos contratos, a três meses da realização do exame; b) 12 de agosto: problemas na licitação; c) 6 e 7 de novembro: erros de impressão, d) 8 de novembro: justiça suspende a prova. Este ambiente de perturbações e incertezas cria um clima de total insegurança para os alunos. Isto sem esquecer uma enorme zona de turbulências criada em janeiro de 2011, com dificuldades dos alunos em fazer suas inscrições no Sisu/MEC[2].

Os descaminhos do Enem/Vestibular impõem enormes desafios aos sistemas de ensino. O maior deles é reintroduzir o jovem concreto das classes populares no processo de avaliação do Ensino Médio, visto e entendido este como etapa final da educação básica. Neste sentido, é necessário reconstruir categorias e epistemologias que possibilitem o reposicionamento dos sistemas públicos de ensino face a existência do ente *juventudes*. Esta circunstância exige a superação de barreiras de exclusão que a matriz do Enem/Vestibular, no seu formato atual, impõe. A existência de diferentes juventudes, social e economicamente falando, determina a necessidade de avaliações diferentes de Ensino Médio. Para tanto, como destaca Quapper, *só uma força política rele-*

---

1. Foram consultados os seguintes jornais, em edições dos últimos 36 meses: *Correio Braziliense, Zero Hora, O Globo, Diário de Minas, O Estado de S. Paulo, Folha de S. Paulo, Diário de Pernambuco, O Povo, O Liberal*. E ainda as revistas: *Veja, Época* e *IstoÉ*.

2. Este sentimento foi bem sintetizado pela aluna Tainá Oliveira, de Fortaleza: "A gente passa anos estudando para chegar ao principal exame de nossa vida estudantil e acontece uma falta de organização dessas. Isso mostra como é tratada a educação no Brasil". "Vitimas de erros do Enem, estudantes vivem dias de revolta e tensão" (*O Estado de S. Paulo*, 14/11/10, Caderno Vida, p. A17).

*vante assegurará o reconhecimento de **juventudes** em nossas sociedades* (2001: 38).
E a hora é esta. O Conselho de Desenvolvimento Econômico e Social (Cdes)
destaca que [...] *o Brasil está no ápice da chamada "onda jovem", o que significa que
o país não terá em nenhum outro momento um contingente tão expressivo de jovens
em relação às demais faixas etárias. São 50 milhões de brasileiros entre 14 e 29 anos.
Cerca de 66%, 35 milhões destes cidadãos, estão inseridos no mundo do trabalho. Essa
realidade demanda políticas públicas visando à educação e à formação profissional da
juventude* (CDES, 2010: 34).

Evidentemente, esta perspectiva some inteiramente quando o Estado passa a tratar o Ensino Médio, etapa final da educação básica, como preparatório para a universidade. E, tanto pior, quando este mesmo Estado oferece todos os ingredientes de base propagandística para a mídia consolidar esta versão.

Nas entranhas desta paisagem de alta visibilidade, cria-se, adicionalmente, um enorme processo de desfoque de prioridades de visão de realidade em que o processo de urbanização tem dificuldade de entrar na inteligência coletiva da escola. Vivemos na sociedade do conhecimento, da educação escolar incrementada e no mundo das cidades. Entre a cidade e a escola existe algo em comum: a diversidade dos que nela estudam. Mas há, igualmente, uma grande diferença: se nossas cidades estão se transformando em espaços de aprisionamento de identidades e de exclusão, nossas escolas públicas de Ensino Médio devem se transformar em espaços de emancipação e de inclusão. Perceber esta dupla convergência e esta dupla divergência é fundamental para a escola de Ensino Médio como premissa valorizadora de um currículo aberto **à força plástica da vida.**

O Ensino Médio como visto pelo espelho do Enem/Vestibular contribui para a construção de um discurso publicitário manipulável, como se os jovens fossem uma unidade social homogênea, demarcada por interesses únicos e comuns. É forçoso reconhecer que a escola de Ensino Médio estacionou no aluno de perfil único.

Ao mesmo tempo em que há uma insatisfação geral do setor empresarial pelo baixo nível de escolaridade do trabalhador brasileiro, o governo investe todas as suas energias em um procedimento de avaliação que tira de foco a relevância da educação básica, para realçar a importância do Enem como passaporte para a educação superior. Como isto dá brilho à tela da mídia e como o Enem virou "saco de pancadas" pelos reiterados desvios de rota que tem sofrido, o Ensino Médio, no período 2009-2011 (até agora), tem posado extensamente na condição de ENSINO *MÍDIA*. Seja pelos reiterados equívocos que têm acompanhado todo o processo de administração da prova do **novo** Enem, seja pela importância ímpar que ganhou como senha para o ingresso na universidade. Circunstâncias estas enormemente agravadas no início de 2011 pelas recorrentes dificuldades dos alunos que fizeram o Enem e tentaram se inscrever em cursos de universidades federais através do Sistema de Seleção Unificada (Sisu) gerido pelo MEC. Este fato, aliás, apenas agravou a situação de desconforto administrativo e acadêmico das universidades e o nível de angústia e apreensão dos alunos, candidatos a ingressar na educação superior pública federal.

Em suma, o **novo** Enem contribui para o retorno do Ensino Médio à condição original de porta para a universidade e reforço da visão da mídia de que esta é verdadeiramente sua função. O Ensino Médio transformou-se em **ensino mídia** não pelo reconhecimento de sua importância, mas pelos seus descaminhos e pelas suas deformações. Neste sentido, o impacto político e social do Enem/Vestibular é notório no seio da sociedade brasileira.

Não é por acaso que o Ensino Médio, depois do **novo** Enem, é matéria obrigatória na mídia nacional permanente. A impressão que se tem é que ele vive mergulhado em ambiente cenográfico, quando o que ocorre, de fato, é que está fora do lugar onde deveria estar: focado na educação básica.

2
OS INSTRUMENTOS DE AVALIAÇÃO DO ENSINO MÉDIO: EQUÍVOCOS E DISTORÇÕES

Pela posição estratégica do Ensino Médio no desenho da organização da educação nacional, as suas duas principais modalidades de avaliação, embora pertinentes na concepção, não o são na formulação e, ainda, apresentam-se inócuas nas consequências que produzem. Na verdade, quando publicados os resultados, transformam-se, de imediato, em mercadoria política e em munição para a mídia televisiva e escrita[1]. A seguir, tudo volta ao lugar e o Ensino Médio público prossegue em seu destino de primo pobre de nossa pobre educação básica. As escolas continuam com os mesmos e crônicos problemas, simplesmente porque o Ensino Médio persiste com o rumo distorcido e a educação básica, fora do alcance visual das prioridades nacionais.

O primeiro destes instrumentos é o Exame Nacional do Ensino Médio (Enem). Destinado aos que estão concluindo ou concluíram este nível de ensino, tem as seguintes características:

1) Não possui caráter obrigatório.

2) A prova é de responsabilidade do Inep/MEC.

3) O exame baseia-se no currículo e, como tal, o ponto de partida são as áreas de conhecimento fixadas nas Diretrizes Curriculares Nacionais para o Ensino Médio (Dcnem). Estas áreas são os grandes eixos estruturadores

---

1. A experiência brasileira tem sido a prevalência do ensino sobre a educação e, por isso mesmo, o Ensino Médio tem mais prestígio na sociedade e na mídia do que a educação básica.

da base nacional comum. Por esta razão, as propostas pedagógicas das escolas (de Ensino Médio) devem estabelecer:

a) As proporções de cada área no conjunto do currículo.

b) Os conteúdos que deverão ser incluídos, tomando como referência as competências descritas.

c) Os conteúdos e competências que deverão estar presentes na parte diversificada do currículo. É conveniente frisar que poderão ser selecionados em uma ou mais áreas, reagrupadas e organizadas de acordo com critérios que satisfaçam as necessidades das clientelas e das regiões[2].

4) As áreas referenciadas obrigatoriamente nas provas do Enem são:

• Linguagens, códigos e suas tecnologias (são aferidos conhecimentos de língua portuguesa, literatura e língua estrangeira moderna (inglês e espanhol).

• Ciências Humanas e suas tecnologias (são aferidos conhecimentos de filosofia, sociologia, história e geografia).

• Ciências da Natureza e suas tecnologias (são aferidos conhecimentos de biologia, química e física).

• Matemática e suas tecnologias (são aferidas as competências nos procedimentos de solução de problemas).

É interessante observar que todas as áreas estruturantes do currículo do Ensino Médio introduzem as dimensões da tecnologia. As razões são de tríplice natureza, a saber:

• As tecnologias adquirem relevantíssima importância na educação geral e não apenas na educação profissional. Este fato transforma o Ensino Médio no tempo por excelência da educação escolar básica em que o aluno é convocado e instigado a contextualizar os conhecimentos de to-

---

2. O **novo** Enem ou Enem/Vestibular retirou do exame conteúdos regionais e, portanto, desrespeita o conteúdo das Diretrizes Curriculares Nacionais do Ensino Médio (Dcnem).

das as áreas e disciplinas no mundo do trabalho e no contexto da cultura do seu tempo.

• No Ensino Médio, a presença da tecnologia se conecta diretamente às "atividades relacionadas à aplicação dos conhecimentos e habilidades constituídos ao longo da educação básica..."

• A preparação básica para o trabalho prevista na LDB ganha aqui relevância e expressão concreta.

5) Estas áreas oferecem o lastro em que se assentam os "eixos cognitivos" das provas do Enem, assim definidos pelo MEC:

• Domínio de linguagens, o que supõe: demonstrar capacidade leitora e compreensiva de textos e, ainda, entender e interpretar diagramas, gráficos, ilustrações, quadrinhos, pinturas, fotografias, charges, esquemas, estatísticas etc.

• Compreensão e interpretação de fenômenos, usando o conhecimento de diferentes disciplinas, tendo como fundamento os princípios da interdisciplinaridade e da contextualização.

• Equacionamento das questões a partir de informações corretas do fenômeno proposto (competência 1) e da capacidade de interpretar o fenômeno (competência 2), pré-requisitos para a adequada compreensão do problema apresentado.

• Desenvolvimento consistente de argumentação, unindo informações atualizadas e conhecimentos pertinentes ao tema enfocado.

• Elaboração de propostas sustentadas por razões enraizadas em argumentos academicamente robustos para solucionar ocorrências e situações apresentadas.

6) O exame está estruturado em duas partes: um campo de questões objetivas e uma redação.

7) É concebido para aferir a capacidade de raciocínio crítico do aluno através de solução de problemas e, ainda, para avaliar seu papel na sociedade como cidadão corresponsável.

Em 2009, o Enem assumiu novas atribuições, a saber[3]:

a) Substituir parcial ou inteiramente a prova de seleção ao vestibular das instituições federais de Ensino Superior.

b) Servir de critérios para a distribuição de bolsas do Programa Universidade para Todos (Prouni).

c) Certificar a conclusão do Ensino Médio de estudantes com mais de 18 anos que frequentam a EJA (Educação de Jovens e Adultos). Substituiu, portanto, o Exame Nacional para a Certificação de Competências de Jovens e Adultos (Enceeja). Em qualquer etapa do EJA o aluno pode fazer o Enem. Se aprovado, estará dispensado de cursar regularmente o EJA até o final e, ainda, se desobrigará de repetir o Enem para ingressar no Ensino Superior.

Como se vê, há Enem para tudo. Transformou-se em prancha para surfar em todo tipo de onda!

As consequências destas novas medidas são duplamente desastrosas. De um lado, com o enfoque de instrumento complementar ou substitutivo do vestibular, o MEC/Inep desfoca a prova do Enem. Na versão anterior eram oferecidas 63 questões de múltipla escolha, além de uma redação. Buscava-se medir o domínio do aluno no campo de competências e habilidades esperadas ser adquiridas no Ensino Médio, sua capacidade de compreender o texto escrito e, ainda, de articular conhecimentos de disciplinas diferentes (interdisciplinaridade). O **novo** Enem manteve esta primeira configuração, mas ampliou a área de conhecimentos exigidos. Em 2009, além da redação, a prova passou a 180 questões de múltipla escolha, distribuídas em quatro blocos de 45 questões, combinando as áreas de Linguagens, Códigos e suas tecnologias, Ciências da Natureza e suas tecnologias, Matemática e suas tecnologias e Ciências Humanas e suas tecnologias. E é realizado em mais de um dia (dois dias). Até no tempo de duração vai se aproximando do vestibular!

---

3. Daí, a denominação **novo** Enem.

O primeiro efeito destas medidas foi empurrar as escolas de Ensino Médio para o abismo do enciclopedismo. Em todo o país as reuniões de planejamento se multiplicaram para a incorporação de novos conteúdos a um currículo já sobrecarregado, reconhecidamente obeso e descontextualizado. Ou seja, com estas mudanças o Enem reforçou a ideia entranhada na sociedade brasileira de que o Ensino Médio não é parte da educação básica, mas mera etapa de transição para a universidade. Tanto é assim que as inscrições para prestação da prova do Enem explodiram. Em 2009, cerca de 4,5 milhões de alunos inscritos. Isto sem esquecer uma abstenção de 40% face às inúmeras falhas ocorridas. Esta foi a maior abstenção já ocorrida desde a criação do Enem em 1998. Em 2010, as inscrições ultrapassaram 4,6 milhões, e, em 2011, o total de inscritos foi de 5.366.780 candidatos, com o seguinte perfil: a) 1.700.000 têm entre 21 e 30 anos; b) 2.891.780 têm idade de até 21 anos; c) 545 mil são alunos em busca do certificado de conclusão de Ensino Médio; e d) 463 mil são alunos oriundos do EJA. Em 2009, 59 IEs federais passaram a usar a nota do Enem em seu processo seletivo.

Pode-se dizer que, a partir de 2009, com as novas funções atribuídas ao Enem, este deixou definitivamente a educação básica de lado, à medida que reforça a avaliação voltada para substituir o vestibular e, não, para a vida concreta do aluno trabalhador e do aluno eventual desempregado. Serve tão somente para aferir níveis de conhecimentos exigidos do pré-universitário. Ou seja, nesta perspectiva, o **novo** Enem estabelece definitivamente o desconhecimento do Ensino Médio como etapa final da educação básica (LDB, art. 35). De fato, o **novo** Enem nasceu deformado, porque inseminado no radar do vestibular.

É curioso observar o que diz o texto publicado pelo Departamento de Políticas de Ensino Médio da Secretaria de Educação Básica (SEB), do MEC, na contramão do **novo** Enem: sob o título **Consolidando o currículo a partir do aluno-sujeito**, estabelece:

> o Ensino Médio deve ser planejado em consonância com as características sociais, culturais e cognitivas do sujeito, tendo como referencial desta últi-

ma etapa da educação básica: adolescentes, jovens e adultos. Cada um desses tempos de vida tem a sua singularidade, como síntese do desenvolvimento biológico e da experiência social. Se a construção do conhecimento científico, tecnológico e cultural é também um processo sócio-histórico, o Ensino Médio pode configurar-se como um momento em que necessidades, interesses, curiosidades e saberes diversos confrontam-se com os saberes sistematizados, produzindo aprendizagens socialmente e subjetivamente significativas. Num processo educativo centrado no sujeito, a educação média deve abranger todas as dimensões da vida, possibilitando o desenvolvimento pleno das potencialidades do educando (Orientações Curriculares do Ensino Médio. MEC/SEB/DPEM, 2004: 9-10).

Entre o discurso conceitual e o percurso operativo há uma distância real, fruto de um desnivelamento de visão dos que definem a política do Ensino Médio e o dos que definem parâmetros e conteúdos do **novo Enem.**

Daqui, para uma expansão rápida da rede de cursinhos preparatórios para o Enem foi um salto.

As mudanças implementadas no Enem estão forçando também uma mudança na conduta pedagógica dos cursinhos pré-vestibulares, ou, pelo menos, uma readequação do material, diz matéria do Almanaque do Estudante, em edição especial sobre o título *Tudo sobre o Enem* (ano 4, ed. 13, 2010, p. 10). Nesta mesma direção se pronunciaram 46 coordenadores de cursinhos pré-vestibulares, ouvidos por telefone. Os aplausos ao Enem foram unânimes, sob o argumento de que *as mudanças ensejavam a ampliação da democratização de acesso à universidade, tendo os alunos um padrão de qualidade mais uniforme.* Ou seja, caminhamos na direção da pedagogia do clone![4]

Na edição de 6 de setembro de 2010, o jornal *O Estado de S. Paulo* trouxe uma matéria que confirma o entendimento do Enem/Vestibular. Vejamos parte da matéria, com sinalização já a partir do título:

---

[4]. A pesquisadora Maria do Socorro Santos Uchoa, do Instituto Interdisciplinar de Brasília, ouviu 46 coordenadores de cursos pré-vestibulares nas cidades de Brasília, Rio de Janeiro, São Paulo, Belo Horizonte, Vitória, Goiânia, Cuiabá, Campo Grande, Salvador, Aracaju, Maceió, Recife, João Pessoa, Natal, Fortaleza, Teresina, São Luís, Belém, Manaus, Florianópolis, Curitiba, Porto Alegre, Palmas, Rio Branco, Porto Velho e Boa Vista.

Agora tem até cursinho preparatório para o Enem

Tido como um trampolim para a faculdade, o exame é visto como vestibular pelo mercado.

A transformação do Exame Nacional do Ensino Médio (Enem) em vestibular unificado para as universidades federais começa a se refletir no mercado educacional e na cultura dos vestibulares. O surgimento de cursinhos preparatórios e materiais didáticos específicos é a maior prova disso. Em algumas escolas, a procura aumentou, de 2008 para agora, cerca de 50%.

Criado inicialmente para ser uma avaliação do Ensino Médio, o Enem começou a ganhar projeção em 2005, quando passou a ser um critério para se conseguir uma bolsa do Programa Universidade para Todos (ProUni). Agora, cursos de diferentes durações, formatos e modalidades estão atraindo jovens interessados em garantir uma vaga na faculdade.

O exame ganhou ainda mais importância com as mudanças. Cada vez mais instituições aderem. O Enem vai se transformar num vestibular de natureza nacional, aposta Fernando Almeida, diretor editorial da divisão de sistemas de ensino.

Para especialistas em educação, o movimento do mercado é inevitável e não descaracteriza o Enem. *Se o exame for levado a sério e as escolas se adaptarem às suas matrizes de conteúdo, ele não será um gargalo como a Fuvest,* afirma Cipriano Luckesi, especialista em avaliação da Universidade Federal da Bahia (Ufba). *A intenção do MEC com o novo Enem é transformar o Ensino Médio. As habilidades devem ser construídas a longo prazo e não num cursinho efêmero. Mas infelizmente é assim que acontece,* conclui.

Alípio Casali, professor da pós-graduação em Educação da PUC-SP, concorda. *O Enem entrou na rota do mercado educacional, que é agressivo por natureza e tenta, a todo custo, suprir o que a escola deveria ter feito e não fez,* lamenta.

Esta consequência era inevitável porque o Enem, em seu novo formato, trouxe um vigoroso *up grade* comercial e lucrativo aos cursinhos. É impressionante a preocupação deles em divulgar a lista das universidades federais, estaduais e, segundo dizem, "das melhores faculdades privadas do país", que usam o Enem como mecanismo complementar ao vestibular. Na verdade, a força da indústria dos cursinhos é do tamanho da fragilidade do Ensino Médio como etapa final da educação básica. Esta indústria, aliás, vai-se espalhando rapidamente em todos os recantos do país. Criou-se o cenário ideal para tanto e, também, para se impedir de processar adequadamente fragilidades, conflitos e divergências sobre a problemática central do Ensino Médio. No passado, proliferavam os cursinhos pré-vestibulares, hoje, proliferam os cursinhos pró-Enem!![5]

Como se não bastassem as novas deformações acrescidas, o MEC/Inep não permitiu que se introduzissem questões regionais no exame, sob a alegação de que dificultariam o sentido do conteúdo **uno** e **uniforme** a ser cobrado dos alunos onde quer que eles estivessem. Ora, como se sabe, nada mais excludente do que o currículo uniforme. Não foi por acaso que a legislação educacional tornou obrigatória a inclusão de uma parte diversificada na oferta das disciplinas curriculares. No caso do Ensino Médio, as propostas pedagógicas e os currículos constantes dessas propostas incluem competências básicas, conteúdos e formas de tratamento dos conteúdos, previstos pelas finalidades deste nível de ensino. Dentre estas prioridades está *a constituição de significados parcialmente construídos e reconhecidos como verdadeiros sobre o mundo físico e natural, sobre a realidade social e política* (DCNEM, art. 4º, II). O currículo deverá **obrigatoriamente** ser estruturado com base nos *Princípios Pedagógicos da Identidade, Diversidade* (grifo nosso) *e Autonomia, da Interdisciplinaridade e da Contextualização* (grifo nosso) [...]. Por outro lado, na aplicação destes princípios os sistemas de ensino e as escolas deverão buscar a melhor adequação possível **às necessidades dos alunos e do meio social.** Por isso, o art. 7º, II, das Dcnem determina que, na observância destes princípios pedagógi-

---

5. O valor comercial do Enem/Vestibular se elevou de tal forma que informe publicitário de uma grande rede de ensino do país incluiu em matéria de página inteira o seguinte: *[...] A divulgação das médias no Enem por escola, desde 2006, tem grande impacto no mercado da educação. Alguns colégios chegaram a aumentar o valor de suas mensalidades após aparecer no topo do* ranking (*O Estado de S. Paulo,* 02/08/10, Nacional, p. A9). Este impulso mercantilista do Enem/Vestibular deverá expandir-se rapidamente com a intenção do MEC de realizar duas provas do Enem por ano.

cos, os sistemas de ensino e as escolas [...] *instituirão sistemas de avaliação e/ou utilizarão os sistemas de avaliação operados pelo Ministério da Educação e do Desporto, a fim de acompanhar os resultados da* **diversificação** *(grifo nosso), tendo como referência as competências básicas a serem alcançadas, a legislação do ensino, estas diretrizes e as propostas pedagógicas das escolas.*

Esta visão de valorização do contexto e da diversidade, como pontes de fecundação da aprendizagem escolar no Ensino Médio, embora descartada pelo **novo** Enem, foi destacada de forma adequada no mesmo texto-documento da SEB/MEC, já anteriormente referido, como se pode ver:

> *O desafio consiste em efetivar, no Ensino Médio, a perspectiva interdisciplinar. É necessário que cada escola faça um retrato de si mesma, dos sujeitos que a tornam viva e do meio social em que se insere, no sentido de compreender sua própria cultura e de identificar dimensões da realidade motivadoras em favor de uma proposta curricular coerente com os interesses e as necessidades de seus alunos e de sua comunidade.*
>
> *A dimensão social – sem nunca se esgotar em si mesma – pode ser importante no planejamento educacional, integrado a um projeto social comprometido com a melhoria da qualidade de vida de toda a população.*
>
> *[...].*
>
> *Algumas abordagens metodológicas podem conferir ao currículo uma perspectiva de totalidade, respeitando-se as especificidades epistemológicas das áreas de conhecimento e das disciplinas. Como exemplo, parte-se da premissa de que o conhecimento da sua realidade mais próxima pode motivar o aluno a compreender as complexas relações existentes em nível mais global. Um projeto dessa natureza pode articular-se a cinco fundamentos da vida societária: físico-ambiental; sócio-histórico, sociocultural, sociopolítico e econômico-produtivo, sabendo-se não serem independentes entre si.*

Como se pode concluir, o MEC pensa de uma forma, mas opera de outra!

O não uso destes princípios nas salas de aula do Ensino Médio é fator grandemente responsável pelo fenômeno do abandono escolar. Sobretudo operar os princípios da diversidade e da contextualização é forma com alto teor potencializador para atrair a atenção do aluno, motivá-lo sempre e induzi-lo continuamente a um nível de conscientização crítica do processo de legitimação do conhecimento escolar. A cultura didatizada da escola de Ensino

Médio conduz, muitas vezes, o aluno trabalhador da escola pública, sobretudo da escola pública noturna, a **ocultar** sua identidade à medida que não oferece espaços para ele **desocultar** o contexto em que vive. Aqui, vale lembrar pesquisa recente da Fundação Getúlio Vargas (FGV) em que aponta as razões do abandono escolar no Ensino Médio. Eis os motivos achados:

- 10,9% dos alunos têm dificuldade de ir para a escola e de retornar.
- 27% alegam que precisam trabalhar.
- **47% acham a escola desinteressante.**

O crescimento do abandono escolar na rede pública de Ensino Médio é um fenômeno em todo o país, mesmo em unidades da federação em que o salário docente é um pouco melhor, como é o caso do Distrito Federal, como se pode ver:

Abandono escolar no DF			% Total de abandono		
Total de alunos matriculados					
Ensino	Médio	diurno	Ensino	Médio	noturno
2007	6,6%	54.871	2007	21,15%	20.343
2008	4,9%	51.214	2008	18,34%	13.059
2009	8,2%	64.401	2009	24,08%	12.669

Fonte: Secretaria de Educação/GDF-MEC, 2010.

Fica evidente que a medida de uniformizar a prova do Enem, desconsiderando a parte diversificada do currículo, é a manifestação reiterada do Estado brasileiro pela desatenção à educação básica como processo e procedimentos de aprendizagem qualitativamente contextualizados, tendo a região como palco primeiro das referências socioculturais e científicas da educação escolar e o Projeto Político-Pedagógico (PPP) como bússola da escola[6]. Com esta des-

---

6. É sempre conveniente lembrar que o PPP é inteiramente ignorado pelas escolas, pelos sistemas de ensino e pelos próprios Conselhos de Educação, quando se trata de instituições de Ensino Médio.

consideração, desvaloriza-se, pedagogicamente, o princípio da autonomia da escola pública (LDB, art. 3º, inc. VIII), distancia-se o cognitivo, o afetivo e o social do cotidiano da sala de aula e, por fim, retira-se da paisagem dos programas das diversas disciplinas o sentido das trocas e da participação dos alunos a partir de suas diferenças. Tudo isto fica à margem da avaliação oficial, porque nada disto tem a ver diretamente com o vestibular!

Os resultados imediatos e as consequências diretas estão presentes no alargamento das desigualdades já existentes. Ou, como aponta Franco (1987: 71),

> a concretização das novas propostas educacionais provavelmente fortalecerá ainda mais os já fortalecidos e perpetuará, também ainda mais, as condições de inviabilidade daqueles que, preconceituosamente, já são vistos como inviáveis. "Inviáveis" porque relegados à condição de miséria ou de extrema pobreza, carentes de códigos culturais aceitáveis, incapazes de acompanhar as propostas educacionais (em geral inadequadas), expulsos da escola, enfim, "problemáticos" e, portanto, discricionariamente vistos como entraves para o desenvolvimento global do país.

Por outro lado, parece óbvio também que a iniciativa de trabalhar um Enem com conteúdos homogeneizantes decorre da necessidade de atenuar focos de resistência (que mesmo assim se manifestaram fortemente) à ideia de os alunos aproveitarem a inscrição no certame para, ao mesmo tempo, inscreverem-se em cursos superiores de universidades fora de suas regiões de origem. Portanto, mais uma vez, o Enem se põe a serviço da universidade e, não, do processo de aferição da qualidade da educação básica via Ensino Médio. É preciso lembrar que o Enem não foi concebido para propiciar a mobilidade pelo país, embora esta possa ser uma consequência.

É curioso observar que, depois dos resultados desconcertantes do Enem/2009 e cujos resultados saíram em 2010, a primeira iniciativa do MEC não foi buscar revolver os óbices que emperram o Ensino Médio, mas mudar o acesso às notas (do Enem). A ideia é, como apontou auditoria interna, "monitorar as fragilidades de todo o sistema". Ou seja, é necessário interferir rapidamente na base tecnológica de controle das informações para tranquilizar as instituições de Ensino Superior que utilizam o Enem como sucedâneo ou parte do vestibular, porém, não é necessário interferir rapidamente na base pedagógica do Ensino Médio!

Protegem-se os dados porque dizem respeito ao seu aproveitamento para a educação superior, mas não os alunos do Ensino Médio cujo desempenho insatisfatório fica para depois. Significa que o Enem está duplamente fragilizado. De um lado, pelo vazamento de dados pessoais de 12 milhões de alunos que se submeteram às três últimas edições e, de outro, porque totalmente desfigurado enquanto prova que deveria aferir conhecimentos de um nível de ensino que, antes de preparar para a universidade, é etapa final da educação básica.

Não significa dizer que o direito à inviolabilidade de informações pessoais não seja importante. É tão importante que assegurado pela constituição. Significa que o MEC não dá conta nem da base tecnológica do Enem. Este fato, aliás, levou a triste e preocupante conclusão do editorial do jornal *O Estado de S. Paulo* (07/08/10, p. A3) segundo a qual [...] *pouca coisa funciona bem na área de educação*. O mesmo jornal, em editorial do dia 22 de janeiro de 2011, chama atenção para "o colapso do Enem", com a seguinte e melancólica conclusão: *na realidade, o desafio não é criar órgãos novos, mas requalificar a burocracia do MEC, reestruturar o sistema de avaliação desfigurado pelo último governo e rever o Sisu – esse gigantesco vestibular das universidades federais que a União não consegue gerir*. O *Correio Braziliense*, por seu turno, agora comentando mais um descaminho do Enem/2011, põe esta mesma questão em tintas dramáticas ao batizar seu editorial com o título: **Enem: falta compromisso com acerto** (02/11/11).

Os problemas fundamentais do Enem são o seu gigantismo, a falta de foco e a incapacidade administrativa do Inep/MEC de gerir o exame com adequação[7]. Além disto, não se podem minimizar problemas como interpretação de temas controvertidos que induzem a respostas igualmente controvertidas, e a inclusão, nas ciências humanas, de [...] *uma notória tendência ao materialismo vulgar [...]*, reduzindo ao econômico problemas sociais complexos da sociedade brasileira (José de Souza Martins. *O Estado de S. Paulo*, 14/11/10 – Aliás).

---

7. Embora o Inep se intitule "detentor de um absoluto *Know-how* para conduzir com sucesso esse processo", conforme declaração recente de um dos seus ex-presidentes.

Na verdade, o que vem ocorrendo no Brasil é avaliação demais e mudanças de menos. A questão é: o que o Estado brasileiro tem feito cada vez que os exames de avaliação apontam que os alunos não sabem ler nem calcular? Como diz a psicopedagoga Neide Noffs, da PUC-SP, *o acompanhamento contínuo é mais importante que avaliações contínuas.*

As preocupações do MEC, nas três últimas provas do Enem (2009, 2010 e 2011) se concentraram na "carpintaria" da prova (o candidato não pode levar relógio, lápis, lapiseira, grafite, bip, máquinas calculadoras etc.), mas não focaram a sociopedagogia da prova: a desigualdade da situação socioeconômica e cultural e as gigantescas diferenças das escolas em que os alunos estudam não são consideradas.

O segundo instrumento de avaliação do Ensino Médio é o Índice de Desenvolvimento da Educação Básica (Ideb). De origem questionável, vez que gerado nas entranhas do Programa de Desenvolvimento da Educação (PDE), programa de governo, e não do Plano Nacional de Educacional (PNE) (política de Estado), o Ideb, calculado a cada dois anos, trabalha com dois indicadores preponderantes de qualidade, a saber:

a) **Rendimento**: compreende o fluxo do aluno, isto é, a taxa de aprovação de um ano para o outro, com a aferição expressa em notas de português e matemática, através de prova aplicada pelo MEC. Por oportuno, vale lembrar que reprovação e abandono diminuem o rendimento e que os alunos de 4ª e 8ª séries fazem a Prova Brasil.

b) **Desempenho**: média das notas dos alunos nas avaliações nacionais, a saber: Prova Brasil (de 4ª a 8ª séries) e Saeb (3º ano do Ensino Médio, por amostragem)[8]. As médias do Ideb/2009 foram:

---

8. O Sistema de Avaliação de Educação Básica (Saeb), transformado equivocadamente pelo MEC/Inep em um dos correspondentes do Ideb, trabalha com uma escala de 0 a 500 pontos. Em todas as séries, as provas apresentam idêntico nível de dificuldade e, por esta razão, podem ser objeto de comparação. O foco do Saeb não é avaliar os alunos, mas identificar, por amostragem, as falhas no sistema educacional, com dois objetivos: conceber políticas públicas e identificar áreas prioritárias de investimento.

De 1ª a 4ª séries: 4.6
Antes: 4.2 (2007) e 3.8 (2005);
Meta de 2009: 4.2 (Resultado superior).

De 5ª a 8ª séries: 4.0
Antes: 3.8 (2007) e 3.5 (2005);
Meta de 2009: 3.7 (Resultado superior).

Ensino Médio: 3.6
Antes: 3.5 (2007) e 3.4 (2005);
Meta de 2009: 3.5 (Resultado análogo).

O horizonte do Ideb é interessante: chegar ao ano de 2021 com o Ideb igual ao patamar educacional em que se situa a média dos países da Organização para a Cooperação e Desenvolvimento Econômico (Ocde), ou seja, 6.0.

A ideia é que, a cada dois anos, o governo alinhe metas para o biênio seguinte a partir dos resultados achados.

Os últimos resultados do Ideb revelaram evolução no indicador do Ensino Fundamental e, praticamente, estagnação no do Ensino Médio, como veremos a seguir. Antes, porém, vale fazer duas observações. A primeira é que, para apoiar, com suporte técnico e financeiro, os 1.822 municípios brasileiros e as 28 mil escolas que tiveram desempenho abaixo do esperado no Ideb, o governo federal gastou R$ 400 milhões no biênio 2007-2009.

Os resultados ascendentes no Ensino Fundamental são palpáveis, porém, no Ensino Médio, o ritmo de progresso é lento. De fato, o que se constata é um processo de estagnação, como aponta o infográfico/AE que segue:

Notas do Ideb por Estado em um limite de tempo: 2005-2009

ENSINO MÉDIO				
⇧ = elevação	⇔ = Manutenção		⇩ = Queda	
	2005	2007	2009	⇧
1º) Paraná	3.6	4.0	4.2	⇧
2º) Santa Catarina	3.8	4.0	4.1	⇧
3º) Rio Grande do Sul	3.7	3.7	3.9	⇧
4º) Minas Gerais	3.8	3.8	3.9	⇧
5º) São Paulo	3.6	3.9	3.9	⇔
6º) Espírito Santo	3.8	3.6	3.8	⇧
7º) Mato Grosso do Sul	3.3	3.8	3.8	⇔
8º) Distrito Federal	3.6	4.0	3.8	⇩
9º) Rondônia	3.3	3.2	3.3	⇧
10º) Ceará	3.3	3.4	3.6	⇧
11º) Acre	3.2	3.5	3.5	⇔
12º) Goías	3.2	3.1	3.4	⇧
13º) Tocantins	3.1	3.2	3.4	⇧
14º) Paraíba	3.0	3.2	3.4	⇧
15º) Roraima	3.5	3.5	3.4	⇩
16º) Amazonas	2.4	2.9	3.3	⇧
17º) Pernambuco	3.0	3.0	3.3	⇧
18º) Bahia	2.9	3.0	3.3	⇧
19º) Rio de Janeiro	3.3	3.2	3.3	⇧
20º) Sergipe	3.3	2.9	3.2	⇧
21º) Maranhão	2.7	3.0	3.2	⇧

22º) Mato Grosso	3.1	3.2	3.2	⇔
23º) Pará	2.8	2.7	3.1	⇧
24º) Amapá	2.9	2.8	3.1	⇧
25º) Rio Grande do Norte	2.9	2.9	3.1	⇧
26º) Alagoas	3.0	2.9	3.1	⇧
27º) Piauí	2.9	2.9	3.0	⇧

Infográfico/AE. Fonte: *O Estado de S. Paulo* (05/07/2010, Vidas, p. A13).

As escolas que apresentam os melhores resultados no Ideb têm algumas características análogas, do tipo:

1) Trabalho coletivo e práticas interdisciplinares.

2) Avaliação contínua das práticas pedagógicas a partir do eixo interdisciplinaridade/contextualização/diversidade.

3) Alargamento do tempo de permanência do aluno na escola, com professores para atendê-lo.

4) Professores trabalhando em tempo contínuo, ao menos por turno, em uma mesma escola.

5) Programas permanentes de capacitação.

6) Trabalho intenso com temas transversais, metodologia de projetos e programas orientados de leitura.

7) Envolvimento dos pais na vida da escola.

8) Implantação de esquemas formais de reforço escolar, inclusive com programação integral aos sábados.

9) Construção de agendas com metodologias alternativas de ensino, aproximando, a cada momento, teoria e prática.

10) Atenção redobrada com a organização e o funcionamento das escolas de educação infantil.

11) Salas de informática com laboratórios bem equipados.

12) Material de apoio didático disponibilizado aos alunos em quantidade e em qualidade.

13) Salas de aula com, no máximo, 30 alunos e uma estrutura plenamente dimensionada.

14) Bibliotecas e programas de leitura orientada.

Um exemplo da conjugação articulada destes vários aspectos socioeducativos e institucionais é o da Escola de Aplicação da USP, escola paulistana com melhor colocação no Ideb/2009, séries finais do Fundamental (Ideb: 6.2). O quadro docente é composto por profissionais capacitados e motivados já a partir do salário que pode variar de R$ 3.5 mil (salário inicial) a R$ 8 mil. Ao todo, são 50 professores, trabalhando como servidores públicos em regime de tempo integral e em processo de formação continuada. Situação análoga é a da Escola de Aplicação da Ufpe, em Recife. Ou seja, são situações de oásis pedagógicos que revelam claramente a direção a tomar!

Na terceira edição do Ideb ficou claro, mais uma vez, que o Ensino Médio brasileiro vive uma situação dramática, consideradas, sobretudo, as escolas públicas estaduais. O caso do Estado do Rio de Janeiro é ilustrativo. O índice geral fluminense caiu de 3.3 para 2.8, consideradas só as escolas estaduais, e este resultado joga o Rio para a penúltima posição no conjunto dos estados brasileiros, colocando-se à frente, apenas, do Piauí e na mesma posição de Alagoas, Amapá e Rio Grande do Norte. Para o Sindicato Estadual dos Professores da Educação há duas razões diretamente responsáveis por este desastre: o déficit histórico de professores[9], sobretudo em disciplinas como Física, Química e Matemática e, ainda, os baixos salários docentes. Por outro lado, diz a Professora Sônia Wanderley, da Universidade Estadual do Rio de Janeiro (Uerj): *[...] no caso do Ensino Médio, além de problemas como os baixos salá-*

---

9. Como já destacado em outros passos desta obra, a falta de professores destas disciplinas é a própria cara da tragédia do Ensino Médio brasileiro. Não há docentes nem em quantidade nem em qualidade. Apenas 25% das professoras de Física e 38% dos professores de Química, com atuação em sala de aula, possuem formação específica (licenciatura) na área. No Distrito Federal apenas um terço dos professores de Física da rede pública tem formação/qualificação na área.

rios, pesa o próprio caráter dessa faixa de ensino no país, muito voltado para preparar alunos para as provas de ingresso na universidade, às vezes distante da realidade dos jovens e de suas necessidades[10].

O caso do Rio de Janeiro é ilustrativo da situação de fragilidade da educação básica do país. Apesar de o estado ser rico, os resultados do Ideb das escolas da rede pública estadual são tão críticos quanto o são os resultados do Enem. Como anotou o jornalista Ancelmo Gois, no jornal *O Globo* (13/09/11), sob o título Tragédia Carioca, "[...] a crise do ensino público no Rio pode ser pior do que revelam os números do Enem. É que em apenas 16% das escolas públicas mais da metade dos alunos fez o exame".

De fato, os resultados do Ideb, como já destacado, revelam uma melhoria do indicador no Ensino Fundamental, sobretudo nas séries iniciais, um ritmo positivo nas séries finais e uma situação crítica no Ensino Médio. Esta perda de qualidade mostra que a nossa educação básica vive um processo de esquartejamento contínuo em que a sua integralidade (a conjugação dos níveis) está longe de ser uma soma articulada das partes e em que a qualidade não é totalizadora, não é uma forma de energia contagiante da cidadania escolar incipiente em processo. Por isso, diz Fonseca de Carvalho[11]: *[...] a qualidade estará sempre em um lugar além. Pairando independentemente de nossas escolhas, nossos esforços formativos, nossas crenças e mesmo de nossas aulas. Ela estará "no mercado de trabalho", em seus ardis, em sua volatilidade voluntariosa. Terá passado das mãos humanas dos educadores para "a mão invisível do mercado".*

Na verdade, o desfiguramento do Ensino Médio brasileiro é preocupante porque se trata de uma anticircunstância social que, antes de prejudicar a economia, compromete a cidadania.

Luckesi, especialista em avaliação e professor da Universidade Federal da Bahia, chama a atenção para este aspecto: *Vem ocorrendo um esforço para melhorar o sistema nacional de ensino, desde que as avaliações começaram. Mas é preciso*

---

10. Jornal *O Globo*, 06/07/10.

11. FONSECA DE CARVALHO, J.S. "Da qualidade da educação e a dificuldade de enxergá-la como um fim em si". *Educação*, ano 13, n. 159, 2010, p. 58. São Paulo: Segmento.

pensar o Ensino Médio com finalidade própria. Ao meu ver, ainda é uma etapa muito controversa, especialmente pelo foco atribuído ao vestibular.

Não há dúvida de que, multifacetada em suas finalidades, a avaliação do Ensino Médio, via Enem, vai perdendo, cada vez mais, vinculação com a educação básica e, simultaneamente, ganhando proximidade conteudística com o vestibular. Hoje, são mais de 1.200 instituições que usam o Enem, com destaque para 23 universidades federais, 26 centros federais de ciência e tecnologia, além de IEs estaduais e instituições privadas de reconhecido prestígio, o que dá, ao Enem, uma importância ímpar. Este horizonte de utilização seletiva dos resultados do Enem acabou transformando-o em objeto de cobiça de quadrilhas especializadas em comercializar provas de concursos. Tal fato transformou o Brasil no único país do mundo em que a prova de avaliação de um nível de ensino requer a mobilização das forças armadas, da Polícia Federal, rodoviária federal, das polícias estaduais e dos órgãos de segurança em geral! Isto significa que os custos do Enem explodiram em todas as frentes, já a partir da exacerbação dos valores do pré-teste que sofreram aumento em 2010 de 59%, indo de R$ 4.939.5 milhões para R$ 6.191 milhões!!

Desde que transformou o Enem em exame vestibular disfarçado, o MEC tem reforçado o auxílio financeiro às instituições federais que recebem alunos via Enem. Os recursos do Plano Nacional de Assistência Estudantil (Pnaes) têm aumentado. As universidades que adotaram o Sistema de Seleção Unificada (Sisu) (o aluno presta um único vestibular e pode concorrer, com a mesma nota, a várias universidades) tiveram um aumento de 100% na verba do Pnaes.

Se, de um lado, a mobilidade estudantil foi facilitada com este bônus financeiro às instituições, de outro, os alunos que não conseguem aprovação no Enem/Vestibular permanecem como deserdados e estigmatizados por uma reprovação em exame que não visa aferir competências, habilidades e conhecimentos reclamados de quem conclui a educação básica – como formação essencial para a cidadania e o trabalho –, mas a medir conhecimentos de disciplinas soltas tendo em vista o vestibular. Por isso, alunos de cursinhos integrados com Ensino Médio são campeões de aprovação no Enem!!

Por fim, cabe aclarar que o Enem, alegadamente concebido sob inspiração do *Scholastic Assessement Test* (SAT), instrumento de seleção de estudantes adotado por universidades americanas, tem, apenas, alguma semelhança com o processo seletivo americano. Se ambos podem servir de passaporte ao aluno para ingressar em universidades, o SAT tem um foco claramente definido: uma redação e conhecimentos de inglês e matemática. Além do resultado do SAT, as universidades analisam o currículo do aluno, seu histórico escolar (sua performance na educação básica!), atividades realizadas extrassala de aula e, ainda, pedem cartas de recomendação. Como se vê, no contexto de uso do SAT ou do SAT *Subject Test*, exigido por algumas outras universidades, o interesse da universidade é atrair um aluno do perfil do seu interesse. As necessidades do Brasil são de outra natureza! A nossa questão *básica* ainda é a *educação básica!!* Aqui, vale relembrar que 88% das escolas de Ensino Médio do país são públicas. E não cabe adotar a ideia mal posta do MEC de que a média do Enem melhorou. Como disse um especialista da área, *uma coisa é dizer a média subiu ou declinou. Outra é constatar que 52,8% dos concluintes do Ensino Médio regular ficaram ABAIXO da média nacional na prova objetiva do Enem em 2010.* E para não pairar dúvida sobre a inconsistência do argumento, basta lembrar que apenas 1.500 escolas, incluindo públicas e particulares, das 23.900 que participaram da prova, apresentaram-se com nível idêntico ao das escolas da Ocde.

Na verdade, o SAT tem focos precisos: domínio da língua escrita e matemática. Funções essenciais da educação básica.

Em nosso caso, o baixo desempenho dos alunos em português rebaixou a média do Enem. As explicações de autoridades e de especialistas é estranha: "Isto é um reflexo da 'Geração Y', educada com a ajuda da internet [...] os jovens estão cada vez mais conectados em redes sociais [...]". Diante deste argumento, vale perguntar como explicar o desempenho superior de estudantes de outros países em testes internacionais? Eles não usam internet?!

Para ser fiel à sua razão de ser e à própria denominação (Exame Nacional do Ensino Médio), o Enem deveria exigir o domínio de conteúdos articulados da educação básica, da qual o Ensino Médio é etapa final (LDB, art. 35). Hoje, está transformado em "bilhete" para ingresso na educação superior. As consequências são múltiplas e negativas, como se pode ver:

1) Multiplicaram-se rapidamente, em todo o país, os cursinhos preparatórios para o Enem.

2) O material das grandes editoras, voltado para a preparação do vestibular, passou a ser editado de forma casada, descaracterizando, de maneira definitiva, o Enem. O material sai assim: Preparatório Vestibular + Enem.

3) Abriu-se um enorme espaço para as grandes redes de ensino privado alargarem seus negócios com ampliação da venda do material produzido para as redes públicas;

4) Escancarou-se a porta para a proliferação de colégios do tipo *[...] só para bons alunos*, como já anunciado por grandes redes de ensino. Na prática, significa que, com a ideia do **novo** Enem/Vestibular, o MEC concorreu para a exclusão social e educacional e contribuiu para acelerar a expansão das redes de escolas-butique, aquelas só para estudantes de famílias ricas, porque especializadas em aprovação de alunos no vestibular.

5) Assiste-se à ampliação mais acelerada do processo de concentração do setor educacional. Na verdade, a partir de 2005 começou o *encontro do ensino privado com o* big business. Tudo teve início na área de Ensino Superior. Agora, com o Enem "vestibularizado", a busca pelo controle acionário das redes de ensino com atuação na educação básica e, sobretudo, no Ensino Médio, encorpa-se celeremente. Significa que o mercado de "sistemas de ensino" passa a ser disputado com volúpia comercial incontida.

6) O "**novo** Enem" ajudou a escancarar as portas do mercado de material didático em geral, incluindo: livros, manuais, produção de apostilas e recursos comunicacionais via internet. Ou seja, o setor privado, que já controla 73% das matrículas no Ensino Superior, deverá rapidamente avançar sobre o Ensino Médio.

Sem embargo, Enem e Ideb são um "bicho de sete cabeças" para as escolas públicas. Os próprios sistemas de ensino contribuem para aumentar a confusão, à medida que permitem que cada um deles seja visto de forma equivocada. O Enem é usado genericamente para avaliar e "ranquear" as escolas. Além de considerar só o resultado e não a amostragem, permite-se a continuidade da falsa ideia de que TODAS as 27.306 escolas constantes do censo escolar 2009, que ministram Ensino Médio regular, participaram obrigatoriamente da prova do Enem, o que não é verdade. Resultado: os professores e as escolas desconhecem exatamente o alcance dos exames (Enem e Ideb) e, não menos grave, não sabem o que fazer com resultados, porque não são orientados. Tudo lhes chega ao conhecimento de forma fragmentada, via mídia.

Não é admissível que a problemática do exame de ingresso no Ensino Superior prossiga sendo a única referência da organização curricular do Ensino Médio e das funções deste, como induzem as orientações para o uso do chamado "novo Enem". A verdadeira interlocução do Enem tem que ser, primeiramente, com os sistemas de ensino e, só depois, com as universidades. Estas, por sua vez, devem igualmente dialogar com os sistemas de ensino na preparação dos seus vestibulares como estabelece o art. 51 da LDB.

As escolas de Ensino Médio com seus professores e os sistemas de ensino com seus gestores jamais são convocados formalmente para analisar os resultados do Enem e do Ideb. O que se vê, após cada publicação de resultados, são autoridades do governo dando palpites, emitindo opiniões soltas, muitas delas desprovidas de conteúdo interpretativo congruente e sinalizador, minimamente, de rotas transformadoras a partir do desastre revelado. Percebe-se a falta de um alinhamento consistente de políticas articuladas de avaliação do ciclo da educação básica em cujo interior o Ensino Médio se posiciona na culminância do processo. Tal ausência impossibilita objetivar medidas corretivas confiáveis. Ou seja, não se apresenta o quadro da verdade objetiva. Esta não se reduz a problema técnico. Como se sabe [...] *é na prática que o homem deve demonstrar a verdade, isto é, a realidade e o poder de seu pensamento* (MARX. *II tese sobre Feuerbach*). Talvez, aqui, estejamos precisando seguir a recomendação do filósofo brasileiro Farias de Brito: que se restabeleça a verdade como regra das ações. As explicações são sempre lineares, submetidas a uma análise de constatação meramente visual. Neste contexto de generalidades opinativas, é interessante observar a ausência de contribuição dos órgãos normativos dos sistemas (Conselho Nacional de Educação, Conselhos de Educação) e de instâncias como o Conselho Nacional de Secretários de Educação[12]. Face a indiferença institucionalizada, não aparecem iniciativas nem estratégias para a reversão das fragilidades e deformações expostas. E aí se pergunta: para que servem os resultados do Enem e do Ideb? E onde fica a atribuição da União de [...] *assegurar o processo nacional de avaliação do rendimento escolar no Ensino Fundamental, **Médio** (grifo nosso) e Superior, em colaboração com os sistemas de ensino, objetivando a definição de prioridades e a melhoria da qualidade do ensino?* (LDB, art. 9°, inc. VI).

Toda tentativa de padronizar procedimentos de avaliação, desrespeitando a diversidade de rotas e excluindo processos de negociação, deságua na avaliação meramente certificativa, com nítidos prejuízos para a avaliação formativa. Aquela espaça cada vez mais a distância entre os níveis de ensino, à medida que o aluno avança em escolaridade, enquanto esta, assentada em um princípio de pedagogia diferenciada, articula as etapas e níveis, a fim de otimizar as situações de aprendizagem e os resultados. Como ensina Perrenoud, [...] *a avaliação formativa participa, então, da construção de uma representação precisa, **não só dos conhecimentos do aluno** (grifo nosso), mas do seu modo de aprender, de sua relação com o saber, de seu projeto, de seus recursos* (2002: 115).

Com os rumos tomados em tempos recentes pelo sistema nacional de avaliação, é deplorável constatar que instrumentos de avaliação como o Enem e o Ideb perderam a verdadeira função de mecanismos com dimensão estratégica, porque capazes, em sua concepção de origem, de *determinar as urgências, os meios de ação e os problemas que precisam ser tratados prioritariamente* (Perrenoud). Ao mesmo tempo, o novo formato e uso destes instrumentos apequena a função estratégica do Inep à medida que o transforme em um balcão de organização de provas e em um guichê nacional de produção despistada de instrumentos certificadores. O *Correio Braziliense* capturou, em editorial, esta deformação crescente: *cada vez mais se consolida a convicção de que o*

---

12. O Congresso Nacional, via Comissão de Educação, fica indiferente como se a ausência do Estado em questão tão crucial não lhe dissesse respeito.

Instituto Nacional de Pesquisas Educacionais (Inep), no tocante à aplicação do Exame Nacional do Ensino Médio (Enem), está aprisionado ao mais baixo nível de gestão operacional. Há tempos, a grave anomalia se tornou visível em razão de falhas recorrentes no planejamento e execução da prova (02/11/11).

O ritmo de empobrecimento das instâncias do MEC responsáveis pelo processo de avaliação da educação básica e, sobretudo, do Ensino Médio, acentua paradoxalmente, se considerarmos o discurso da inclusão, a mentalidade burocratizadora prevalecente, assentada em bases de motivação política. Assim, confunde-se renovação pedagógica com crescentes doses de controle, tudo sob a forma despistada de procedimentos de regulação. Esta imobiliza as escolas e os professores que [...] *se veem aguardando os esclarecimentos e diretrizes dos especialistas para saber o que fazer*. A consequência desse fenômeno, como afirma Angulo, *é que ele impede que se invistam esforços naqueles aspectos de concepção que seriam os autenticamente fundamentais, ficando-se preso àqueles que são apenas formais e previamente regulamentados* (apud CONTRERAS, 2002: 49).

A atual prova do Enem dilui-se em um amplo processo de tecnicidade plantado no conceito de **objetivação burocrática** que, no dizer de Angulo (1991a: 422), introduz o pensamento tecnológico que ele chama de "simplicidade-complexa". Com isto, os sistemas de ensino e as escolas perdem autonomia e os professores de Ensino Médio se fazem reféns de uma armadilha porque prisioneiros das regulações e dos resultados de um sistema de avaliação de cuja concepção não participaram. Ora, como se sabe, o compartilhamento é a única forma de atribuir significação a correções e a procedimentos de aprimoramento sempre necessários.

Por outro lado, ao não saber o que fazer com os resultados do Enem e do Ideb, porque lhe é negada a participação na construção conceitual e procedimental, o professor perde parte de suas funções intelectuais na escola, com o consequente comprometimento do sentido ético do trabalho que realiza. Como lembra a Professora Valéria Lopes, em sua Tese de doutorado (USP, 2007): *Há um diálogo ausente... Os resultados da avaliação não interagem com as práticas docentes.*

Neste horizonte, o **novo** Enem, com o invólucro de enganosa novidade e com a concepção adotada, representa uma agressão à autonomia dos sistemas públicos de ensino, às escolas e aos seus professores. Ademais, enquanto nas escolas públicas trabalha-se o Ensino Médio com foco na conclusão da educação básica, nas escolas privadas o foco é o vestibular. Assim, as chances de alunos destas escolas chegarem à educação superior são infinitas vezes maiores. Como se não bastasse, o Enem/Vestibular penaliza mais uma vez o professor da escola pública ao contribuir, pelos resultados dos seus alunos, a confundir qualidade educativa com qualidade profissional ou simplesmente com competência para o mercado de trabalho. Sem qualquer dificuldade, repete-se a cada ano a mesma situação: as escolas privadas, com algumas exceções, estão sempre em posição de vanguarda no *ranking* das 100 escolas mais bem situadas no exame.

O MEC acaba de reforçar o processo de deformação do Exame Nacional do Ensino Médio (Enem), como já dito, cada vez mais voltado para a universidade e cada vez menos vinculado a uma avaliação do nível de plenificação da educação básica. No bojo das principais mudanças do Enade-2011, os alunos ingressantes – aqueles que iniciam o curso no ano do exame – devem se inscrever no exame, porém, caso hajam alcançado resultado válido de participação no Enem, [...] *serão dispensados da prova geral*. É lamentável constatar que o **novo** Enem, até hoje, não tenha implantado uma única medida de correção dos descaminhos do Ensino Médio. Esta medida da versão Enade-2011 penaliza a grande maioria dos alunos oriundos de escolas públicas e que, a duras penas, conseguem ingressar na universidade. Ao mesmo tempo, libera da prova geral a maioria absoluta dos alunos egressos da rede privada e dos grandes colégios de Ensino Médio. Ou seja, os alunos originários de famílias de alto poder aquisitivo e, quase sempre, matriculados em universidades públicas, são, mais uma vez, beneficiários das lentes **generosas** do Ministério da Educação.

Com tantos desvios de rota, o **novo** Enem vai produzindo zonas de contágio negativo nos Sistemas Públicos de Ensino dos estados. Estes, aliás, embora aleguem que não dispõem de mais recursos para operar o Ensino Médio de alta qualidade, estão aderindo à ideia de montar uma rede de cursos preparatórios para o vestibular. Incrível é imaginar que estes cursos se destinam a receber os mesmos alunos das escolas públicas estaduais. Ou seja, as Secretarias de Educação dos estados confirmam a fragilidade do Ensino Médio que oferecem e, ainda, patrocinam cursinhos *de ocasião, que, na verdade, fazem parte da cultura do jeitinho brasileiro.*

Não é possível que o Brasil prossiga em sua conduta dúbia entre o quase fazer e o não fazer educacional. No momento, por exemplo, não temos sequer um Plano Nacional de Educação – o que seria o PNE 2011/2020 –, embora já tenhamos devidamente aprovado o Plano Nacional de Pós-graduação (2011-2020), que, segundo o documento de referência (PNPG 2011-2020, vols. 1 e 2), integra o próximo PNE. Ou seja, integra o que ainda não existe! Por outro lado, os diferentes instrumentos de avaliação, nacionais e internacionais, precisam produzir consequências urgentes e concretas. Sobretudo os resultados das avaliações devem ser assumidos como radiografias claras de uma educação fragilizada, de uma escola depauperada, que sofre de desgaste conceitual e operativo e cujos alunos até podem "passar" na escola, mas que são reprovados na vida. No caso dos resultados do Enem, é imperativo as instâncias competentes do governo oferecerem uma leitura adequada da realidade escolar inteira. Do contrário

> [...] a habitual leitura superficial poderá permitir que os executivos e a mídia façam uma interpretação inconsequente de seu conteúdo, dando a impressão, novamente, de que andamos para a frente, quando, de fato, nos afastamos ainda mais do que ocorre nos demais países (HELENE & HORODYNSKI-MATSUSHIGUE, 2011: 11).

Todas estas questões, quando postas juntas, parecem amplificar os espaços de deformação do Ensino Médio brasileiro. Na verdade, esta impressão é apenas visual. De fato, na imensa fila dos problemas educacionais do país, o nosso ensino secundário faz um percurso em ziguezague, alternando passos e descompassos. Os governos, por sua vez, seguem firmes na atenção marginal ao problema. De quando em vez, despertam da letargia burocrática. Sobretudo, quando saem resultados de exames de avaliação, tipo Pisa, Enem, Saeb etc. É quando percebem que o Ensino Médio, em sua configuração atual, é um ninho de problemas necrosados no tecido esgarçado de nossa educação básica.

É insuficiente que o Brasil haja se incorporado à tendência internacional de trabalhar com instrumentos de avaliação educacional. O enfrentamento da questão da queda da qualidade do ensino apenas passa por aí. No entanto, o que a sociedade espera é que tais resultados sejam usados para a implantação e implementação de políticas públicas que gerem transformações qualitativas e não apenas, que induzam a mudanças quantitativas. Por enquanto, nenhuma destas finalidades do **novo Enem** se apresenta na rota do seu alcance. Nem mesmo a pretendida migração interna de alunos das regiões pobres para as regiões mais ricas do país parece assegurada, até porque as instituições federais permanecem com uma infraestrutura insuficiente para receber estes alunos. Daí, não parecer distante a fronteira que separa **o caso do Enem do ocaso do novo Enem!** (HELENE, 2011: 44).

Diane Ravitch, autora do consagrado livro *The death of the great American school system*, ressalta três dimensões críticas de exames na linha de avaliações padronizadas. São elas:

a) O maior problema dos exames padronizados é que, atualmente, são mais importantes que o currículo e acabaram se tornando um fim em si mesmos.

b) Os exames padronizados não exigem a capacidade de pensar, mas, sim, de pensar para o teste.

c) Os exames padronizados testam apenas habilidades e, não, conhecimento.

O fato é que o **novo** Enem carimba os excluídos das escolas públicas e deles se esquece depois de publicados os resultados. Por sua vez, as Secretarias de Estado da Educação ficam expostas à execração pública. Cada vez que saem os resultados do Pisa e do Enem a sociedade brasileira é tomada por uma inundação de notícias de mudança, acompanhadas, quase sempre, de medidas improvisadas. Medidas que sinalizam que o Estado brasileiro decide fazer qualquer coisa casuisticamente, algo semelhante à cultura do **puxadinho** nas reformas prediais.

Na verdade, a literatura especializada aponta que tomar resultados de provas padronizadas como patamar de qualidade de ensino é caminho certo para multiplicar problemas. Como diz matéria da Revista *Educação*, *enquanto o Enem operava como exame de diagnóstico de Ensino Médio, o Inep não registrou problemas. Nas últimas edições, houve vazamentos de provas e casos de cola*[13].

Como previsto, o **novo** Enem vai se transformando em um vestibular nacional. A partir de 2011, vários sistemas de ensino, famosos pelo sucesso dos seus cursos preparatórios para o vestibular, abriram a agenda de realização de simulados no formato do Exame Nacional de Ensino Médio (Enem). Para potencializar a participação na prova, a inscrição é gratuita e feita pela internet. Com simulados nacionais, a indústria de cursinhos vai ganhando cada vez mais musculatura. Tanto mais que o simulado do Enem é realizado em diferentes localidades do país. Como diz uma destas redes de cursinho: "o simulado é uma versão compacta do Enem, aplicado em um só dia".

Em síntese, com o Enem/Vestibular, a indústria de cursinhos tomou todas as providências para comprovar sua eficiência, enquanto o governo federal nada fez até agora para reprovar sua ineficiência. Enquanto isso, o Enem prossegue simplesmente como mecanismo de exclusão para os alunos da rede pública de ensino.

Por fim, convém registrar que o Brasil, dentre os países que adotaram sistemas de avaliação a partir dos anos de 1990, é o único cujos resultados da avaliação são tomados para ranquear escolas e para excluir alunos e, não, para corrigir políticas públicas na área da educação. De fato, o Ideb e o Enem revelam, nos últimos anos, como a avaliação educacional pode ser barulhenta e pouco produtiva, dependendo de como é formulada. Assim, não é por acaso que estes dois exames têm servido muito mais para exacerbar o déficit de reputação da escola pública nos últimos anos.

O equívoco do **novo** Enem está em se ter tornado refém do vestibular. Como consequência, perdeu a natureza de avaliação formativa e reduziu

---

13. Para saber mais, cf. *Educação*, ano 14, n. 168, p. 24-30, matéria de capa.

sua função ao exercício de provas descontextualizadas. Em decorrência, provas que avaliam e ali se esgotam. Ou seja, nada propõem. Ora, como se sabe, *toda avaliação é um julgamento de valor para uma tomada de posição* (LUCKESI, 1984: 152).

Manter o Enem é preciso, só que excluídos seus equívocos e distorções atuais. Não será o Enem, que exclui, mas não transforma, uma sombra da memória tardia da educação bancária?! Na verdade, tentar corrigir o Ensino Médio através do Enem/Vestibular é o mesmo que buscar corrigir a febre por via do esfriamento do termômetro. É doloroso reconhecer que o **novo** Enem contribui fortemente para que os alunos das escolas públicas se sintam incapazes do sucesso escolar e, não menos grave, sem qualquer chance de exporem suas diferentes expressões de afirmação identitária e de reconhecimento acadêmico.

3
ENSINO MÉDIO: O QUE VEMOS E O QUE PODEMOS VER

Nenhum nível de ensino no Brasil tem sido mais desprezado pelo Estado quanto o Ensino Médio. Fazem-se estudos, patrocinam-se conferências nacionais e internacionais, publicam-se documentos e estatísticas e promovem-se reformas. Tudo fica, porém, no âmbito de constatações do tipo:

• **Historicamente** o Ensino Médio tem funcionado como um rito de passagem para a universidade.

• **Historicamente** o Ensino Médio tem ficado em plano secundário no conjunto das políticas públicas de educação do Estado brasileiro.

• **Historicamente** o Ensino Médio tem permanecido no regaço da educação escolar das elites.

• **Historicamente** o Ensino Médio tem sido impedido de se expandir com qualidade.

• **Historicamente** o Ensino Médio tem ocupado os espaços ociosos do Ensino Fundamental, razão por que possui alta concentração de matrículas no turno da noite[1].

• **Historicamente** o Ensino Médio tem tido uma forte marca de ensino descontextualizado.

---

1. Em 1995, 70% das matrículas de quase 5 milhões de alunos concentravam-se à noite. Hoje, este percentual caiu, porém permanece ainda significativo sobretudo nas áreas periféricas dos grandes centros urbanos.

- **Historicamente** o Ensino Médio tem assumido a feição de "preparatório" para o vestibular.

- **Historicamente** o Ensino Médio tem tido um currículo enciclopédico, assestado para padrões culturais de segmentos cultos da sociedade.

- **Historicamente** o Ensino Médio tem estado fora de políticas consistentes da articulação União Federal/Unidades Federadas, sob a alegação de que se trata de matéria de responsabilidade dos estados.

- **Historicamente** não se sabe o que os alunos aprendem para a vida, embora se saiba que estes estão em preparação para o vestibular.

- **Historicamente** o Ensino Médio tem apresentado um desenho pedagógico e escolar sem identidade própria.

- **Historicamente** o Ensino Médio tem ficado ausente de políticas consistentes, longas e continuadas de avaliação[2].

Todas estas formas de visualização do Ensino Médio revelam que o ciclo diacrônico de estudos sobre ele tem tido um foco meramente constatativo, deixando de lado as três dimensões frontais esquecidas que lhe são inerentes como etapa terminal da educação básica.

São elas articuladamente:

- componente estruturante da educação básica;
- salário docente;
- condições de trabalho no ambiente escolar.

Para facilitar, passemos a nos referir a estes três pontos como a **trindade ausente do Ensino Médio abandonado**.

Em 1988, com a promulgação da Constituição Federal, o Ensino Médio parecia ganhar novo *status legal*, com a determinação da *[...] progressiva universalização do acesso ao Ensino Médio gratuito* (CF, art. 208, inc. II). Expectativa

---

2. O Exame Nacional do Ensino Médio (Enem) surgiu em 1998, com o objetivo de aferir o conhecimento do aluno ao fim do curso. Mas foi progressivamente se transformando, parcial ou totalmente, em sucedâneo do vestibular. Agora serve também para outros fins, como veremos mais adiante.

fortalecida pela promulgação, em 1996, da Lei de Diretrizes e Bases da Educação Nacional (Lei 9.394/96), que adotou esta mesma redação.

A concepção inovadora e a formulação restauradora do Ensino Médio estavam, assim, postas:

> **Art. 31.** *O Ensino Médio, **etapa final da educação básica** (grifo nosso), com duração mínima de três anos, terá como finalidades [...].*

Pareciam definidos os parâmetros constituintes da natureza do Ensino Médio: etapa da culminância da educação básica com organização flexível sob o ponto de vista da concepção, da estrutura e do tempo de duração.

À luz da legislação, a sociedade brasileira teria conseguido um *up grade* para o Ensino Médio, ao situá-lo como etapa derradeira da educação básica.

A nova concepção legal tinha precedentes e implicações relevantes. A Declaração de Jomtien (março de 1990) representara um marco inafastável sobre educação para todos. Por outro lado, os países signatários do documento final, dentre os quais o Brasil, haviam assumido o **Plano de Ação para Satisfazer as Necessidades Básicas de Aprendizagem**[3]. Fixados e aceitos os macro-objetivos do **Educação para Todos**, o Brasil assumira a Década da Educação, fazendo insculpir, formalmente, em sua lei geral da educação, os compromissos de Jomtien. As consequências da decisão brasileira foram visíveis. O Ensino Fundamental, acionado pelos recursos do Fundef, implantado em todo o território nacional, em 1998, saltou em matrículas de 28 milhões em 1996, para 33,8 milhões em 1999. As matrículas no Ensino Médio seguiram no mesmo ritmo. Houve uma expansão rápida no setor público.

---

3. A Declaração Mundial sobre Educação para Todos e o Plano de Ação para Satisfazer as Necessidades Básicas de Aprendizagem resultam de um amplo e sistemático processo de consulta iniciado em outubro de 1989 e encerrado em janeiro de 1990, sob os auspícios da Comissão Interinstitucional responsável pela organização da conferência. Este evento contou com 1.500 participantes, 150 organizações não governamentais e delegações de 155 países. Na conferência foram analisados os principais aspectos da **Educação para Todos**.

Os dois quadros que seguem dão uma ideia exata desta expansão (1996-2010):

Brasil: Matrículas na Educação Básica

Ano	Total em milhões	1ª a 4ª (%)	5ª a 8ª (%)	Ensino Médio (%)
1995	37.857	52,9	33,0	14,0
1998	42.451	49,9	33,7	16,4
2002	44.968	42,9	34,8	22,3
2006	43.936	40,9	35,3	23,7
2010	42.594	40,5	35,2	24,3

Fonte: MEC/Inep, 2011.

Brasil: Matrículas no Ensino Médio

Ano	Matrículas	% Ensino Médio/Educação Básica
1996	5.739	14,8
1997	6.405	15,8
1998	6.962	16,4
1999	7.941	18,3
2000	8.774	19,8
2001	9.464	21,2
2002	10.080	22,3
2003	10.171	22,7
2004	10.297	23,1
2005	10.383	23,5
2006	10.434	23,7
2007	10.454	24,0
2008	10.416	24,1
2009	10.416	24,3
2010	10.369	24,3

Fonte: MEC/Inep, 2011.

É interessante observar que o legislador teve a preocupação de **cingir** (e não de **cindir** como ocorre hoje), Ensino Fundamental e Ensino Médio, considerando-os uma unidade gnosiológica sob o ponto de vista do processo de formação do aluno. É como se a LDB dissesse que há uma unidade imanente na diversidade dos blocos de disciplinas dos dois níveis de ensino. Há uma linha epistemológica de continuidade que se vai desenrolando do novelo da educação básica. Aqui, a razão conceitual em que o aluno da educação básica vai penetrando ganha, cada vez, sentido mais alongado para a sua vida concreta, à medida que o professor o ajuda a ressignificar as formas de compreensão oriundas do mundo sensível, da realidade concreta. Por isso, o art. 26 da LDB diz que *os currículos dos ensinos Fundamental e Médio devem ter uma base comum, a ser complementada, em cada sistema de ensino e estabelecimento escolar, por uma parte diversificada, exigida pelas características regionais e locais da sociedade, da cultura, da economia e da clientela.*

Com a implantação da Lei 9.394/96, o Ensino Médio passou por uma reestruturação em sua organização curricular. A educação profissional, por seu turno, teve a oferta ampliada significativamente e surgiu o Enem como uma nova forma de avaliação do Ensino Médio.

Embora relevantes os avanços operados, a trindade ausente do Ensino Médio abandonado continuava como tal. Na verdade, as três questões-foco apontadas permaneciam com atenção relativizada, enquanto objeto de políticas públicas.

No fim da década de 1990, o Governo Federal criou o Programa Alvorada, de amplo espectro e com projeção também no Ensino Médio. Os recursos eram significativos para apoiar os estados das regiões com IDH crítico e cujo Ensino Médio estava fragilizado, além de fortemente centrado no período noturno.

Ao todo, foram direcionados mais de R$ 200 milhões, recursos que produziram satisfação política, mas não mudanças no Ensino Médio. Este continuou o mesmo, ou seja, sem rosto, sem direção, sem conexão com o conceito de educação básica. Buscava-se o mesmo de sempre, para não ser diferente! Ou seja, faltava rumo sociopedagógico.

Etapa final da educação básica, não há como operar o conceito de Ensino Médio deixando de lado a compreensão abrangente de educação básica a partir de dois vetores, a saber: modelo educacional e região[4]. O primeiro se refere a um amálgama de inter-relações, construto dinâmico de definições, proposições e etapas evolutivas que sustentam o planejamento educacional, as estratégias, a política de recursos humanos e as formas de apropriação das políticas estatais de ciência e tecnologia, com rebate na educação básica.

Todo modelo envolve necessariamente:

a) as inter-relações entre um conjunto de variáveis;

b) abordagem sistemática dos fenômenos descritos nas variáveis;

c) a explicação dos fenômenos envolvidos e a consequente conexão das variáveis intra/extra/intersistemas, com definição dos níveis de dependência.

A função do modelo é disponibilizar parâmetros para ações corretivas, projetivas e objetivas no campo do planejamento. No caso em tela, as variáveis interdependentes são necessariamente:

- educação/ensino;
- escola/sistema educacional;
- níveis de ensino/modalidades educativas;
- ambiente sociocultural/pirâmide populacional;
- estrutura de produção/política de ciência e tecnologia;
- inserção internacional/dependência econômica e tecnológica;
- estrutura política/níveis de articulação federativa;
- interdependência: sociedade/sistemas educacionais;
- mercado de trabalho/estrutura de qualificação profissional;
- políticas de recursos humanos/níveis de desenvolvimento regional;
- oferta de ensino médio/formas de organização.

---

4. O conceito de região, como referência curricular, é de tal forma ignorado pelo MEC que este não admite a inclusão de questões regionais no Enem, por entender que estas questões poderiam prejudicar alunos entre as diversas regiões do país, embora em desacordo ao que estabelece o art. 26 da LDB.

Em síntese, o modelo de educação básica deve ser uma resposta às ressurgências da realidade social. Ou seja, tem que ser flexível, emancipador e com força de irradiação sobre a cidadania e o mundo do trabalho.

O segundo vetor, a região, constitui elemento decisivo para o conceito operativo de educação básica. Hoje, o Brasil trabalha com uma matriz única de escola de Ensino Médio, fato que comprova definitivamente o tratamento equivocado que o Estado brasileiro dá à questão, considerando o Ensino Médio como mero nível de ensino e, não, como etapa final de educação básica.

Longe da noção de *unidade político-territorial* estanque, consagrada em uma certa tradição geográfica já superada, região é um conceito dinâmico que, além de incorporar a combinação de elementos comuns (território, arranjos físicos, história e cultura), envolve a apropriação simbólica de uma porção de espaços que, na verdade, funcionam como interações sociais produtivas. Neste conceito irradiante articulam-se localidades centrais, dinâmica urbana e espaços rurais, todos como *locus* de produção. Neste conjunto, tempo (sucessão), espaço (acumulação) e meios de produção (relações prevalecentes) se conjugam para a conceituação de região como espaço socioeducativo. A partir deste entendimento define-se a função social e política de educação, de educação básica, de currículo e de escola. Esta como espaço especialíssimo de aprendizado voltado para construir competências.

Como apontam Santos e Silveira (1996: 63), *o espaço geográfico se define como união indissolúvel de sistemas de objetos e sistemas de ações, e suas formas híbridas e técnicas, que nos indicam como o território é usado: como, onde, por quem, por que, para quê. [...] Procuramos, desse modo, contar a história do território, o caminho percorrido entre etapas, um transcurso que leva do meio natural ao meio técnico e ao meio técnico-científico-informacional.*

A região é um espaço de serviços e um espaço político. Neste sentido, ela surge como um verdadeiro quadro de vida e de convivência dentro do que opera o ciclo pleno da cidadania. Daí, a relevância da sua compreensão sociopolítica e educativa. Significa dizer que região e educação não apenas rimam, mas precisam estar juntas. Como ensina Saviani (1980: 120), *a educação é um processo que se caracteriza por uma atividade mediadora no seio da prática social.*

Tem-se, pois, como premissa básica que a educação está sempre referida a uma socie-dade concreta, historicamente situada. De fato, a escola e o meio formam uma única realidade: a própria coletividade.

Entender a região como um grande palco de referência da educação básica implica convocar a comunidade para participar da elaboração e da execução do projeto pedagógico escolar. Região, comunidade e escola entranham-se um no outro e vitaminam o ambiente cultural escolar. Cria-se, desta forma, o enredamento dos canais de comunicação pedagógica, responsáveis pela **outra** educação, assim definida pela pedagogia freireana (1982: 24): *a educação, qualquer que seja o nível em que se dê, se fará tão mais verdadeira quanto mais estimula o desenvol-vimento desta necessidade radical dos seres humanos, a de sua expressividade.*

Um dos prismas mais relevantes da região, na geografia da educação básica e, portanto, do Ensino Médio, é que ela integra múltiplos e diversificados lugares de trabalho e de produção. Desta forma, pode-se dizer que *[...] a região é um lugar de educação permanente, integrado e participante (Conseil de l'Europe,* 1980, p. 28).

Como poderá a escola de Ensino Médio penetrar no cotidiano dos seus alunos se exclui a região de suas motivações programáticas pela insignificância que a avaliação **oficial** atribui ao tema? Desde muito, sabe-se que *a ideia de uma escola mais consciente da região e da coletividade-ambiente e mais disposta a satisfazer suas necessidades inscreve-se num princípio mais geral que é o seguinte: os benefícios de um serviço tal como o ensino não podem ser equitativamente repartidos, a menos que adaptados, realmente, às necessidades particulares que se manifestam em seu meio ime-diato* (OCDE/CERI. *L'école et la collectivité,* vol. II. Paris, 1980, p. 11).

Por esta razão, não sendo possível uma aprendizagem só abstrata, deve ela ser posta, a cada momento, dentro de uma moldura espaçotemporal, envolvendo quatro variáveis, a saber:

- a singularidade de quem aprende: o sujeito;
- a realidade ambiente onde se aprende: o meio;
- a pluralidade do que se aprende: os conteúdos;
- as formas de como se aprende: os processos e as metodologias.

Em síntese, não há pessoa sem uma configuração social.

Esta visão dinâmica de região, como centro de pulsações e de continuidade/descontinuidade para o desenvolvimento e para a formação retira, do modelo educacional hegemônico na educação básica, a tendência marcante e a visão prevalecente de fundar a compreensão de Ensino Médio em cânones de uma tradição escolar teórico-educativa excludente, monomodelo e elitista. Tudo isto denota uma enorme dificuldade que temos de nos afastar, no campo da educação básica, de uma certa sujeição aos padrões do colonialismo científico, cultural e político. Padrões que nos tem condenado historicamente a uma condição econômica e educacional periférica.

A permanência desta visão é grave, para não dizer trágica, se considerarmos, de um lado, os níveis de desenvolvimento de um país totalmente inserido no palco universal da economia globalizada, da sociedade em rede e, de outro, a condição do Brasil de importante ator na perspectiva de uma posição de protagonismo ascendente e de liderança planetária afirmativa. Recentemente a revista britânica *The Economist* chamou a atenção para esta questão, com matéria sob o título "Ainda há muito a aprender". Depois de comparar o Brasil com a Coreia do Sul, a publicação destaca que dificilmente o país desempenhará papel de protagonismo, considerando que 45% dos chefes de famílias pobres têm menos de um ano de escolaridade. Acrescenta que, em algumas localidades, a ausência de professores chega a 30% ao longo do ano e realça o que chama de "os níveis criticamente baixos de eficiência dos sistemas de ensino". E arremata: *Nenhum país conseguiu exercer papel de protagonismo no mundo sem ultrapassar os desafios da educação básica para toda a sua população.*

Como se sabe, o indicador mais usado para definir o nível de educação de um país é o tamanho da escolaridade média da população. Neste particular, o Brasil é reprovado em qualquer tipo de comparação internacional. A consequência da situação brasileira agudamente desfavorável é a elevada e crônica desigualdade de renda, o que tem gerado, nos últimos anos, níveis generalizados de criminalidade. Isto sem esquecer a baixa qualificação profissional do trabalhador brasileiro.

Dados do Ocde revelam a nossa incômoda situação neste campo:

Percentuais da população com Ensino Médio completo

País	Faixa etária				
	55/64	45/54	35/44	25/64	25/34
Estados Unidos	87	89	88	88	87
Rússia	71	89	94	88	91
Coreia do Sul	37	62	90	77	97
Finlândia	63	80	87	80	90
Canadá	76	85	89	86	91
Israel	70	76	82	80	86
Alemanha	79	83	85	83	84
França	52	61	72	67	82
Itália	32	47	55	51	67
Chile	32	44	52	50	64
México	17	28	36	32	39
Brasil	11	27	32	30	38

Fonte: Ocde, 2008.

O Brasil possui um padrão de gasto público em educação superior ao do Japão: 3,5% do PIB e próximo ao da Coreia do Sul: 4,4% do PIB, embora inferior ao de vários países desenvolvidos. Este é o caso da França: 5,7% do PIB, do Reino Unido: 5,5% do PIB e dos Estados Unidos 5,3% do PIB. O Brasil gasta em educação em torno de 5,0%.

Os gastos do Brasil, embora significativos, são ainda absolutamente insuficientes em quantidade e em qualidade de resultados. Quando referidos especificamente ao Ensino Médio, dados da Ocde indicam que o Brasil é um dos países do mundo a menos investir na educação secundária[5]. Este fato responde certamente pelo insucesso do aluno brasileiro nos exames de avaliação. A nota média dos alunos do Sistema Nacional de Avaliação da Educação Básica (Saeb) conduz a esta conclusão. Vejamos:

Desempenho em Língua Portuguesa, de acordo com a escala Saeb, para alunos da:

- 4ª série do Ensino Fundamental
  - Pontuação acima de 200 pontos – Quem atingiu: só 28%.
- 8ª série do Ensino Fundamental
  - Pontuação acima de 275 pontos – Quem atingiu: só 21%.
- 3ª série do Ensino Médio
  - Pontuação acima de 300 pontos – Quem atingiu: só 25%.

Em matemática os números são ainda mais críticos, como se pode ver:

- 4ª série do Ensino Fundamental – Quem alcançou: só 24%.
- 8ª série do Ensino Fundamental – Quem alcançou: só 14%.
- Ensino Médio – Quem alcançou: só 10%[6].
- O desempenho dos alunos em matemática, no último Enem, também puxou a média para baixo. Em 2009, foi a única parte do Enem em que nenhum colégio conseguiu a média de 700 pontos em uma escala de 0 a 1.000.

---

5. Aqui, convém fazer uma distinção importante. Os baixos gastos em Ensino Médio se contrapõem nos investimentos feitos em educação em geral. Em 2007, estes investimentos atingiram 16,1% dos investimentos públicos sociais. De acordo com estudos da Ocde de setembro de 2010, o Brasil deu um salto de 4,9 pontos percentuais entre 1995 e 2007, quando investiu 11,2% dos recursos totais destinados às áreas sociais. Enquanto no período 2000-2007, o aumento médio dos países da Ocde neste campo de gastos foi de 26%, no Brasil o aumento neste mesmo período alcançou o patamar de 66%. O lamentável é que os gastos não incidem substancialmente sobre o Ensino Médio, deixando-o na histórica e incômoda posição de primo pobre da educação nacional.

6. Para maiores detalhes, cf. Educação para Todos, 2008.

Com a criação do Fundef, a forma de financiamento da educação básica obrigatória produziu o grande efeito de elevação do gasto com aluno no Ensino Fundamental. Esta mudança foi estratégica sob o ponto de política pública, sobretudo nas regiões mais pobres. Com a expansão do contingente de concluintes do Ensino Fundamental, porém, e com a chegada de um número maior de alunos no Ensino Médio, deu-se mais uma tragédia anunciada: o investimento decrescente por aluno no Ensino Médio. Ou seja, o Fundef funcionou como uma dobradiça emperrante para a evolução qualitativa do Ensino Médio.

A resposta a mais este desafio veio com o Fundeb, agora sim, um fundo de financiamento de **toda** a educação básica. Estabeleceu-se um gasto mínimo por aluno, completado por recursos da União Federal, sempre que, ao estado, faltem os recursos para garantir o financiamento[7]. Ademais, foi estabelecido que 60% dos recursos fossem orientados para pagamento de salários docentes. Convém destacar que o Fundeb chegou com as seguintes vantagens:

1) Aumentou significativamente o compromisso da União com a Educação. Ao fazê-lo, parecia oferecer uma visão sistêmica da educação básica, destinando recursos para todos os níveis e modalidades de ensino que a compõem.

2) Instituiu um único fundo para toda a educação básica.

3) Buscou contemplar as diferenças regionais pelo critério de complementação pela União do investimento por estudante sempre que ele for inferior à média nacional.

---

7. O relatório da Ocde/2010, sob o título *Education at a glance*, aponta que o Brasil, embora haja ampliado os investimentos em Ensino Fundamental na 1ª década de 2000, ainda gasta apenas 1/5 do que as nações desenvolvidas destinam ao setor. O levantamento considera a educação pública e a privada e envolve salários dos docentes, materiais pedagógicos, instalações físicas, acesso à escola e número de alunos matriculados. Enquanto países como Alemanha, França, Reino Unido, Dinamarca, Noruega, Japão, Estados Unidos, Itália etc. investem, em média, US$ 94.589 por aluno, o Brasil investe só US$ 19.516. O resultado é que o aluno brasileiro passa distante dos alunos dos países desenvolvidos em formação e preparo básico, na Educação Infantil e no Ensino Médio.

Aparentemente, estaria resolvida a questão da falta de recursos para o Ensino Médio (e também para a educação infantil), dado que o grande e novo horizonte do financiamento educacional seria a correção de desequilíbrios para a sustentação financeira de **cada nível de ensino**. De novo se esquarteja a compreensão de educação básica, fato agravado pela possibilidade da concessão de um acréscimo financeiro para quem passasse a oferecer o ensino de tempo integral. Não precisa dizer que, pelo Brasil afora, falta escolarização adequada, mas não falta escola de tempo integral, embora sem professor de tempo integral. Ocorre, também, aqui, o que Celso Furtado chama de a *fantasia organizada!*[8]

O Estado, por seu turno, para corrigir a sua ausência e irresponsabilidade instalada, criou o mecanismo das cotas. Ou seja, o aluno chega à educação superior por uma concessão, um ato de liberalidade, e não por uma qualificação escolar básica que lhe garantirá uma cidadania saudável. Na verdade, o Estado patrocina, neste caso, a **cidadania menor**, agredindo o princípio constitucional da igualdade dos direitos dos seus cidadãos. As universidades estão se enchendo de alunos cotistas pelo "mérito" de virem de escolas públicas. Melhoram-se as estatísticas, mas não a qualidade da educação básica.

Aqui, vale ressaltar o desacerto da política de cotas quando desacompanhada de outros mecanismos – como mais recursos para as escolas de educação básica – seja de natureza complementar, seja de natureza compensatória, dependendo da região em que a escola se situa. Não por acaso, em 2010 o número de alunos da rede pública inscritos no vestibular da Fuvest, por exemplo, caiu, atingindo o menor patamar desde 2007, ano de implantação do programa de inclusão na Universidade de São Paulo[9]. Três argumentos diferen-

---

8. O Distrito Federal chegou ao cúmulo de, além da Secretaria de Educação, criar uma segunda secretaria denominada ardilosamente da Secretaria da Educação de Tempo Integral.

9. O Programa de Inclusão Social da Universidade de São Paulo (Inclusp) foi criado com a finalidade de ampliar o acesso de alunos de escolas públicas à USP. A partir de 2007 passou a ser considerado pela Fuvest. Desde então tem passado por mutações. De início, o aluno da escola pública recebia 3% de bônus, além da isenção da taxa do vestibular. Depois (em 2009), a USP incorporou um bônus de até 6% pela nota do Enem. Com o adiamento do Enem e a consequente impossibilidade de sua utilização, foi criado o "Bônus Fuvest", que assegura agregar até 6%, dependendo do desempenho do aluno no próprio exame vestibular.

tes tentaram explicar esta queda. O primeiro seria a expansão da rede federal; o segundo, o próprio perfil da Universidade de São Paulo que, enquanto instituição com forte vocação para a pesquisa, como em qualquer lugar do mundo, tem uma porta estreita no campo da eficiência em políticas de inclusão; e, por fim, o tipo de vestibular da USP que favorece quem pode pagar cursinho preparatório de valores altos, ou seja, alunos que já vêm de escolas de elite. Todos estes argumentos têm alguma consistência. No entanto, o que fica verdadeiramente claro é a rota declinante do Ensino Médio em nossas escolas públicas. Aqui vale lembrar a observação de Bertrand Russell: se você quiser saber o que os políticos pensam do seu país, veja como eles tratam a educação!

Estas circunstâncias têm raízes envergadas em nossa história. O passado permanece no presente. De fato, a escola pública brasileira que, em tempos longos, foi o laboratório da educação escolar das elites nacionais, perdeu esta função com o processo de massificação da educação básica, ao mesmo tempo em que a reforçou na educação superior. O Enem, como já dito, tem papel importante na confirmação deste processo da exclusão patrocinada.

Vetor de reconhecimento econômico e social das elites nacionais e regionais, o Ensino Médio foi-se transformando em uma espécie de **concessão** às camadas populares e aos habitantes das periferias dos centros urbanos.

É bem verdade que o processo acelerado de globalização da economia determinava mais do que a necessidade, a urgência de trabalhadores com níveis de educação mais avançados. A par desta imposição planetária, a **concessão** de mais educação centrava-se na quantidade de matrículas, independentemente das condições de funcionamento da escola. Ou seja, não importa que ela tenha qualidade, seja eficaz, eficiente e efetiva. Importa, sim e só, que exista. Afinal, **concessão** não é obrigação, é liberalidade. E mais uma vez, os donos do poder reafirmam o poder dos donos! É como se a sociedade funcionasse de costas para a educação e esta independesse das condições materiais objetivas da escola. O estado e a sociedade estão de acordo com as políticas de inclusão, mas estão em desacordo quanto ao preço que terão de pagar por elas!

Uma visão objetiva da realidade nos leva a reconhecer que os conteúdos de Matemática, Física, Química, Biologia e, nos últimos anos, de Língua Portuguesa, ofertados no Ensino Médio com especificidade programática indivi-dual, chegam do Ensino Fundamental com enorme defasagem. Pelo menos é o que apontam as avaliações do Inep/MEC envolvendo alunos na faixa de 15 anos. Surge evidente um certo desinteresse do estudante brasileiro pelas ciências já no Ensino Fundamental. Esta circunstância tem a ver certamente com a forma de como os conteúdos são ensinados. A baixa performance dos alunos, expressa bem cedo, sinaliza que terão dificuldades mais adiante. O mesmo fenômeno acontece com os estudos da língua pátria, voltados no Ensino Fundamental, quase sempre para aspectos gramaticais descontextua-lizados. Estuda-se a gramática pela gramática e, não, pela necessidade de produzir uma comunicação eficiente. Todas essas fragilidades ocorrem no país inteiro. O Sistema de Avaliação de Rendimento Escolar do Estado de São Paulo (Saresp), por exemplo, acaba de revelar que o Ensino Médio da rede pública estadual vai mal. Ao término do terceiro ano, 57,7% dos alunos tive-ram desempenho insuficiente em Matemática e 37,9% em Português. Signifi-ca dizer que os alunos não foram capazes de aprender o mínimo de conteúdo destas disciplinas. Aqui, cabe a pergunta: Por que a falta de interesse dos alu-nos das classes populares (são estes que estão no Ensino Médio público) pe-los chamados conteúdos científicos? Desinteresse que se estende ao Ensino Superior, como é o caso da baixa demanda pelos cursos de Engenharia. Mes-mo os cursos de TI têm apresentado queda na relação candidato/vaga. Não há dúvida de que a falta de conhecimentos básicos das disciplinas científicas responde pelo desinteresse destes alunos.

A segunda dimensão frontal esquecida e que constitui um dos braços da **trindade ausente do Ensino Médio abandonado** é o salário docente. Tama-nha é a sua relevância e tão decisiva, hoje, como fator uniprevalecente para a escolha da docência como profissão, que vamos dela tratar em capítulo espe-cial mais adiante.

A terceira dimensão são as condições de trabalho no âmbito escolar.

No Brasil, as escolas de Ensino Médio estão distribuídas em escalas de re-presentação social. As de periferia são as que concentram o maior contingen-te de professores temporários e as que se apresentam em condições mais precárias. Significa que, no Brasil, a exclusão se dá não apenas no sentido econômico e social, mas também educacional. Basta lembrar que das 3.471 escolas de Ensino Médio sem biblioteca, 80% localizam-se nos bairros populares, nas periferias das cidades e nas regiões mais pobres do país.

As escolas de Ensino Médio, sobretudo as prevalecentemente de contextos populares, precisam ampliar o conjunto dos insumos materiais e simbólicos para poder operar o currículo a partir do perfil dos jovens trabalhadores que habitam as malhas da periferia. Isto exige dos sistemas de ensino e das escolas uma **nova** compreensão do conceito de espaço e tempo de aprendizagem. É precisamente a partir da visão deformada deste conceito que se estabelece o anacronismo na forma de compor e operar o currículo e o próprio projeto pedagógico escolar. Na verdade, estes dois conceitos são prisioneiros da pobreza das escolas. São instituições despossuídas, sem as mínimas condições para "acolher" os que nelas trabalham e os que nelas buscam aprender. Por isso, são incapazes de operar com estratégias pedagógicas plurais. Verifica-se uma total ausência de insumos que correspondem à garantia de padrão de qualidade, um dos princípios de ministração do ensino (LDB, art. 3°, inc. IX e art. 4°, inc. IX).

A garantia de padrão de qualidade está cimentada no princípio equidade/diversidade que não pode ser visto como critério abstrato de oferta de ensino. Urge desocultar os parâmetros concretos de um ensino de qualidade. O começo do começo é a visualização dos fundamentos éticos deste ensino. Fundamentos que vão além dos conceitos de eficácia e de eficiência administrativas. Cabe, aqui, ressituar a questão das demandas sociais face ao saber escolar formal. Professores bem qualificados e **bem pagos**, escolas adequadamente equipadas, salas de aula bem organizadas são precondições importantes para a garantia de um padrão de qualidade institucional. Porém, é no currículo, na eleição das disciplinas, na integração dos conteúdos, na formulação dos objetivos de cada programa e na forma da construção da aprendizagem no cotidiano da sala de aula que se reflete, de fato, o chamado padrão de qualidade. Mas o currículo somente motiva, criativamente, quando há materiais pedagógicos à disposição de professores e de alunos e, ainda, quando o uso deste material é feito mediante uma prática pedagógica avaliada permanentemente. E esta prática deve ser fonte de formação permanente em serviço. O currículo foca os conteúdos e esta prática pedagógica avaliada foca o aluno nas suas diferenças individuais e, portanto, nas suas apropriações diferenciadas de trabalhar e de assimilar cada disciplina.

As condições de trabalho se objetivam na existência de precondições para que a escola possa desenvolver, pedagógica e socialmente, a função de ensinar. Tais precondições dizem respeito aos aspectos materiais e acadêmicos da organização escolar. Significa que envolve o núcleo de gestão e o núcleo pedagógico. Os insumos são de **base material** (estrutura física e equipamentos), de **base gerencial** (tipo de gestão e flexibilização do planejamento), de **base mutacional** (qualidade dos recursos humanos e cultura da inovação) e de **base finalística** (missão da escola, perspectiva dos cursos, função das disciplinas e cultura da avaliação). Todos estes indicadores de qualidade mínima estão referidos ao tamanho da escola, à sua matrícula, ao perfil dos alunos, aos termos de funcionamento e às condições de otimização de uso dos espaços e dos tempos escolares[10].

Não é possível continuar oferecendo um Ensino Médio descolado da educação básica nem disponibilizar uma escola pública de nível secundário vazia de insumos materiais. Isto porque não há como operar a educação básica pública desfocada da tríade trabalho, pobreza e renda. Escola empobrecida é puro ilusionismo político e embuste pedagógico.

Como é sabido de todos e de longo tempo, [...] *uma educação mais eficaz depende, claramente, de fatores humanos e da interação social*. A escola já não pode ser um simples lugar de estudo, mas deve funcionar como uma comunidade social. Nesta direção, diz a Unesco, em seu fundamental texto *O Ensino Médio no século XXI: Dadas as pressões sociais impostas por um processo de crescente vinculação, de maiores complexidades, incerteza e diversidade, bem como de contínuas carências – inclusive o fato de que numerosos jovens se encontram à margem da sociedade, em vez de estarem desempenhando um papel construtivo –, o projeto de oferecer*

---

10. Estes aspectos foram previstos pelo legislador. Neste sentido, cf. LDB, art. 4º, inc. IX e art. 25.

uma educação mais eficaz depende, claramente, de fatores humanos e da interação social numa sociedade do conhecimento.

Neste horizonte, a experiência australiana do Estado de Queensland (*Education Queensland*, 2001)[11] pode nos ser importante à medida que destaca quatro novas divisões básicas para a estruturação do currículo, na perspectiva de uma educação básica com significação social:

- Tipo de vida e futuro social
  - Questões implicativas:
    - Quem sou?
    - Para onde vou?
- Capacidades múltiplas de leitura e de utilização dos meios de comunicação.
  - Questões implicativas:
    - Como entendo o mundo?
    - Como me relaciono com ele?
- Cidadania ativa.
  - Questões implicativas:
    - Quais são os meios pessoais?
    - Quais são as minhas responsabilidades nas comunidades, na diversidade cultural e na economia?
- Conhecimento e apropriação do ambiente social e dos recursos tecnológicos.
  - Questões implicativas:
    - Como percebo o mundo ao meu redor?
    - Como o analiso?
    - Como o descrevo?
    - Como dela me approprio?

---

11. Esta experiência foi anotada pela Unesco em: "Ensino Médio no século XXI". *Cadernos Unesco Brasil.* Brasília: Unesco, 2003.

Como escapar da cilada das avaliações de um Ensino Médio visto como mero nível de ensino e como porta para vestibular?

Parece urgente substituir as abordagens constatativas por abordagens implicativas. Esta mudança de enfoque possibilitará criar os elementos de marcação teórica para uma aproximação pertinente e congruente com os três fatores que constituem a falta de enfrentamento da **trindade ausente do Ensino Médio abandonado.**

A grande moldura para situar a questão potencializa a compreensão inicial de educação básica ao incorporar os conceitos de sociedade do conhecimento e de cultura da diversidade. Portanto, é algo que antecede a noção restrita e afunilada de currículo escolar do Ensino Médio.

A sociedade do conhecimento é a sociedade da informação em rede, da complexidade dos saberes e de sua interpenetração, da diversidade dos contextos, da compreensão socioeducativa de região, da cultura local e planetária interpenetradas pela economia global e por valores em contínuo processo de mutação.

Mas deve ser, também, a sociedade do conhecimento humanizado, de natureza política e não só técnico-produtiva. Portanto, esta sociedade mais do que ordenar a vida pelo conhecimento científico pautado em método, entranhado, muitas vezes, em moldura positivista e, assim, crescentemente produtora de reduções, deve contribuir para a construção de identidades bem formadas e, por isso, cada vez mais **transformadas** e comprometidas com o aperfeiçoamento qualitativo das gerações humanas. Fora disto, o que se tem é o conhecimento técnico, mera expressão da razão instrumental, sobreposição da razão humana (GIEBENEICHLER, 1989), ou o conhecimento como efeito de poder, como anota Foucault e como posta e exposta na teoria crítica da Escola de Frankfurt.

Tudo isto impõe não só a necessidade de uma interlocação contínua escola/vida, mas também a necessidade de uma educação escolar que tenha necessária e diretamente aplicações sociais. Assim, uma escola de educação básica deve estar permanentemente preocupada em buscar a produção de consequências sociais motivantes em seus alunos. Eles precisam ter, ao alcance e em seu domínio intelectual, equipamentos múltiplos. Para isto, os atributos cognitivos não são exclusivos. É nesta linha que a Unesco destaca o que deve ser ressaltado nos novos objetivos da educação no século XXI: *A aprendizagem mais do que uma qualificação medida em termos de conhecimentos rigorosamente localizados, controlados e obrigatórios, deve focar:*

- *a iniciativa ou capacidade de empreendimento;*
- *resultados comportamentais, inclusive competências necessárias à vida.*

Nesta mesma perspectiva, conclui que *o acesso ao Ensino Médio implica a questão simultânea da oferta e da absorção [...] Há necessidade de condições de acesso que estimulem todos e todas a participar.*

Portanto, a educação básica deve, na articulação de seus diferentes níveis, perseguir resultados que se associem em escalas diferenciadas, mas sempre interpenetradas, e que se organizem em camadas de irradiação, no interior da aprendizagem, calibrando:

- dimensões cognitivas;
- dimensões não cognitivas;
- dimensões comportamentais;
- dimensões transversais;
- dimensões comunicacionais;
- dimensões ecológicas;
- dimensões laborais;
- dimensões tecnológicas;
- dimensões holísticas.

As dimensões cognitivas no terreno da educação escolar rebatem no currículo e no corpo de disciplinas em cujo interior o chamado conhecimento escolar sistematizado ganha forma e fôrma. Infelizmente, muitas vezes, é só através destas dimensões que os alunos são submetidos ao "controle de qualidade", após o que *[...] alguns são selecionados para um refino e processamento anteriores, enquanto outros são rejeitados como "refugo" ou produtos de segunda classe.*

É isto o que faz o Ensino Médio atual através dos mecanismos de avaliação adotados, em consequência de um sistema de avaliação que termina por revelar mais do que não deve ser o Ensino Médio: apenas nível de escolaridade, e não etapa plenificadora da educação básica.

As dimensões não cognitivas são aquelas que ultrapassam os objetivos diretos e imediatos das disciplinas. Estendem-se por áreas extrapolantes do compacto acadêmico dos conteúdos. Aqui, o tempo curricular organizado cede lugar ao tempo subjetivo e comunitário do aluno dentro do qual conhecimentos, valores e formas de proceder se distribuem no interior de uma estrutura deslinear e assistemática que possibilita, ao indivíduo, apropriar-se socialmente do aprendido. Nas entranhas deste processo – que é o próprio *continuum* da vida – o tempo curricular, o tempo escolar e o tempo social se interpenetram para a produção da verdadeira e real significação da aprendizagem. Vemos que é aqui que se opera o casamento entre dimensão científica, dimensão cultural e dimensão subjetiva do ensino. No caso do Ensino Médio, para tal ocorrer é necessário que este momento do tempo curricular se volte, não para o vestibular, como quase sempre ocorre, mas para a apropriação ajustada e dinâmica do conjunto de competências esperadas da educação básica. Neste caso, o foco da escola e seu planejamento não podem esgotar-se no calendário escolar, no histórico escolar nem na avaliação escolar!! A construção da identidade do aluno, sempre plantada em sua realidade subjetiva, dá-se em ritmo e compasso, muitas vezes descalendarizados e, por isto, não pode ser ignorada como uma dimensão essencial da educação escolar.

As dimensões comportamentais remetem para o conjunto de Pilares da Educação, apresentados no Relatório Delors[12], quais sejam:

• **Aprender a conhecer**: o conhecimento é múltiplo e evolui incessantemente. Dominar os instrumentos do conhecimento é necessário.

• **Aprender a fazer**: o domínio de competências técnicas precisa estar associado a uma inteligência criativa e a comandos intelectuais articulados.

---

12. O nome oficial deste relatório da Unesco é *Educação: um tesouro a descobrir*.

• **Aprender a viver juntos**: uma educação para a paz começa pelo respeito à diversidade e pelo reconhecimento da alteridade.

• **Aprender a ser**: todo ser humano deve preparar-se para uma autonomia intelectual que lhe assegure uma visão crítica da vida, capacidade de iniciativa para atuar em contextos diversos da vida e para agir sobre a realidade circundante como um protagonista responsável e justo.

É urgente que esta concepção de educação seja trabalhada por todos, pela escola, pela família e pela sociedade civil e que, juntos, se disponham a explorar e descobrir as ricas potencialidades que se escondem em todas as pessoas (UNESCO, 2000: 20).

As dimensões transversais envolvem conhecimentos articulados em temas relevantes de cidadania e em problemáticas decorrentes de emergências sociais, circunstâncias cada vez mais incidentes como frutos da planetarização da cultura, da globalização da economia e das formas plásticas da vida. Temas como ética, saúde, sexualidade, meio ambiente, diversidade cultural, paz, qualificação para o trabalho, responsabilidade social, cidadania política, direitos do consumidor, empreendedorismo, sociedade do conhecimento (*Knowledge Society*), gênero e diversidade, multiculturalismo, trabalho e renda etc., precisam estar no palco da sala de aula e no corpo do currículo de Ensino Médio, sem o que o jovem não encontrará identificação com a sua escola. A escola deve ajudá-lo a responder às inquietações da atualidade. Seria um paradoxo a escola deixar de oferecer saberes vinculados à vida social presente.

A transversalidade temática não pode hospedar-se em uma disciplina, mas presentificar-se nas inter-relações de matérias (campos de conhecimento) e de disciplinas (forma de distribuição do conhecimento no currículo escolar), nas passarelas de conexão teoria/prática, no enlace dos saberes formais, não formais e informais, enfim, no enredo vida/escola.

As dimensões comunicacionais referem-se às diferentes formas de relação com os outros, de percepção da alteridade, de multiplicação dos enunciados humanos, em suma, de dizer de forma múltipla o que supõe linguagem verbal e não verbal. Estas dimensões são estratégicas na escola do trabalhador jovem do Ensino Médio. Convém lembrar que, infelizmente, nesta escola, o estudo da língua está restrito quase sempre à gramática, à aplicação de regras e a esquemas didáticos em que língua e literatura são trabalhados separadamente e pior: sempre a partir de apostilas. As linguagens verbal, não verbal, não apenas verbal e não necessariamente escrita constituem a matéria por excelência dos meios de comunicação de massa. Como ficar distante deles, se a TV e a internet consomem, hoje, quase que 100% do tempo livre do jovem?

As dimensões ecológicas têm a importância imposta pela própria necessidade de sobrevivência da espécie humana na Terra. Elas apontam para a urgência de se buscarem formas para preservar o planeta e para se humanizar a tecnologia. Formas de estabelecer canais de diálogo entre a humanidade opulenta dos países centrais e imensas massas da população, desumanizadas pela pobreza, marginalização e exclusão impiedosa. Este processo de reconstrução de uma ecologia humana se impõe para assegurar a sustentabilidade do planeta, *urdida em bilhões de anos de trabalho cósmico e que, pela atividade humana irresponsável, poderá desfazer-se* (BOFF, 2007: 13).

As dimensões laborais constituem o eixo de sustentação do próprio currículo do Ensino Médio. Na verdade, o trabalho é princípio educativo da educação básica, conforme estabelece a Constituição Federal em seu artigo 205, ao atribuir a ela direito de todos e dever do Estado e da família a finalidade de promover o plano de desenvolvimento da pessoa, seu preparo para o exercício da cidadania e sua qualificação para o trabalho. Saviani (1989: 1-2) destaca este sentido em um articulado em três dimensões: no primeiro sentido, o trabalho é princípio educativo na medida em que determina, pelo grau de desenvolvimento social atingido historicamente, o modo de ser da educação em seu conjunto. Nesse sentido, aos modos de produção [...] correspondem modos distintos de educar com uma correspondente forma dominante de educação [...]. No segundo sentido, o trabalho é princípio educativo na medida em que coloca exigências específicas que o processo educativo deve preencher em vista da participação direta dos membros da sociedade no trabalho socialmente produtivo. [...] Finalmente, o trabalho é princípio educativo num terceiro sentido, à medida que determina a educação como uma modalidade específica e diferenciada de trabalho: o trabalho pedagógico (SAVIANI, 1989: 1-2).

Quais são as competências que o aluno espera desenvolver ao cursar o Ensino Médio? São aquelas reclamadas por uma formação comum, nos termos do art. 22 da LDB, a saber:

- o exercício da cidadania;
- o progresso no trabalho;
- os estudos posteriores.

As dimensões tecnológicas ganham extrema relevância para o aluno do Ensino Médio, enquanto este, nos termos do art. 35, inc. IV, da LDB, tem como finalidade a compreensão dos fundamentos científico-tecnológicos dos processos produtivos, relacionando a teoria com a prática no ensino de cada disciplina. A sociedade do conhecimento é o espaço planetário da tecnologia, dos artefatos digitais, da comunicação eletrônica e das infovias. Para se situar como cidadão neste mundo, o jovem espera da escola mais do que sinalizações, uma formação adequada.

Por fim, as dimensões holísticas que são, na verdade, uma síntese das dimensões anteriores. Porém, são igualmente uma visão e uma compreensão histórica do mundo, das circunstâncias relacionais e, sobretudo, de uma utopia vivencial fundada na paz, na justiça e na dignidade humana.

As dimensões holísticas se referem ao sentido de totalidade da vida, de articulação dos elementos constitutivos do ser humano e da integração dos diversos níveis da existência do homem e da natureza. Significa que a educação escolar não se esgota com a certificação formal do conhecimento e com a aquisição de títulos, diplomas e graus acadêmicos. **A educação é processo inscrito no tempo total da vida humana** (SOBRINHO, 1995: 64 – grifo nosso). Em assim sendo, ela é também diversidade.

A cultura da diversidade apresenta-se como um outro elemento de marcação do conceito inicial de educação básica. Questão fundamental à medida que considera o mundo concreto como uma realidade plural e, em consequência, não trabalha a pedagogia como uma ideologia unificadora. Em consequência, o currículo deixa de ser expressão cultural dos grupos dominantes e cada escola se assume como forma social que amplia e potencializa as capacidades humanas, [...] *a fim de habilitar as pessoas a intervir na formação de suas próprias subjetividades e a serem capazes de exercer poder com vistas a transformar as condições ideológicas e materiais de dominação em práticas que procuram o fortalecimento do poder social e demonstrem as possibilidades da democracia.*

Este horizonte amplo – porque identitário, social, pedagógico e político – potencializa as dimensões múltiplas da educação básica e não só as dimensões cognitivas do Ensino Médio.

Desta forma, a educação básica trabalha os componentes da essência da constituição humana, dentro de cujos elementos está, de um lado, a igualdade, e, de outro, a diferença. Neste horizonte, o Ensino Médio não fica reduzido à categoria técnico-instrumental de nível da educação básica "enquadrado" nos interesses da economia e, por extensão, do vestibular, mas, opostamente, deve trabalhar o desenvolvimento de competências voltadas para a identidade, a democracia, a justiça social, a cidadania participativa e crítica e o trabalho humano, circunscrições de referência para uma leitura adequada do mundo do trabalho, da organização social, dos direitos humanos fundamentais e da cidadania solidária. O jovem está aberto para ser "pulsionado" por estas fontes e manifestações da vida.

Ao se avaliarem as condições de oferta do Ensino Médio brasileiro, com tantas fragilidades e rotas de exclusão, conclui-se que o nosso sistema público de ensino não é verdadeiramente republicano.

4
ENSINO MÉDIO: O QUE NÃO QUEREMOS VER

Apontar o que não queremos ver no Ensino Médio é resgatar as finalidades da educação básica e recuperar o direito a uma cidadania escolarizada. Mas é, igualmente, rechaçar a permanência de uma escola pública de Ensino Médio dessignificada em suas finalidades e despossuída, em seus programas de ensino, do compromisso da construção de sujeitos sociais a partir do projeto pedagógico.

Os desafios da escola pública são imensos neste processo de reencaminhamento. Na verdade, o estudante trabalhador das classes populares não conta com estruturas sociais acolhedoras em seu meio para que possa exercitar sua linguagem e, desta forma, selar a pertinência subjetiva do seu discurso. Se faltam a ele estruturas sociais por onde possa transitar, convém indagar, das estruturas disponíveis, qual a que pode, por missão e compromisso e revendo sua razão de ser, reintroduzi-lo no âmbito do seu dimensionamento verdadeiro a partir de sua emergência real? A resposta é uma só: a escola pública de Ensino Médio. Esta perspectiva atribui relevância ímpar à educação e à escola à medida que, reconduzida em suas finalidades, passa a construir plataforma de referência a uma educação básica que apoie o jovem no desenvolvimento equilibrado de sua individualidade, relacionando-o construtivamente com os outros e com as diferentes manifestações de cidadania. Sempre a partir da própria identidade, pois [...] *quem busca a sua identidade fora de si está condenado a viver na ausência de si mesmo, movido pelas opiniões e desejos dos demais, não estará nem aí* (MATURANA & REZEPKA, 2000: 10).

O que não queremos ver no Ensino Médio constitui um painel sociopolítico de quatro temas articulados e irradiantes. Configuram situações-problema impositivas, deixadas de lado nas políticas educacionais públicas, não por esquecimento nem por desconhecimento, mas porque desocultá-las é começar a resolver o nó do Ensino Médio. Os temas referidos são:

- A docência como campo de trabalho.
- O docente como profissional.
- O Ensino Médio dessignificado.
- O salário docente.

Passamos a tratar cada um destes temas em sua especificidade perturbadora.

A docência como campo de trabalho

Tem sido praxe o campo de trabalho docente ser estudado dentro de um círculo de temas prevalecentemente técnicos e pedagógicos, com abordagens que vão da gestão escolar, planejamento e financiamento às questões psicopedagógicas, das estruturas curriculares aos mecanismos de avaliação, da formação inicial e continuada dos professores à pedagogia das diferenças, das técnicas de ensino às práticas interdisciplinares etc. Esta tendência marcante nas sociedades em geral é fortemente alimentada por organismos internacionais e por agências multilaterais de financiamento externo. Sempre que mobilizados para a discussão e montagem técnica de projetos de financiamento reduzem o debate ao eixo gestão/avaliação. O estudo da docência como "uma prática particular de trabalho sobre o humano" é desconsiderado sempre. Esta temática jamais entra como questão prioritária nas altas discussões técnicas e nas discussões políticas dos governos.

Os estudos e temas referidos produzem, quase sempre, grandes impactos porque são sustentados em bases conceituais sólidas. Sua repercussão em sociedades como a brasileira, marcadas por ritmos de desenvolvimento descompassados e caracterizados por traços culturais fortemente conservadores, é tamanha que o Estado e seus agentes políticos não conseguem enxergar as questões críticas e cruciais da educação e dos educadores fora do compasso da visão técnica tradicional. O resultado deste longo processo de lassidão cultural é que não conseguimos ver ou não queremos ver o perfil de certas profissões à luz das contribuições da ergonomia, da sociologia do trabalho, da sociologia das organizações, da sociologia das profissões etc. É como se olhássemos as ocupações despossuídas de instrumentos, tecnologias e competências próprias. A área docente é um exemplo típico desta visão desprofissionalizada e, portanto, dessalariada.

Assim, não é por acaso que a docência, como campo de trabalho, e o professor, como detentor de um perfil profissional específico, ou seja, com singularidades profissionais e competências ocupacionais distintas, são temas de reduzida repercussão política e social, embora se constate sua relevante incidência em pesquisas e estudos, com variados graus de enfoque. Uma revisão breve neste campo de investigação aponta as seguintes conclusões:

1) A profissão docente tem sido objeto de estudos, análises e investigação acadêmica ao longo do tempo.

2) Os esforços de adentramento no processo de profissionalização do professor tem um fundo diacrônico importante.

3) A abordagem histórica da questão tem contribuído para destravar diferentes níveis do campo das funções docentes, e, ainda, desvelar cenários ricos para uma compreensão sociológica, política e pedagógica do problema.

4) Os campos de análise e avaliação estão quase sempre presos aos mesmos territórios de compreensão, com destaque para aspectos abrangentes, do tipo: a) Formação docente; b) Instituições formadoras; c) Práticas docentes; d) Saberes e conhecimentos trabalhados na formação; e) Relação teoria/prática na formação do professor; f) Tipos de organização da categoria docente; g) Feminização da profissão docente; h) Gênero e magistério; i) Docência, memória e gênero; j) Multidimensões do trabalho docente; k) Financiamento da educação e salário docente; l) Estudos comparados de salário dos professores e Piso Salarial Nacional; m) As relações do magistério com o Estado; n) Desempenho e competências docentes; o) Lutas e desafios do magistério (prevalece, aqui, o estudo de casos e de situações contextualizadas); p) Políticas Públicas para o magistério do

Estado (especificação do respectivo Estado); q) Legislação do ensino e magistério (formação, carreira, níveis salariais etc.).

Como se pode observar, este largo inventário de estudos tem como característica uma certa dispersão temática, com exceção dos casos em que o enfoque se vincula à *organização da categoria profissional e relações com o Estado*, como anota Catani (2010: 587).

O resultado destes estudos escapa, quase sempre, do alcance dos radares das políticas públicas, permanecendo ao abrigo dos esforços investigativos da academia. Em seus estudos, Nóvoa (1987: 75-76), na companhia de outros pensadores da educação, chama a atenção para a relação direta da profissionalização do professor com o processo de estruturação e amadurecimento dos Estados modernos. Implica dizer que se trata de questão entranhada na própria realidade de diferentes contextos históricos nacionais, com imediata conexão com as particularidades, especificidades e circunstâncias de cada sociedade nacional.

Em síntese, pode-se dizer que o conceito consagrado de "história da profissão docente" e do respectivo campo de desenvolvimento laboral do professor tem sido objeto de estudos com baixo alcance visual à medida que prevalecentemente circunscritos ao âmbito acadêmico[1]. Em outras palavras, saem do visor dos interesses imediatos da esfera pública e, em decorrência, não são alcançados pelos rastreadores seletivos do corpo político. Como tal, logo desaparecem, alimentados pela incompreensão, pela indiferença e, por que não dizer, pelo descaso generalizado de um Estado ausente. Este comportamento ocorre porque, nas sociedades marcadas por históricas desigualdades e, em consequência, por baixa consciência cívica e democrática, os direitos sociais são pilotados pelos governos de plantão à luz de certas conveniências e sob a tolerância e o comportamento passivo da coletividade.

---

1. Na verdade, grande parte do que se produz sobre este assunto encontra-se diluído em dissertações e teses universitárias, confirmando o que diz Catani (2010: 587): *É possível observar que nem sempre esses aspectos nucleares para o estudo histórico da profissão, tais como instituições de formação, organização da categoria, organização do trabalho pedagógico, apareçam analisadas no interior de um mesmo trabalho.*

No complexo mundo atual não há como pensar em cidadania descolad. de educação, como não há como compreender o conceito de sociedade do co nhecimento afastado da ideia de escolaridade em graus e formas diversos Nas sociedades modernas e no contexto da Pós-modernidade, a educação es colar tornou-se o oxigênio puro para acionar os pulmões da pesquisa científi ca, da tecnologia, dos sistemas produtivos, das múltiplas formas de laborali dade, das criações artístico-culturais, de todo o amplo circuito da esfera d ação dos movimentos sociais, das práticas políticas, das relações humanas in tersubjetivas e internacionais, em suma, de tudo que diga respeito ao que d humano existir no Planeta Terra. Na verdade, do ponto de vista sociogênico pode-se afirmar que, atualmente, o *ensino escolar possui, inclusive, uma espéci de proeminência sobre outras esferas de ação, já que o pesquisador, o operário, o tecnó logo, o artista e o político de hoje devem necessariamente ser instruídos antes de ser que são e para poderem fazer o que fazem* (TARDIF & LESSARD, 2009: 7). Em as sim sendo, cabe, logo, a pergunta: **Por que, então, a educação escolar evolu em crescente valorização social, enquanto o professor da educação básica e, sobretudo, do Ensino Médio, permanece no mesmo patamar de despres tígio profissional? Sobretudo o professor da escola pública?** As respostas são múltiplas, mas uma é impositiva: a docência não é vista, ainda, pela socie dade como uma atividade que necessite de um trabalhador especializadc para atuar sobre o seu *objeto do trabalho* que é ensinar as pessoas, a fim de que se transformem em entidades sociais. Portanto, no imaginário social, a for mação do professor chancelada em diploma não significa uma especializaçãc técnico-profissional, mas uma mera licença para ensinar. Por isso, no passa do, a sociedade convivia com a figura do professor leigo e, no presente, convi ve com a figura do professor temporário. Ninguém se questiona por que nãc há o engenheiro temporário, o médico temporário, o dentista temporário mas há o **professor temporário!** Simplesmente porque, aqui, a exigência de trabalhar o conhecimento sistematizado é confundida com o trabalho da sim ples informação em sala de aula, independentemente da qualidade, pertinên cia e atualidade desta informação.

Pela relevância do assunto **professor leigo/professor temporário** no âmbito dos fatores deslembrados (!), mas responsáveis pelo colapso do Ensino Médio público, convém aditar algumas reflexões e esclarecimentos sobre a existência destes dois atores no cenário opaco da educação brasileira.

Embora não se queira dizer, o professor não concursado e, muitas vezes, não qualificado é, de fato, professor leigo, expressão despistada para não se descortinarem as duas causas fulcrais da sua existência e as duas consequências decorrentes. As causas são de natureza política. Em primeiro lugar, porque a contratação precária deste não **profissional** atende largamente à prática do clientelismo político, reforçando "[...] as hierarquias locais e as formas tradicionais de exercício do poder" (AMARAL, 1991: 39). Em segundo lugar, porque fortalece *[...] a rotatividade deste segmento do professorado* (p. 39) em benefício da preservação das relações sociais estabelecidas. As consequências são trabalhar com um "exército de reserva" e pagar salários de ocasião. O **ardil da ordem política** (!) concentra grande parte dos professores temporários em escolas suburbanas e de periferia remota. Ou seja, são enviados a trabalhar em ambientes populares que, aparentemente, exigem baixa consistência teórica nos ensinamentos ministrados. Esta marca é tão forte que, mesmo no Distrito Federal, a maior concentração de professores temporários está em escolas das cidades satélites.

No passado, falava-se em **professora leiga** por tratar-se de atividade exercida praticamente só por mulheres. Hoje, a figura deste professor desqualificado, portanto, deste professor leigo, é generalizada, e tem presença marcante na educação infantil e no Ensino Médio. O Estado brasileiro faz que não vê e órgãos como o Ministério Público e o Tribunal de Contas da União e seus coirmãos estaduais e municipais dedicam pouca atenção a esta questão que atenta direta e duramente contra a cidadania.

É do conhecimento público de muito tempo que as escolas de Ensino Médio, sobretudo as que funcionam para atender aos extratos populares das áreas urbanas de forte densidade populacional contam com contingentes expressivos de docentes que não possuem o adequado domínio dos conteúdos que ministram nem a formação pedagógica necessária para a condução didática e interdisciplinar da sala de aula. Ou seja, estamos diante de um quadro típico de professores leigos. Professores com limitadíssima capacidade de mobilização e articulação dos conhecimentos.

No Brasil, este tipo de professor sempre existiu e sempre contou com o patrocínio do Estado. Este fato político-cultural que reflete, em toda plenitude, um desvio ético e uma ruptura legal da administração pública, tem raízes em nossa herança cultural ibérica, ao mesmo tempo em que revela uma linha distintiva, para não dizer uma visão entre a mentalidade latina de frouxidão diante das normas e a tradição anglo-saxônica de disciplina diante do cumprimento das leis.

Enfim, o professor leigo e o professor temporário se não são idênticos, são análogos e guardam uma simetria contratual porque são patrocinados, sustentam-se em uma estabilidade de conveniência e, reféns de patrocínio político, porque não concursados, são refreados em sua capacidade de tomar iniciativas de trabalhar como **intelectuais críticos**. Feitas estas considerações, vamos retornar ao tema da docência como campo de trabalho.

As atividades específicas da profissão que ganham expressão, sobretudo em sala de aula, com a condução de cada disciplina, confundem-se com as rotinas da escola e com a burocracia da certificação dos conhecimentos sob nítido prejuízo para a compreensão do que é o fazer técnico-profissional do professor. Separa-se, então, o inseparável: a prestação do serviço no interior da organização da escola e *a identidade profissional através da pertença do professor a uma disciplina de ensino e à hierarquia das matérias escolares* (TARDIF & LESSARD, 2009: 13).

Para o Estado brasileiro, o professor das disciplinas científicas do Ensino Médio não realiza tarefa imbricada na organização socioeconômica do trabalho. É como se o professor da educação básica não atuasse no âmbito do trabalho produtivo. "O ensino é visto como uma ocupação secundária ou periférica em relação ao trabalho material e produtivo." Por isso, o licenciado em Física pode iniciar sua carreira profissional, de 40 horas semanais, com um salário de R$ 1.200,00 (Um mil e duzentos reais), mas o recém-graduado em Engenharia

Física[2] se lança no campo profissional com remuneração inicial cinco vezes maior! Trata-se, evidentemente, de uma visão equivocada e deformada.

Nas sociedades paradigmáticas em termos de desenvolvimento há uma compreensão inversa, talvez porque na "sociedade cognitiva" (COMISSÃO EUROPEIA, 1995) a revolução dos serviços suplantou a revolução industrial, como apontou a tese clássica de Bell, já em 1993.

A consequência mais imediata desta visão sombria do *objeto de trabalho* da docência é a enorme variação do custo anual do aluno, de país para país. No caso do Brasil, os investimentos em Ensino Médio estão entre os mais baixos dos países emergentes, o que faz com que seus professores sejam desvalorizados já a partir da visão que a sociedade tem deles como trabalhadores e **da** própria visão que tem do seu objeto de trabalho. *Na verdade, a docência, como campo de trabalho, é uma área aberta, desenhada com contornos fluidos e imprecisos.*

Nenhuma atividade humana cobre campo profissional, mais circunscrito e mais complexo ao mesmo tempo, quanto a docência. Ainda mais importante, de um lado, porque todos os outros dele dependem e, de outro, porque é o campo de atuação profissional cuja centralidade é produzir desenvolvimento pessoal e coletivo com equidade social. O fazer do professor requer, por isso, o condomínio de um conjunto de exigências e de situacionalidades qualificadoras e capacidades, dentre as quais cabe destacar[3]:

---

2. A Engenharia Física trata da aplicação de conhecimentos da Física na pesquisa e no desenvolvimento de novos materiais e tecnologias. Requer um profissional com amplo conhecimento de Física para fazer a ponte entre as várias áreas de ciência e das tecnologias modernas, como os supercondutores, produção de equipamentos, componentes e tecnologias de captação e transmissão de energia (solar, elétrica, eólica, nuclear etc.).

3. De acordo com o *Dicionário Houaiss*, **capacidade** é termo polissêmico, com ampla abrangência de sentido, que encobre: aptidão, inteligência, competência, habilidade, proficiência, perícia, poder de execução de tarefa em grau máximo, qualidade de quem é exímio, pessoa de grande talento e saber. E conclui: faculdade ou potencial para lidar com sentimentos. Capacidade docente é, portanto, um estado de condições pessoais e profissionais concentrado em alguém que reúne grandes conhecimentos em determinado campo de saber científico (área, matéria, disciplina(s)). Decide-se, por isso, ensinar e, para tanto, percorrer um itinerário sistematizado de formação que lhe vai assegurar, ao término, um diploma de professor. É, assim, em todas as qualificações e profissões de nível superior. Por que admite-se que, no caso de professor, haja exceções? Ainda, vale lembrar que, para o adequado exercício da profissão docente, ensinar não é transmitir, senão reconstruir, com o aluno, conhecimentos curriculares que possam ser refinalizados em situações concretas de vida.

- base teórica consistente no campo das ciências da educação;

- conhecimento sólido da(s) disciplina(s) ministrada(s);

- capacidade de operar o currículo escolar de forma socialmente relevante;

- capacidade de acionar práticas pedagógicas transversais;

- capacidade de usar e aprimorar métodos, técnicas e tecnologias de ensino, tendo como foco a identidade do aluno e as diferenças individuais;

- capacidade de operar objetivos de aprendizagem de acordo com o nível de ensino, as necessidades básicas de aprendizagem do aluno e seu perfil identitário;

- capacidade de educar para a cidadania, para a participação social e política, para a solidariedade e para o respeito às diferenças;

- capacidade de preparar o aluno para o mundo do trabalho;

- capacidade de avaliar para emancipar e, não, para punir.

A alta complexidade desta gama de requisitos profissionais emoldura um campo de trabalho que não pode ser protagonizado por quem não se submeteu a um processo intenso e extenso de formação e de continuada qualificação profissional. Mais do que isto: por quem não possui as condições essenciais de DISCERNIR O QUE ENSINAR, COMO ENSINAR E COMO AVALIAR.

O campo de trabalho do professor é, portanto, o da construção do saber escolar sistematizado via cultura plural e estatutos científicos diversos, tendo o aluno como protagonista central do processo. Para entrar neste campo é necessário estar formalmente escalado (preparado). Não é lugar para trabalhadores improvisados, por mais que o Estado permita.

O docente como profissional

O segundo tema **esquecido**, responsável também pelo desprestígio profissional e social do professor do Ensino Médio nas escolas públicas, é decorrente da primeira situação-problema apontada. Tem, porém, uma configuração social mais dramática. De fato, a ausência de um suposto **objeto de conhecimento** no trabalho do professor gera uma espécie de acefalia profissional. Com contornos indefinidos, a profissão docente passa a ser tratada como uma atividade "centopeica", disponível a qualquer profissional desempregado ou, ainda, a qualquer um que tenha algumas horas livres. Em outras palavras, a visão generalista e abstrata do trabalho docente influencia no balisamento do campo profissional. Por isso, a imagem profissional docente apresenta-se de forma tênue e com baixa consistência, talvez porque a [...] *profissionalização coloca concretamente o problema do poder na organização do trabalho* (TARDIF & LESSARD, 2009: 27), de um lado e, de outro, requer a produção de resultados materiais. As profissões são vistas na relação direta com o setor produtivo e, portanto, com a geração de produtos. De fato, enquanto trabalhador, o docente realiza uma obra intangível, embora tão real quanto a vida.

Como profissional, o professor se desdobra em uma infinidade de atividades que envolvem, centralmente, mas não exclusivamente, processos cognitivos com base em material simbólico: conceitos, regras, princípios, axiomas, normas, linguagens, números, valores, modelos, planos teóricos, processos, tecnologias etc. Muitos dos resultados materiais não aparecem de pronto. Esta circunstância dá a sensação de a profissão docente operar no vazio, porque sua produção escapa ao controle instrumental. Não há um produto. Há processos em curso na formação do aluno e que vão se alongar pela vida inteira na vida do cidadão trabalhador.

Como sabemos, na profissão, a relação do trabalhador com o seu *objeto de trabalho* é essencial à medida que ajuda a construir o campo visual e real dos resultados. Neste processo o trabalho material é facilitado porque conformado em manipulações e procedimentos concretos, enquanto o trabalho intelectual se explicita em formas de impregnações nem sempre perceptíveis. Ou seja, a profissão docente se apresenta sob a forma de uma aparente intransparência profissional, sinalizando uma semiprofissão, uma ocupação marcada por uma espécie de fragmentação de perfil ou de uma ocupação com indefinições visuais.

Trata-se, portanto, de uma profissão com um alto grau de vulnerabilidade porque nem sempre passível de quantificação de resultados nem de "controle de qualidade" à luz de padrões produtivos.

Por outro lado, convém registrar que as profissões em geral são marcadas por um desenho de racionalidade palpável seja na sua concepção qualificadora, seja em seu perfil de desempenho. No entanto, como a educação escolar é um campo de atividades caracterizado essencialmente por interações humanas, a docência cristaliza uma profissão de contornos emancipadores, com um profissional que requer trabalhar sempre em regime de autonomia no qual [...] *a personalidade do trabalhador torna-se parte integrante do processo de trabalho* (TARDIF & LESSARD, 2009: 45). Esta busca de autonomia profissional conduz, algumas vezes, o professor a transmitir a falsa impressão de uma atuação individualista, menos por opção e mais como mecanismo de sobrevivência. Carpentier-Roy e Pharand (1992: 52-53), analisando esta marca particular da profissão docente, destacam que o que ocorre, de fato, é uma busca do professor de se automobilizar para o enfrentamento das anticondições do trabalho que exerce. Dizem estes dois pensadores:

> A respeito desse individualismo, diversos professores interiorizaram a ideia de que ele seria uma tendência particular dos professores um pouco como se viessem a encontrar nessa profissão indivíduos com tendência individualista. Não é nada disso. O que é preciso entender é que nas condições de trabalho que advêm da organização do trabalho docente, que não permitem a construção de grupos de trabalho, o individualismo torna-se uma última posição de defesa em relação a um trabalho que é mais fonte de sofrimento que de prazer. Quando não é possível criar coletivamente mecanismos de defesa e de catarse para o sofrimento, o professor se defende individualmente; quer dizer, o sofrimento faz parte da carga de cada sujeito-professor que precisa encontrar por seus próprios meios a capacidade de manter sua saúde mental apesar das agressões do ambiente de trabalho. Então se entende que o individualismo é o produto do sofrimento psíquico, o produto de uma organização de trabalho que atomiza os indivíduos, os isola e desmotiva-os etc. Assim, não se pode mais dizer, simplesmente, que o individualismo é a causa da desmobilização desse corpo profissional.

Esta forma aparentemente diluída e isolada de vivenciamento da profissão concorre para o engendramento de uma compreensão superficial da docência como campo de atuação profissional segundo o qual, qualquer que seja a remuneração, o trabalho, eficiente ou inadequado, estará garantido por força dos sistemas morais de compreendê-lo. E o processo de massificação da educação básica apenas reforça esta ideologia esperta por força das pressões sociais insatisfeitas.

É curioso observar que a escolarização massiva, decorrente de novos direitos sociais, não tem contribuído para fortalecer os direitos profissionais dos docentes no campo salarial. Como constata Boudon (1992: 53), a divisão do trabalho, acelerada com a expansão do tempo de escolarização e com as transformações organizacionais, funcionou como um veículo de produção de anomias em seu dinamismo. Esta circunstância é verdadeira sobretudo no setor público. A escola pública de Ensino Médio, por exemplo, tornou-se laboratório do professor experimental, caso contrário não haveria percentuais tão elevados de professores temporários, mesmo que esta temporariedade seja uma forma cínica de os governos burlarem a legislação. Daí, por que a escola pública brasileira vive a situação esdrúxula e paradoxal do temporário permanente![4]

Na esfera privada funciona a lógica do mercado e da pedagogia pragmática da escola-empresa. Aqui, há muito, enraizou-se a compreensão de que, nas sociedades modernas avançadas, os trabalhadores especializados na produção de bens materiais decressem fortemente, mercê das características da nova economia do conhecimento. Nesta, os empregos tradicionais perdem valor, enquanto ganha relevância o campo da economia dos serviços e da produção de conhecimentos e informações. Esta nova economia dita praticamente o direcionamento do ensino e as novas funções dos professores e das escolas. Aqui, temos que propor a pergunta inquietante: sem a sociedade enxergar professores qualificados e remunerados adequadamente e o docente

---

4. Esta situação é tão escandalosa no Brasil, que o Estado mais rico da federação, São Paulo, não consegue implantar lei de 2009, que visa ampliar o número de professores concursados e restringir o número de professores temporários. A rede pública de educação básica do estado tem a seguinte configuração docente: 115.9 mil professores efetivos; 73.9 mil professores não concursados, porém com direito à estabilidade; 25.7 mil temporários sem estabilidade. A desculpa é sempre a mesma: sem os temporários não há como iniciar as aulas! Ou seja, como apontou o jornal *O Estado de S. Paulo* (28/01/11, Notas e Informações, p. A3), repetem-se *"os jeitinhos na educação básica"*.

como profissional permanente e autorrealizado, é possível atrair profissio nais com talento para atuarem na escola da sociedade do conhecimento?

A sensação que se tem é que o Ensino Médio da escola pública, com raras exceções, não acordou para as transformações da sociedade cognitiva. Os governantes têm ciência e consciência desta disfunção, como têm igualmente ciência e consciência de que profissionais de perfil impreciso ajudam na manutenção de salários depressivos!

O Estado brasileiro insiste em reduzir a profissão docente do Ensino Médio à condição de um ofício moral (a *moral craft*, na definição de A. Tom (1984 29)), como estratégia de barateamento do contrato profissional.

Os marcos adequados para orientarem os debates em torno do complexo terreno da profissionalização do professor do Ensino Médio se situam no campo da evolução das profissões e na esfera das atividades racionais que tem, como fundamento e explicitação, o *trabalho interativo*[5].

Estas atividades, reconfiguradas e reconceituadas, ganham novo *status* e progressão socioprofissional nos países que desejam assegurar a vanguarda mundial como protagonistas privilegiados na sociedade pós-moderna.

A visibilidade da profissão docente parece perder-se nos escaninhos da sala dos professores. Embora a escola seja uma instituição pública e a sala de aula, uma atividade pública, o que é feito ali não contribui aparentemente para desenhar e delimitar um perfil profissional. Os conteúdos ensinados ficam ocultos no espaço de cada sala de aula, enquanto os resultados somente aparecerão em algum momento do futuro! Em consequência, fica fácil, aos

---

5. Para Tardif e Lessard, o trabalho interativo tem a circunscrição de profissões que se ocupam de seres humanos como "objeto de trabalho". Sua característica essencial é colocar em relação, no quadro de uma organização (escola, hospitais, serviços sociais [...], um trabalhador e um ser humano que se utiliza de seus serviços). Este é o caso de diversas ocupações socialmente centrais (educação, serviços de saúde, serviços sociais etc.). O importante aqui é compreender que as pessoas não são um meio ou uma finalidade do trabalho, mas a "matéria-prima" do processo do trabalho interativo e o desafio primeiro das atividades dos trabalhadores. Para saber mais, cf. TARDIF, M. & LESSARD, C. *O trabalho docente* – Elementos para uma teoria da docência como profissão de interações humanas. 5. ed. Petrópolis: Vozes.

governos, tratar mal a profissão docente, desprezar a transcendência de sua natureza e responder só e na medida do possível às exigências da racionalidade econômica, administrativa e de gestão **eficaz**. Por esta razão, não há uma relação de correspondência entre a valorização da educação escolar e a valorização da profissão docente. Curiosamente, isto ocorre no momento em que o trabalho do profissional professor aumenta em volume e complexidade. Como observado por Tardif e Lessard (2009: 158), *[...] a docência tornou-se, certamente, um trabalho mais extenuante e mais difícil, sobretudo no plano emocional (alunos mais difícies, empobrecimento das famílias, desmoronamento dos valores tradicionais etc.) e cognitivo (heterogeneidade das clientelas com necessidade de uma diversificação de estratégias pedagógicas, multiplicação das fontes de conhecimento e de informação etc.).*

O Ensino Médio dessignificado

A terceira situação-problema, componente temática do nó do Ensino Médio público, é o que denominamos de **Ensino Médio dessignificado**, porque reduzido hoje a preparatório para o Enem/vestibular.

De fato, um olhar mais cuidadoso sobre o funcionamento das redes públicas que hospedam escolas secundárias revela, claramente, que estas escolas funcionam, no presente, ainda atreladas ao padrão organizacional da legislação anterior. Em outros termos, os parâmetros da Lei 5.692/71 permanecem presentes, embora sob formas despistadas, em uma escola que saiu de parâmetros legais antigos para parâmetros legais novos sem se preparar institucionalmente para nenhum dos dois alinhamentos normativos. Grande parte dos colégios públicos continua com o mesmo semblante de outrora e os novos absorveram as mesmas linhas de inspiração pedagógica dos velhos. Evidentemente, aqui se estabelece, de partida, uma linha divisória de comprometimento da qualidade do ensino. Os colégios antigos funcionavam para atender grupos sociais seletos, enquanto as escolas atuais recebem alunos de múltiplos segmentos da sociedade, à luz do principio fundante de inclusão social e das obrigações do Estado de oferecer uma educação básica de massa.

Esta escola de Ensino Médio, assim descompensada, tem enormes dificuldades de atuar sintonizada com as novas demandas da sociedade cujo perfil passa por profundas mudanças em sua composição, em sua organização material, em seu imaginário social e em seu horizonte de desejos. Em outras palavras, quase a metade da população brasileira passou a praticar a sua utopia concreta, porém encontra infindas dificuldades para operacionalizá-la no interior da escola de Ensino Médio. Ali só há sinais de disfunções agravadas, agora, por uma população com um novo perfil de demandas não correspondidas.

Aqui vale rever, mesmo de forma perfunctória, a radiografia desta população, sobretudo daquelas camadas de onde provêm majoritariamente os alunos das escolas públicas de Ensino Médio.

Segundo a FGV, entre 2003 e 2009 a pobreza no país caiu 43%. 31.9 milhões de pessoas ascenderam às classes A, B e C. Para isso, contribuíram: i) elevação de renda do trabalho (67%); ii) "progressos sociais" (17%); iii) benefícios previdenciários (15,5%). No atual governo o número total de pobres diminuiu em 19.4 milhões. Porém, são pobres, ainda, 29.9 milhões. 16 milhões da população integram famílias cuja renda *per capita* está abaixo de R$ 137,00 mensais. Os membros destas famílias que trabalham chegam a receber, no máximo, dois salários mínimos (R$ 1.020,00).

A ascensão da classe C está operando mudanças culturais radicais no cotidiano das famílias. Nos últimos três anos há transformações significativas na vida de 45 milhões de brasileiros que ingressaram na nova classe média, com a incorporação de novos hábitos e modo de ser, com destaque para:

- Renda média mensal da família: R$ 3.000,00.
- Uso intensivo do celular.
- Aquisição do imóvel ou reforma da casa.
- Compra de notebook.
- Acesso à internet e pagamento de um plano de acesso à banda larga.
- Comunicação diária com o mundo digital e com as redes sociais.

• Uso do comércio on-line (em 2009, 40% de todos os consumidores que estrearam no mundo das compras virtuais pertenciam à nova classe média, segundo a revista *Exame*, ed. 978, ano 44, n. 19, 20/10/10).

• Aperfeiçoamento dos hábitos de consumo com a intensificação de pesquisa de preço e de qualidade dos produtos (68% pesquisaram preços antes de ir às compras).

• Elevação rápida dos níveis de exigência em relação à qualidade da escola dos filhos (Para os especialistas em comércio eletrônico, "as classes A e B passaram por um lento processo de aprendizagem. Com a classe C, acontece tudo ao mesmo tempo".

• Adoção intensa e extensa do uso de cartão de crédito.

O conjunto destas mudanças culturais, socioeconômicas e psicossociais planta-se sobre vários fatores de empuxe, a saber:

a) Novo perfil da população brasileira, com a seguinte distribuição:

Classes A/B	10,6%
Classe C	50,5%
Classe D/E	38,9%

b) Penetração de computadores:

Classe A	94%
Classe B	78%
Classe C	33%
Classe D/E	7%

c) Penetração de acesso à internet:

Classes A/B	81%
Classe C	66%
Classe D/E	33%

d) Frequência de acesso:

Classes	Diariamente	Uma vez por semana	Pelo menos uma vez por semana
Classe A/B	86%	38%	2%
Classe C	71%	22%	5%
Classes D/E	45%	12%	13%

e) De onde acessam:

Casa	43%
Lan House	32%
Casa de parentes e amigos	30%
Trabalho	22%
Escola/Universidade	13%

f) Presença on-line por sexo:

Homens	50%
Mulheres	50%

g) Tipos de compra pela rede, pela classe C:

Eletroeletrônicos	44%
Eletrodomésticos	36%
Livros e revistas	29%
Computadores/Prod. de informática	24%
Roupas e acessórios	21%
Filmes e música	18%
Viagens	12%

Fonte: Revista *Exame*, ed. 978, ano 44, n. 19, 20/10/10.

Estas pessoas não são apenas da geração Y[6], mas da geração de amplos direitos democratizados a partir de um cenário econômico favorável e de oportunidades sociais que se vão universalizando. Dentre estas, está o direito a uma educação básica de qualidade. É razoável, então, supor que as pressões sobre um Ensino Médio de padrão acadêmico elevado **para todos** aumentarão rapidamente. Se o Estado se ausenta, o mercado de trabalho faz pressão, buscando a sua solução! Sousa (2010: 34) destaca, ao comentar o direito à educação na moldura de uma ampla rede de conexões sociais, que

> *De maneira mais ampla, o acesso à educação propicia o desenvolvimento de uma sociedade livre, mais justa e solidária [...], e ainda estrita em laços com o direito de liberdade.*

Márcio Porchmann, economista do Ipea, chama atenção para o fato de que o desemprego no Brasil **é jovem**. Isto porque um em cada dois desempregados tem menos de 25 anos. Por outro lado, 80% dos desempregados (7 milhões nas seis maiores regiões metropolitanas) não têm experiência profissional, são "de baixa qualificação". Por isso, o Ministério do Trabalho e Emprego

---

. A geração Y é a geração da sociedade em rede, da comunicação eletrônica e do uso intensivo da internet.

diz que é necessário qualificar 4.5 milhões de pessoas por ano, para evitar um "apagão de mão de obra". Segundo o IBGE, nas áreas metropolitanas 50% das pessoas que trabalham têm carteira assinada.

Para Plínio Arruda Sampaio, ex-deputado federal com longa atuação política, o país tem dois problemas centrais: a dependência externa, e "a miséria do povo, que não é apenas econômica, mas também física, intelectual e cultural".

Pode-se dizer, desta visão não republicana de educação, que só um movimento de radicalidade no campo das políticas públicas de educação poderá mudar a rota da falência da escola pública de Ensino Médio. No presente, ela é uma mera ficção que busca atender a formalidades legais. Esperar que na base do voluntarismo e de iniciativas eventuais se resolva este enorme desafio é ignorar que o tempo não modifica a realidade. Nós é que modificamos o ritmo do tempo.

Aqui, revela-se mais uma enorme fenda do Ensino Médio como etapa final da educação básica. Na verdade, o divórcio entre Ensino Médio, etapa de culminância desta educação, mundo do trabalho e comunidade é mais do que um fato real, chega quase a agressão. Postam-se de costas um para o outro. Em decorrência, estabelece-se uma distância abissal entre "a vida na escola e a escola da vida". Para culminar com este processo de descasamento do pedagógico com o social, os sistemas de ensino insistem em trabalhar com uma escola de modelo único, um verdadeiro estatuto de condenação do estudante pobre e do jovem trabalhador.

Na verdade, o estatuto colonial da educação tem perdurado ao longo da história republicana brasileira. Não é por acaso que, por longo tempo, confundiu-se educação básica com ensino primário e, a partir da década de 1970 (vigência da Lei 5.692/71), com ensino de 1º grau. Depois (vigência da Lei 9.394/91), com Ensino Fundamental. Na história da educação nacional, o conceito de educação básica foi sempre aplicado em níveis inferiores de compreensão, retirando-se dele a substância socioeducativa e, refinalizando-se nele, a noção de alfabetização e de instrução rudimentar. Esta visão política estatal deformadora transformou a nossa escola de educação básica em um laboratório de produção exponencial de analfabetos funcionais. Com o olhar nesta direção e comentando o nível de atraso educacional do Brasil, o engenheiro Eliazer Batista diz, de forma direta e impiedosa:

> Proporcionalmente aos países congêneres que estão na primeira fila da sala de aula, nosso estágio é o da Idade Média [...]. Repito: precisamos mudar o conceito de educação de base no Brasil [...]. A educação tem de ser uma política de Estado, mas com o planejamento simultâneo de todas as variáveis. Isso vale para o próprio ensino[7].

Transferindo-se esta percepção desviada para a etapa final da educação básica no contexto atual do ensino no Brasil, pode-se afirmar, pelo cenário de resultados que apresenta nas avaliações, que a escola pública de Ensino Médio encontra-se **dessignificada** em seus programas de ensino à medida que:

• Seus princípios estão divorciados da educação básica ao não identificar, em seus alunos, diferentes trajetos de vida e diferentes projetos de vida.

• Suas finalidades estão desviadas por não contribuírem para o desenvolvimento de competências intelectuais integradoras e resolutivas, base para a formação de uma cidadania produtiva e solidária.

• Seus projetos pedagógicos não incluem os avanços da sociedade, decorrentes dos processos de rápida apropriação das tecnologias de massa.

• Seus currículos se esgotam na modelagem de alunos de um perfil único.

• Seus esquemas metodológicos e de aferição de rendimento são uniformes e, por isso, deformadores.

• Seus professores são profissionais em grande parte temporários, detentores de contratos de emergência, mal remunerados e, portanto, dessalariados e desmotivados.

• Seus programas não contam com os insumos essenciais para uma educação escolar de elevada qualidade social.

• Seus **mecanismos de avaliação externa**, com centralidade no Enem, são disfuncionais. O Enem estrutura-se em forma e conteúdos **desospedados**

---

7. Para mais completa informação, cf. "Variáveis para uma estratégia de longo prazo". *Insight Inteligência*, ano XIII, n. 51, 4º trim., dez./2010, p. 32-39. Rio de Janeiro: Insight Engenharia de Comunicação e Marketing.

dos parâmetros do Ensino Médio tal qual oferecido e operado nas escolas públicas. Na verdade, o **novo Enem** requer padrões de aprendizagens discordantes dos usados nas atuais escolas públicas de Ensino Médio, sobretudo os noturnos, onde os professores trabalham com profissionais estudantes e, não, com estudantes profissionais como ocorre na rede privada[8]. Como indicam Rodriguez e Herrán (2000: 47),

> embora a educação básica de qualidade seja claramente uma política universal, alguns programas realizados para a aplicação universal não conseguem chegar aos beneficiários mais pobres [...]. Portanto, na elaboração de programas de melhoria de qualidade que atendem para a equidade é essencial considerar a introdução de elementos de discriminação positiva ou mecanismos de instrução que possam tornar mais progressivos os programas universais.

Este amplo cenário de **dessignificação** do Ensino Médio e de sua **desospedagem** da educação básica, como ciclo obrigatório de estudos para a construção de uma cidadania potencializada cria mais um paradoxo, a saber: a classe trabalhadora ganha inserção econômica, realiza vários de seus direitos sociais e confirma seus direitos às tecnologias de massa. Não consegue, porém, avançar no direito a um Ensino Médio de massa, de caráter republicano, estruturado no chão de uma educação básica de alta qualidade social e caracterizado por elevados padrões acadêmicos e por dimensões relevantes de qualificação para o trabalho.

O quarto e último tema, encorpado na questão do **salário docente** como uma situação-problema do Ensino Médio **que não queremos ver**, é de tamanha relevância para se poder desatar o nó do Ensino Médio, que, dele, vamos tratar no próximo capítulo.

---

8. O aluno de Ensino Médio da rede privada tem duas vezes mais tempo de permanência na escola, percorre um currículo com disciplinas desdobradas em conteúdos específicos com aulas de reforço e **treinamento** para o Enem/Vestibular e, desde 2010, conta com aulas de técnicas de leitura dinâmica para conseguir ler, reler, avaliar as questões e responder a prova inteira. Além disso, dispõe de um quadro de professores com remuneração competitiva.

5
SALÁRIO DOCENTE
Quanto custa um professor das disciplinas do núcleo duro do Ensino Médio

O desenvolvimento socioeconômico do país, sob o empuxe da economia planetária globalizada, transformou a educação básica em imperativo geral e, o Ensino Médio, em etapa estratégica no circuito de uma formação para a cidadania produtiva. Assim, a crise deste nível de ensino, sobretudo nas redes públicas, é a própria negação desta perspectiva universal ascendente. Crise que tem, na inexistência em quantidade e em qualidade de professores para o núcleo duro do currículo do Ensino Médio, sua maior gravidade.

Há muito a escola secundária brasileira sofre de um processo de anemia pedagógica. Porém, nos dias atuais, a gravidade do problema assume tons dramáticos sob a inteira passividade dos órgãos do Ministério da Educação das Secretarias de Estado da Educação e do Congresso Nacional.

Pode-se dizer que bons e talentosos professores de Matemática, Física, Química e Biologia para trabalharem nas escolas públicas brasileiras são uma espécie em extinção! Grande parte dos poucos existentes, com raras exceções, ou vai para as instituições federais ou vai para a rede privada de ensino onde se oferecem salários atrativos, embora, neste último caso, sejam contratados por hora-aula, como veremos mais adiante.

Para corrigir a falta de professores, antes de pôr questões formativas é necessário propor questões conformativas, ou seja, questões que aproximem o professor (das disciplinas curriculares do Ensino Médio) das conformidades salariais de outros profissionais de áreas contíguas ou não e para cuja formação exige-se o domínio de conhecimentos praticamente idênticos, acrescida a formação pedagógica. De fato, é muito difícil atrair alguém para um curso que o habilite à docência de Química, por exemplo, quando ele sabe que, com o diploma de Engenheiro Químico, vai ganhar quatro vezes mais! O mesmo ocorre com potenciais candidatos às licenciaturas de Física e Matemática. A grande maioria migra para as engenharias. No caso de estudantes de Ciências Biológicas, o apelo profissional é para outros cursos da área de saúde. Sem esquecer, outrossim, que, enquanto o professor licenciado tem uma alternativa profissional fechada, como engenheiro, médico, enfermeiro, advogado, ou profissional do setor financeiro, abre-se a possibilidade de viver múltiplas temporalidades profissionais, ampliando, assim, as chances de fontes de renda. Uma análise comparativa de salários disponíveis no mercado de trabalho mostra, de forma induvidosa, porque a profissão docente para as disciplinas científicas do Ensino Médio (Física, Química, Matemática e Biologia, sobretudo) é pouquíssimo atraente. Não há dúvida de que rareiam os candidatos para os cursos de licenciatura destas disciplinas porque faltam salários competitivos nas escolas dos sistemas públicos estaduais de ensino. Não é por acaso que os cursos de alta demanda são aqueles de altos salários. No vestibular da UnB do meio do ano (julho de 2010) o curso de Pedagogia ficou entre os cursos de menor procura pelos candidatos. Enquanto isto, a relação candidato/vaga nos cursos de salário profissional elevado – e, por isto, são identificados como cursos de alto prestígio social – permaneceu muito alto, como se pode ver[1]:

- Medicina → 84,1;
- Direito (noturno) → 19,25;
- Direito (diurno) → 17,46;
- Engenharia Civil → 17,75;
- Relações Internacionais → 14,95.

O último Censo da Educação Superior, do Ministério da Educação (MEC), registrou que o total de formandos dos cursos de Pedagogia e Normal Superior, que preparam professores para as séries iniciais da educação básica, declinou pela metade no período 2005-2009. Em 2005, foram 103 mil formados e, em 2009, só 52 mil. O mesmo ocorreu com o número de professores forma-

---

1. Informações do *Correio Braziliense*, 18/07/10.

dos para atuar nas séries finais do Ensino Fundamental e nas três séries do Ensino Médio. Em 2005 foram 77 mil e, em 2009, 64 mil. Neste mesmo período o número de formandos no Ensino Superior migrou de 77 mil para 826 mil. A explicação para este declínio é óbvia: os jovens buscam cursos com maior valorização social tanto no setor público como na esfera privada. Salários mais elevados e trabalho mais realizador. A única maneira de reverter esse quadro, trazendo mais jovens para o magistério público, é oferecer um salário inicial atraente e assegurar boas condições de trabalho. Sem isso, não há como tornar a carreira atraente – e, sem professores preparados e motivados, o Brasil não superará o seu passivo educacional[2]. Aqui, vale lembrar que um terço dos professores que concluem a licenciatura busca, de imediato, outras áreas de atuação profissional, seja através de concurso, seja iniciando negócio próprio. Chama a atenção, por sinal, a quantidade de professores que se inscrevem em cursos de empreendedorismo.

Aqui, vale lembrar que há quem afirme que *[...] o impacto do salário não tem a ver com a quantidade específica de dinheiro. Nesta perspectiva, não se trata de dizer "o docente deve receber como salário de base um montante equivalente a $ 1.000" ou "o docente deve ganhar mais que o engenheiro por hora trabalhada"* (CASASSUS, 2007: 123). Por que não? Vamos perguntar aos professores o que eles pensam da questão, em lugar de perguntar aos governos e agências internacionais, aos gestores públicos e aos políticos, sobretudo a estes, que atualizam seus salários infinitas vezes acima dos parâmetros de atualização dos salários dos professores!! Não há qualquer razão plausível para se distanciar o salário do engenheiro físico do salário do professor de física do Ensino Médio, por exemplo, a não ser por uma visão distorcida do que é o mercado de trabalho profissional na sociedade do conhecimento e na economia globalizada. Imaginar professor do Ensino Médio, hoje, sem salário competitivo profissionalmente falando, é defender a "educação como apostolado". De fato, por muito tempo foi assim[3]. Hoje, o professor é um trabalhador, exerce uma profissão e,

---

2. "A desvalorização do magistério" (*O Estado de S. Paulo*, 04/02/11, p. A3).

3. Sobre este assunto, cf. a tese de livre-docência de Ilza Nadai: *A educação como apostolado*: história e reminiscências (São Paulo, 1930-1970). São Paulo: Feusp, 1991.

não, um sacerdócio: ou seja, as referências salariais dos docentes precisam mudar. Tanto é assim que as escolas federais brasileiras há muito mudaram os padrões salariais de seus professores de Ensino Médio. Nas escolas públicas estaduais é que os docentes vivem submetidos a uma penúria salarial alarmante. No mundo de hoje, na sociedade em rede e no âmbito da construção de uma civilização planetária, o professor é um profissional que busca uma qualificação definida para poder receber um salário digno. Como observado por Jorge Abrahão (2011: 7), [...] *em outros países, o professor não ganha tão mal como no Brasil. Na Europa, um professor, um médico, um advogado ganham valores muito próximos. Isso faz o diferencial da qualidade, profissionais com o mesmo grau de valorização*[4].

Com raras exceções, o salário inicial destes professores ultrapassa três salários mínimos. Quando isto ocorre, o fato decorre do elevado custo de vida das respectivas unidades federadas. E, como se não bastasse, a insignificância do salário inicial e a evolução de remuneração inclui uma porção de penduricalhos, tais como:

• Garc: Gratificação de Atividade de Regência de Classe (normalmente, 30% sobre o valor salarial básico).

• Tidem: Gratificação em Atividade de Tempo Integral e Dedicação Exclusiva (normalmente, 50% sobre o valor salarial básico).

• Adicional noturno.

• VP: Vantagem Pessoal (percentual por cursos realizados dentro da área de educação: aperfeiçoamento, especialização, mestrado etc.)[5].

As gratificações que podem ser auferidas e que variam de estado para estado, denunciam, na verdade, um salário básico em descompasso. Salário que, quando desnudado das vantagens fantasiosas, põe o professor na condição de um trabalhador assalariado, porém sub-remunerado.

---

4. Para saber mais cf. ABRAHÃO, J. "A educação movimenta a economia". *Educação*, ano XIV, n. 167, mar. São Paulo: Segmento. • ABRAHÃO, J.; MOSTAFÁ, J. & HERCULANO, P. *Gastos com a política social*: alavanca para o crescimento com distribuição de renda. Brasília: Ipea, 2011.

5. Itens como anuênio, abono e outros não entram, evidentemente, na etapa inicial de contratação.

Dados de pesquisa de Uchoa[6] mostram a gritante diferença salarial entre o salário do docente com licenciatura em Matemática, Física, Química e Biologia e outros profissionais de áreas conexas ou mesmo de áreas diferentes, consideradas três situações salariais: salário inicial, intermédio e consolidado. O quadro que segue mostra este cotejo de situações salariais em que se comparam os proventos do professor licenciado nas áreas ora enfocadas com os de profissionais de trinta outras áreas.

Salários comparados de professores licenciados em Física, Química, Matemática e Biologia e outros profissionais

Curso/profissão	Salário inicial[7]	Salário intermédio (com 10 anos ou mais de atuação profissional)	Salário consolidado (com 20 anos ou mais de atuação profissional)
Lic. em Matemática	1.200	1.950	2.500
Lic. em Física	1.200	1.950	2.500
Lic. em Química	1.200	1.950	2.500
Lic. em Ciências Biológicas	1.200	1.950	2.500
Engenharia Civil	6.000	9.000	12.000

---

6. UCHOA, M.S.S.C. *Quanto custa o professor?* – Estudo comparativo de salários profissionais. Brasília: Instituto Interdisciplinar, 2009-2011.

7. A pesquisa buscou o valor aproximado do provento básico inicial dos professores nas regiões Sul, Sudeste, Centro-oeste, Norte e Nordeste. Em todos os casos, considerou-se a carga horária semanal de 40 horas do professor com Licenciatura Plena, atuando nas redes públicas estaduais. Os salários intermédios e consolidados dos docentes, aqui apresentados, já agregam algumas vantagens como anuênios, atividades de tempo integral e adicional noturno. Em um outro quadro mais adiante será apresentada a situação salarial dos docentes das escolas públicas de todo o país, incluindo todas as vantagens estado a estado.

Curso/profissão	Salário inicial	Salário intermédio (com 10 anos ou mais de atuação profissional)	Salário consolidado (com 20 anos ou mais de atuação profissional)
Engenharia Química	6.000	9.000	11.000
Engenharia Ambiental	5.000	8.000	9.000
Engenharia Mecânica	5.000	8.000	10.500
Engenharia de Telecomunicações	6.000	10.000	12.000
Engenharia de Alimentos	5.000	8.000	11.000
Engenharia de Computação	6.000	10.000	14.000
Engenharia Eletrônica	6.000	10.000	14.000
Engenharia Física	7.000	9.000	14.000
Engenharia Hídrica	5.000	7.000	9.000
Engenharia de Materiais	6.000	9.000	11.000
Engenharia de Produção	4.000	7.000	10.000
Engenharia de Petróleo	9.000	18.000	25.000

Engenharia de Infraestrutura	6.000	9.000	12.000
Engenharia Industrial	6.000	9.000	12.000
Engenharia Sanitária	5.000	7.000	10.000
Engenharia de Controle e Automação	6.000	9.000	10.000
Engenharia Florestal	4.000	6.000	9.000
Engenharia Metalúrgica	6.000	8.000	10.000
Engenharia de Minas	6.000	8.000	10.000
Engenharia de Pesca	5.000	7.000	9.000
Engenharia Naval	7.000	12.000	18.000
Engenharia Agronômica	4.000	7.000	9.000
Geologia	5.000	7.000	10.000
Medicina	6.000	10.000	15.000
Medicina Veterinária	4.000	7.000	9.000
Enfermagem	4.000	6.000	7.500
Odontologia	4.500	7.000	10.000
Direito	4.000	12.000	18.000
Administração	2.000	5.000	7.000

Se nenhuma providência for tomada com urgência, esta decalagem salarial tenderá a se aprofundar rapidamente. O aumento do fascínio salarial renascido das engenharias produzirá ainda maior redução no número daqueles candidatos a atividades de docência no Ensino Médio, a curtíssimo prazo.

Há inúmeros estudos indicativos da queda na proporção de engenheiros formados comparativamente a outros profissionais que completam o Ensino Superior. De acordo com a Secretaria de Educação Superior do MEC, em 1999, 5,9% dos formandos eram engenheiros. Dez anos depois, este número caiu para 5%, segundo o Instituto de Estudos para o Desenvolvimento Industrial/Iedi. Estudos do Ipea, de 2010, alertam para a carência dramática de mão de obra qualificada e concluem: [...] *qualquer aceleração de crescimento econômico poderá gerar* déficit *de oferta de engenheiros caso se mantenham os atuais padrões dos graduados fora do grupo engenheiros*. Horizonte que se revela mais sombrio se adotadas providências apresentadas por um grupo de notáveis à Coordenação de Aperfeiçoamento de Pessoal de Nível Superior (Capes) para uma intervenção nos Cursos de Engenharia do país. Na verdade, trata-se de uma resposta às críticas da indústria quanto à inadequação destes cursos às demandas do setor empresarial e produtivo. O objetivo-foco do Plano Nacional Pró-Engenharia é atenuar a curto prazo o *déficit* de engenheiros, a partir das seguintes medidas e condições:

• Investimento de 300 milhões para aplicação em cinco anos. Estes recursos deverão sair do orçamento federal.

• Financiamento não reembolsável pelo MEC em programas de IEs com cursos de engenharia de qualidade reconhecida.

• Distribuição de bolsas de estudo aos alunos.

• Participação do setor empresarial, por meio das Parcerias Público-Privado (PPP).

• Acesso aos recursos por escolas com conceito igual ou superior a quatro no Exame Nacional de Desempenho de Estudantes (Enade) e, ainda, que ofereçam um quadro docente de mestres e doutores com, pelo menos, 50% trabalhando em regime de tempo integral.

Como há uma insatisfação generalizada com a qualidade dos engenheiros formados, o MEC, mais uma vez, insiste em medidas paliativas, via instituições que venham a participar do programa. São elas:

• Apoio em Ciências e Matemática na educação básica.

• Oferta de cursos de férias.

• Reforço às disciplinas de foco tecnológico.

• Olimpíadas de Matemática.

• Projetos de iniciação científica e tecnológica nas redes de educação básica e nas empresas[8].

De acordo com a Confederação Nacional da Indústria, o Brasil terá um *déficit* de 150 mil engenheiros até 2012. Enquanto isto, as escolas de engenharia oferecem atualmente apenas 180 mil vagas.

O gráfico que segue mostra a situação crítica do Brasil no campo da formação de engenheiros. A Organização para a Cooperação e o Desenvolvimento Econômico (Ocde) diz que o Brasil ocupa o último lugar em número de engenheiros em um conjunto de 35 países e comparativamente à sua população.

Menos engenheiros

Número de profissionais a cada 10 mil pessoas[9]

5 Maiores

Coreia do Sul		16,40
Finlândia		16,37
Portugal		13,86
China		13,41
Eslováquia		12,63

---

8. Estas medidas são a contrapartida das IEs que participem do Plano Pró-Engenharia. (Todas estas medidas já foram tentadas nas décadas de 1980 e 1990 e não funcionaram pelas razões de sempre: baixos salários docentes!!!)

9. O Brasil forma cerca de 32 mil engenheiros por ano nas 500 escolas de engenharia do país. Enquanto isto, a China forma mais de 600 mil e a Índia aproximadamente 300 mil.

5 menores

Eslovênia		4,34
Chile		4,07
Grécia		3,89
Turquia		3,28
Brasil		1,95

Por estes números, é razoável pensar que a remuneração profissional dos engenheiros deverá crescer rapidamente. Como se não bastasse, a diversidade da economia vai mudando drasticamente o perfil da formação dos engenheiros, fato que faz prever uma crise sem precedentes no Ensino Médio em decorrência do declínio incontido do número de candidatos para o magistério das disciplinas científicas do Ensino Médio nas escolas públicas.

Esta situação se agrava a cada dia. Basta olhar o último Censo Escolar do MEC. Dos 448 mil professores do Ensino Médio das redes públicas estaduais, somente 22% possuem formação específica nas disciplinas que constituem o núcleo duro do Ensino Médio, constituído das disciplinas: Matemática, Física, Química e Biologia. Enquanto isto, 60% tem formação universitária completa nas áreas das ciências humanas. Mesmo assim, temos fracassado em desempenho nas disciplinas humanísticas, pelas razões de sempre: professores, salários e escolas sem qualidade.

A experiência tem mostrado desde sempre que políticas de formação, currículos e instituições formadores ganharão a condição de fatores decisivos na composição do perfil do professor do Ensino Médio se, ANTES, for reconhecido e valorizado, sob a forma de salário inicial competitivo, o seu contrato profissional, o seu contrato pedagógico e o seu contrato didático. Do contrário, o campo de formação profissional do magistério – sobretudo nas áreas de Física, Química, Matemática e Biologia – continuará sem atrair candidatos talentosos para os seus vestibulares.

A desconsideração salarial do professor é uma postura tão corriqueira e agressiva do Estado brasileiro, que a Revista *Exame*, ed. 978, ano 44, n. 19, de 20/10/10, publicou a seguinte matéria:

SÓ NO BRASIL

Angela Pimenta e Alexa Salomão –
angela.pimenta@abril.com.br

Remuneração 1

Aos mestres resta a maçã

É ano eleitoral e, como costuma ocorrer, a educação aparece como "prioridade" dos candidatos. O discurso, no entanto, não corresponde à prática, como demonstram os recentes concursos anunciados no Estado da Bahia. No final de setembro, o Judiciário baiano abriu vagas para defensor público, carreira que está sendo resgatada no país. Os candidatos devem ser formados em direito e ter três anos de experiência na atividade jurídica. O salário oferecido faz jus à intenção de fortalecer a profissão: 12.803 reais. No início de outubro, o Estado abriu concurso para professores do Ensino Fundamental e do Médio. Os candidatos também precisam ter curso superior, com licenciatura plena em disciplinas como Matemática, Filosofia, Química e História. Mas nesse caso o salário está longe de representar a valorização. O piso é de 654 reais mais gratificação de 204. Ou seja, para os mestres, o reconhecimento possível continua a ser o da maçã oferecida pelo aluno.

A longa história brasileira de um Ensino Médio com professores subsalariados parece explicar a presença reduzida de talentos nesta atividade profissional. *A retenção de talentos, sem dúvida, está em pauta e talvez seja exatamente esse o objetivo das escolas que começam a buscar inspiração na vida corporativa e suas práticas de RH. Já é tempo de avançar no debate do salário do magistério, com critérios para além da titulação ou do tempo de serviço.* Estas observações de matéria de capa da Revista *Educação* (ano 13, n. 163), assinada por Valéria Hartt, mostra que *a excelência na educação passa obrigatoriamente pelo binômio salário e qualificação do professor.*

De fato, pesquisando-se a história da profissão docente no Brasil verifica-se que os salários diminutos pagos aos professores brasileiros constituem capítulo antigo da história da escola em nosso país. O processo construído foi da contaminação negativa. No passado mais distante, a remuneração baixa era paga aos professores primários. Mais tarde, estendeu-se ao que se convencionou chamar matreiramente de educação básica, o equivalente ao Ensino Fundamental. Por fim, os salários subvalorizados passaram a ser atribuídos, também, ao Ensino Médio. Os registros documentais a tal respeito são induvidosos, como podemos ver. Em 1867, o Ex-inspetor Geral da Instrução Pública do Estado de São Paulo, João Lourenço Rodrigues, anotava suas lamentações nos seguintes termos:

> Ora, [...] podemos nós porventura contar com essa tríplice condição de sucesso, quando vemos a classe do professorado relegada na penumbra de um plano inferior, mourejando no meio da indiferença geral, sem animação por parte dos poderes públicos, vencendo estipêndios irrisórios, numa época caríssima, o que equivale a dizer sem compensações no presente, sem garantias no futuro[10].

Ainda, de acordo com esta mesma fonte, dizia este mesmo inspetor-geral em 1867:

> [...] gratificando-se com mesquinhos vencimentos [...] que poderemos atraí-los para o magistério, sobretudo numa região fértil de recursos como São Paulo, onde tão fácil é a vida e mais vantagens se colhem ensinando num colégio particular.

Monlevade (1996: 153), em lúcido texto sobre as questões salariais dos professores, registra a longa e histórica luta da categoria por um piso salarial decente, como se pode ver:

> O fato de a educação básica ter sido descentralizada para os Estados e Municípios e estes terem autonomia para fixação de vencimentos de seus servidores públicos explica a grande diversidade salarial.

---

10. Apud CATANI, D.B. "Estudos da história da profissão docente". In: MENDES LOPES, E.M.T.; FARIA FILHO, L.M. & VEIGA, C.G. (orgs.). *500 anos de educação no Brasil*. 4. ed. Belo Horizonte: Autêntica, 2010.

E arremata:

> Desde as discussões dos constituintes de 1824, que já criticavam os baixos salários dos professores primários e seus diferenciais de província para província, até as ondas de greves, ao mesmo tempo maravilhosas pela luta e participação e nefastas pelas consequências para os alunos (houve greves de mais de seis meses) e para a escola pública, não se tem logrado melhorias nessas questões[11].

Aqui, vale lembrar que a intensa luta empreendida por sindicatos, CNTE, fóruns educacionais, partidos políticos e diferentes representações da sociedade civil organizada resultaram em um piso salarial nacional de R$ 1.024,00, valor inexpressivo e sem qualquer condição de competitividade no mercado de trabalho. Um professor nas escolas públicas federais (Colégios Universitários e Institutos Federais de Ciência e Tecnologia) ganha seis vezes esse salário!

Temos que reconhecer, ainda por algum tempo, que piso salarial nacional continua sendo um parâmetro conceitual, porém, não é, por enquanto, um parâmetro **valorativo**, quando considerado o montante de R$ 1.187,97, salário básico pago na data em que o Supremo Tribunal Federal considerou constitucional a fixação de um piso nacional de salário dos professores (dia 6 de abril de 2011). Segundo o STF, estão excluídos no valor eventuais gratificações. A decisão da Suprema Corte resultou de julgamento de Ação Direta de Inconstitucionalidade (ADIn) proposta pelos estados do Rio Grande do Sul, Paraná, Santa Catarina, Mato Grosso do Sul e Ceará, alegando não haver recursos públicos suficientes para pagar este valor. Relevante foi o comentário do Ministro Joaquim Barbosa, relator da ADIn, a esta alegação:

> [...] não me comove, não me sensibilizam nem um pouco argumentos de ordem orçamentária. Duvido que não haja um grande número de categorias de servidores públicos, que não esta, que tenham rendimento de, pelo menos, 10, 12, 15 vezes mais do que esse piso (Texto captado da TV Justiça, em 06/04/11).

---

11. Para informação completa cf. MONLEVADE, J. "Pesquisas geográfica, histórica e econômica da profissão docente no Brasil". In: MENEZES, L.C. (org.). *Professores*: formação e profissão. São Paulo: Autores Associados/Nupes, 1996 [Col. Formação de Professores].

Esta percepção, convém registrar, não escapou à Coneb-2010 (Conferência Nacional de Educação), que incluiu, entre suas principais propostas: *O piso nacional dos professores, a ser pago por todas as redes de ensino, deve ser de R$ 1.8 mil para uma jornada semanal de 30 horas.*

Em seu documento final, a Coneb-2010 acrescentou que, no caso de docentes que trabalhem em regime de dedicação exclusiva, o valor apontado como piso nacional deve ser dobrado. A CNTE, por seu turno, ressalta que à União cabe fazer a complementação no caso de municípios e estados que não dispuserem de recursos para atender a estes valores.

Os problemas são múltiplos e se distribuem em escalas disformes, porém, vinculados sempre ao eixo desvalorização salarial/falta de professores das disciplinas do Ensino Médio, como fecho do ciclo da educação básica.

Em editorial sob o título "Inovação muito lenta", o jornal *O Estado de S. Paulo* (18/09/10), diz textualmente: *Alguns obstáculos e algumas propostas para superá-los têm sido discutidos por dirigentes de empresas e por pesquisadores. Um desses obstáculos está no sistema educacional, **no qual não se dá a devida importância ao ensino de disciplinas científicas, como Matemática, Biologia, Física e Química** (grifo nosso)*[12]. E arremata, o jornal, nesta mesma edição, agora, em artigo de fundo com o título "Sob o espesso manto da fantasia", assinado pelo Ex-ministro de Ciência e Tecnologia José Israel Vargas: *Para superar nosso atraso torna-se indispensável: 1) melhorar radicalmente o ensino básico, **incluindo salário digno para os seus professores*** (grifo nosso). E conclui: *O desenvolvimento pressupõe a capacidade de inovar, gerar e/ou apropriar-se de novas tecnologias, frutos da ciência e da engenharia, logo, da educação, cujo panorama, como se viu acima, é desolador*[13].

Como se vê, há uma visão de convergência em torno da questão salarial para se resolver o nó do Ensino Médio brasileiro. Só o Estado brasileiro e seus governantes insistem na síndrome da miopia da conveniência. Esta inércia po-

---

12. *O Estado de S. Paulo* – Notas e Informações, 18/09/10, p. A3.
13. *O Estado de S. Paulo* – Espaço Aberto, 18/09/2010, p. A2.

lítica permitida indica que, aos governos, sempre parecerá mais interessante usar a escola de Ensino Médio como um mecanismo de reprodução continuada de clientelismo político. Daí, a miríade de professores temporários em todo o Brasil, o que denuncia a total e proposital falta de planejamento público de longo prazo para a educação. Enquanto isto, as redes privadas de Ensino Médio caminham às soltas, configurando um próspero mercado de negócios.

Curiosamente, ao lado da tragédia educacional representada pela presença maciça de ensinantes não profissionais desqualificados para as disciplinas do Ensino Médio, aproximadamente 74% dos cursos de Licenciatura em Matemática, Física, Química e Biologia funcionam com vagas ociosas. Nestes cursos, há uma alta rotatividade de alunos por abandono puro e simples ou por migração para outros cursos. O fenômeno da evasão, aliás, ocorre mesmo no âmbito de instituições universitárias ou faculdades isoladas, de alto prestígio social.

Mesmo nas universidades federais e em muitas estaduais de renome, as turmas de Licenciatura das disciplinas do núcleo duro do Ensino Médio são pequenas, o que nos força a repetir a pergunta: Por quê?![14]

Para ajudar na construção de respostas a esta questão, vale observar o quadro que segue, com a indicação da média salarial de professores da educação básica de todas as redes públicas estaduais de ensino do país. Apresentamos a média salarial a partir de informações do Ministério da Educação. Os dados são de 2008:

---

14. Nas universidades públicas, a praxe tem sido alunos de licenciatura abandonarem seus cursos e migrarem para outros de salário competitivo e, em decorrência, de maior prestígio social. Por outro lado, os que permanecem na licenciatura optam por ingressar na pós-graduação cuja bolsa é sempre superior ao salário que receberiam como professores de escola pública. Ao término do curso ingressam, como professores, no Ensino Superior.

Quadro salarial comparativo – Referência: sistemas públicos de ensino das unidades federadas. Educação Básica

Distrito Federal	R$ 3.360,00
Rio de Janeiro	R$ 2.004,00
São Paulo	R$ 1.845,00
Mato Grosso do Sul	R$ 1.759,00
Roraima	R$ 1.751,00
Rio Grande do Sul	R$ 1.658,00
Paraná	R$ 1.633,00
Acre	R$ 1.623,00
Amapá	R$ 1.615,00
Sergipe	R$ 1.611,00
Amazonas	R$ 1.598,00
Tocantins	R$ 1.483,00
Minas Gerais	R$ 1.443,00
Mato Grosso	R$ 1.422,00
Pará	R$ 1.417,00
Espírito Santo	R$ 1.401,00
Rondônia	R$ 1.371,00
Santa Catarina	R$ 1.366,00
Goiás	R$ 1.364,00
Maranhão	R$ 1.313,00
Alagoas	R$ 1.298,00
Rio Grande do Norte	R$ 1.232,00

Ceará	R$ 1.146,00
Bahia	R$ 1.136,00
Paraíba	R$ 1.057,00
Pernambuco	R$ 982,00

Brasil – Salário médio do professor: R$ 1.527,00

Valor hora-aula na rede privada de ensino[15]

Rede privada			
Formação: Ensino Médio		*Formação: Ensino Superior*	
RS	R$ 13,63	RS	R$ 25,22
RO	R$ 16,00	RO	R$ 35,83
GO	R$ 17,89	GO	R$ 27,11
RN	R$ 20,66	RN	R$ 28,93
TO	R$ 21,92	TO	R$ 50,50
AL	R$ 23,66	AL	R$ 50,75
PE	R$ 23,75	PE	R$ 25,40
CE	R$ 23,75	CE	R$ 29,46

---

5. Aqui, convém atentar para a diferença nas condições contratuais: Na rede pública, o contrato compreende aulas efetivamente dadas e atividades complementares, tais como: planejamento, preparação e execução de reuniões de colegiados etc. Na rede privada, o valor hora-aula se refere a aulas, de fato, ministradas. No caso de atividades de gestão/coordenação, usa-se outro critério salarial. De qualquer sorte, a enorme diferença exerce um poder de atração fatal no sentido da contratação dos melhores professores pela rede privada. O resultado direto rebate nos resultados do Enem.

Rede privada			
Formação: Ensino Médio		*Formação: Ensino Superior*	
SE	R$ 23,75	SE	R$ 29,52
MS	R$ 24,93	MS	R$ 59,85
SC	R$ 26,13	SC	R$ 26,13
PI	R$ 29,00	PI	R$ 33,50
PB	R$ 30,02	PB	R$ 31,41
MT	R$ 32,22	MT	R$ 48,33
BA	R$ 32,82	BA	R$ 35,87
MG	R$ 35,41	MG	R$ 35,41
AM	R$ 35,67	AM	R$ 47,54
MA	R$ 36,73	MA	R$ 70,10
ES	R$ 36,96	ES	R$ 36,96
PA	R$ 37,25	PA	R$ 37,25
SP	R$ 40,43	SP	R$ 40,43
AC	R$ 42,25	AC	R$ 42,25
AP	R$ 44,52	AP	R$ 55,85
RJ	R$ 48,41	RJ	R$ 75,90
RR	R$ 55,71	RR	R$ 70,15
DF	R$ 63,78	DF	R$ 80,69

Fonte: CNTE (*Jornal Folha Universal*), 24/04/09[16].

---

16. Para saber mais cf. *Giro Rápido pelas cidades...* Quanto vale a hora de um professor [Disponível em http://blogs.abril.com.br/cidades/2009/04].

Percebe-se que, no campo salarial docente, há pouco salário e muita discrepância. Não há sequer uma concordância quanto ao salário médio do professor. Para o MEC é da ordem de R$ 1.527,00, mas a CNTE contesta esse valor. Tal discrepância revela a falta de critérios na fixação do salário docente e, pior, o desprezo do Estado por este profissional.

A situação salarial dos professores lança-os na desconfortável condição de párias salariais. Dados da Pesquisa Nacional por Amostra de Domicílios (Pnad), de 2008, revelam que a renda mensal média do trabalhador brasileiro com formação universitária completa gira em torno de R$ 3.000,00 (três mil reais), enquanto isto, a renda média do professor com idêntica formação varia entre R$ 1.000,00 (um mil reais) e R$ 1.600,00 (um mil e seiscentos reais). Portanto, estamos diante de valores muito próximos de trabalhadores com Ensino Médio cuja renda é de aproximadamente R$ 1.000,00 (um mil reais) mensais. Este fato explica certamente situações como:

- Um terço dos professores do ensino básico não possui nível superior.

- A evasão nos cursos de Licenciatura do Brasil está entre as mais altas do mundo. Só 25% dos professores de Física e 38% dos professores de Química têm licenciatura. Este problema atinge, também, os cursos de formação de nível médio para o magistério. Segundo dados levantados pelo Inep a pedido do jornal *O Estado de S. Paulo* (2011), houve uma queda de 45% no número de alunos desses cursos. Em 2004, eram 350.2 mil estudantes. Em 2009 o número caiu para 194.5, ou seja, uma perda de 155.7 mil alunos. A corrida **para** o magistério no passado está sendo substituída pela corrida **do** magistério no presente.

- O Brasil tem cerca de um milhão de professores fora de sala de aula. Deserdaram para poder sobreviver.

- Os professores se veem impossibilitados do exercício de uma competência crítico-reflexiva sobre os conteúdos trabalhados, transformados que são em tarefeiros[17]. Submetidos a esta condição, a eles são atribuídas as responsabilidades do fracasso do Ensino Médio público.

• Criação de mecanismos artificiais da compensação financeira com base em produtividade, configurando-se uma solução rotulada para uma escola de Ensino Médio desintegrada socialmente do contexto da educação básica.

• Predominância de queda de matrículas de Ensino Médio nas redes públicas estaduais, como se pode ver no gráfico que segue:

A educação estadual no Rio[18]		
Evolução do número de matrículas 2006-2009		
No Ensino Médio, a rede estadual do Rio foi a que mais diminuiu na comparação com todas as redes estaduais em termos absolutos (- 87.344) e em termos percentuais (14,7%).		
- 14,7%		Rio de Janeiro
- 13,7%		Tocantins
- 9,7%		Santa Catarina

---

17. Aqui estabelece-se uma enorme contradição nas possibilidades do trabalho docente. Nas escolas públicas de Ensino Médio, o professor mal remunerado e com seu campo pedagógico empobrecido pelas precárias condições materiais exibe certa capacidade reflexiva sobre as disciplinas ensinadas e sobre as múltiplas formas de representação e de tradução dos conteúdos para ampliar a compreensão dos alunos. Nas escolas privadas o professor bem remunerado e com condições materiais do ambiente pedagógico sempre positivas, quase não exerce postura crítico-reflexiva sobre o ensinado, porque o que interessa à escola privada é o vestibular, é a eficiência social com o apoio amplo de domínios tecnológicos e uso de estratégias de aprendizagem com foco em solução de problemas. Estimula-se *o uso inteligente de estratégias genéricas sugeridas pela pesquisa de casos concretos* (ZEICHNER, 1993). Aqui, o fio condutor do processo de ensino é a mentalidade instrumental e técnica de ensino. Como aponta Contreras (2002: 137), esta mentalidade [...] *encontrou uma nova forma de aceitação escondendo seu tradicional estilo frio e impositivo sob a roupagem, mais cálida e pessoal, da linguagem da reflexão. O raciocínio técnico se apresenta como pensamento reflexivo e, com essa nova linguagem, se reconstroem os procedimentos técnicos lineares de solução de problemas* (ROSS & HANNAY, 1986). O Enem consagra esta opção!

18. Dados do Inep. *O Globo* – O País, 05/09/10, p. 19.

- 9,6%		Bahia
- 9,5%		Rio Grande do Sul
- 8,8%		Paraíba
- 8,6%		Rio Grande do Norte
- 7,8%		Minas Gerais
- 7,3%		Mato Grosso do Sul
- 6,7%		Mato Grosso
- 5,8%		Espírito Santo
- 5,8%		Distrito Federal
- 5,5%		Pará
- 5,5%		Piauí
- 5,4%		Sergipe
- 5,4%		Goiás
- 3,4%		São Paulo
- 2,2%		Amazonas
- 1,8%		Ceará
- 0,2%		Alagoas
- 0,1%		Paraná
0%		Amapá
Pernambuco		0,9%
Roraima		1,8%
Maranhão		2,2%
Rondônia		4,5%
Acre		11,6%

Como se constata, o Ensino Médio público perde matrícula enquanto o privado expande-se rapidamente. Assim, não é por acaso que, enquanto o Rio de Janeiro teve a maior queda de matrículas no Ensino Médio, entre 2006 e 2009, possui, ao mesmo tempo, a segunda maior rede de Ensino Médio privado do país, com 17,06%, contra uma média nacional de 11,67%. Ao analisar estes números, o Professor Nicholas Davies, da Faculdade de Educação da Universidade Federal Fluminense, afirma: *Para mim, isso é a força da rede privada, que ocupa o espaço deixado pelo estado (O Globo, 05/09/10)*. Enquanto isto, a matrícula na EJA da rede privada vem caindo significativamente. No Estado de São Paulo, por exemplo, caiu em 85%, no período 1995-2009. O argumento de que esta queda é explicada pela expansão da rede pública e "pela abertura de um novo foco de interesse" é falacioso. Na verdade, a rede privada precisa alargar os espaços para receber um número cada vez mais expressivo de alunos do Ensino Médio. Alunos que, em decorrência da melhoria socioeconômica de suas famílias e da baixa qualidade do Ensino Médio público, procuram abrigo nas escolas do setor privado.

O jornal *O Estado de S. Paulo* (15/05/11), destacou e documentou a tendência de fuga das escolas públicas, das classes D e E, em bairros populares da Cidade de São Paulo. A matéria é anunciada de forma incontestável, como se pode ver:

Educação. Sonho de consumo

Com mensalidades mais baixas que um curso de inglês em uma escola média paulistana, colégios atraem pais que buscam segurança e um ensino melhor que o da rede pública. Há instituições que adotam material apostilado de sistemas tradicionais.

Emergentes, famílias das classes D e E investem em escolas particulares (O Estado de S. Paulo – Caderno Vida, 15/05/11, p. A25).

Em todo o Brasil, a evasão de professores do Ensino Médio para ingresso em outras áreas que não do magistério é um dado assombroso. É como disse o diretor de um grande colégio estadual do Rio de Janeiro: [...] *o salário é o que faz tantas escolas da rede terem falta de professor.*

Em síntese, é fácil responder a questão por que não há professores para as disciplinas do núcleo duro do Ensino Médio. É que hoje o salário inicial que recebem equivale ao de um trabalhador com Ensino Médio. A evolução salarial é contida, agregando doses fragmentadas de gratificações que não expressam socialmente uma carreira profissional. Uma vez formado, o professor tem uma mobilidade ocupacional com pouquíssima flexibilidade, o que o torna refém da contingência de uma qualificação intransitiva. As possibilidades de construção de uma carreira profissional ascendente são, portanto, limitadas a critérios da burocracia estatal. Por estas e tantas outras razões, potenciais candidatos ao magistério com talento e ambição profissional desistem e buscam outras rotas profissionais. As exceções são aqueles que ainda se sentem atraídos por uma razão vocacional remota... e que são poucos, hoje!

É evidente a curta existência do ciclo de vida profissional de um professor do Ensino Médio público. Fatores de energização que o sustentariam, como salário compensador, condições favoráveis de trabalho, domínio sobre os resultados dos alunos, monitoramento do projeto pedagógico escolar e dos insumos básicos da escola, fogem-lhe inteiramente do controle do que poderia vir a ser a construção de uma educação com qualidade social. Transformado em tarefeiro, este professor não tem a menor ideia do capital intelectual que poderá vir a ter dez, vinte anos depois de iniciada sua atividade profissional. Por isso, não é raro o professor que começa como sujeito da profissão e termina como alguém que apenas se sujeita à profissão, complementando-a com várias outras.

A par desta circunstância, é crescente o número de professores jovens, com atuação no Ensino Médio público, que o estão abandonando para se "aventurarem" em outras áreas de atuação profissional. No Brasil, esta é, hoje, uma circunstância crítica. Não se pode ignorar, por outro lado, o fato de que o público feminino, fonte permanente de talentos para o magistério, vai dele ganhando distância em decorrência das mudanças de comportamento. Trata-se, é bem verdade, de um fenômeno mundial. O psicólogo americano

Jeffrey Arnett, da Universidade de Clark, identifica uma nova condição no homem e na mulher, que ele chama de "adultos emergentes". Trata-se de um período entre 18 a 25 anos – podendo durar mais ou menos, dependendo da pessoa – fortemente enraizado na sociedade de consumo e nos padrões globalizados de vida, em que se buscam três fatores articulados, a saber: investimentos nos estudos para se construir uma carreira profissional sólida, garantia dos meios de uma estabilidade financeira e alargamento das alternativas profissionais. Ora, a realidade atual do magistério das escolas de nível médio da rede pública não sinaliza nesta direção, ou seja, distancia-se desta escala de bônus social e profissional.

Para o psicólogo citado, os "adultos emergentes", e sobretudo as mulheres, querem:

- mais escolaridade;
- mais rendas;
- mais oportunidades;
- mais autonomia;
- mais liberdade;
- mais independência financeira;
- mais equilíbrio entre vida pessoal e profissional.

Convém lembrar que há uma escala em ascendência de público feminino para as atividades de magistério, porém, de nível superior e para atividades de pesquisa. Em um outro campo os salários são certamente bem mais convidativos. Assim, não é por acaso que 51,5% das mais de 11 mil pessoas que concluíram o doutorado no Brasil, em 2008, são do sexo feminino.

Preocupante a sinalização do conjunto de anticondições atrativas para candidatos ao magistério das disciplinas científicas do Ensino Médio, considerando a baixa visão do Estado brasileiro e dos seus governantes para esta calamitosa situação. A sociedade, por outro lado, apresenta reduzido grau de consciência em torno da questão de uma educação básica plena que inclui, necessariamente, o Ensino Médio como tempo e etapa de culminância do processo[19]. Basta ver o que o Plano de Desenvolvimento da Educação/PDE, lançado em 24 de abril de 2007, reserva para o Ensino Médio. Na verdade, quase nada, como se pode inferir:

a) De forma abrangente, ações de apoio com foco no desenvolvimento da educação básica, várias delas já preexistentes ao PDE:

- Fundeb;
- Plano de metas do PDE-Ideb;
- Piso do magistério;
- Formação;
- Transporte escolar;
- Luz para todos;
- Saúde nas escolas;
- Guia das tecnologias educacionais;
- Educacenso;
- Mais Educação;
- Coleção Educadores;
- Inclusão digital.

b) Em um momento posterior, foram acrescidas as seguintes ações:

- Conteúdos educacionais;
- Livre do analfabetismo;
- PDE escola;
- Biblioteca na escola;
- Literatura para todos;
- Salas de recursos multifuncionais;

---

19. O próprio empresariado só reclama da falta de mão de obra qualificada quando há acentuada escassez e, não necessariamente, exige uma educação básica formadora e transformadora. Uma educação básica em que o cidadão formado é a base do trabalhador transformado. Não é que sejam contra, mas, também, este não constitui o móvel da reclamação.

- Programa de Acompanhamento e Monitoramento do Acesso e Permanência na Escola das Pessoas com Deficiência Beneficiários do Benefício de Prestação Continuada da Assistência Social (Faixa etária de 0 a 18 anos);

- Ação educação profissional.

c) No âmbito da educação superior, o PDE incorporou ações que repercutirão lentamente no Ensino Médio, tais como:

- Prodocência;

- Nova Capes;

- Iniciação à docência.

Como se observa, as ações de envolvimento do Ensino Médio no PDE são superficiais, contornam os reais problemas deste nível de ensino e ignoram suas debilidades e deformações. Esta constatação, aliás, não surpreende porque, na verdade, o PDE é uma lista de ações, caracterizando um pacote de metas. Ou seja, a ideia de **plano** usada no PDE é imprópria e inadequada, à medida que lhe falta estrutura sistêmica, embora no "Livro sobre o PDE" esteja dito que o suposto plano está alicerçado em seis pilares, a saber:

- **Visão sistêmica da educação** (grifo nosso);

- Territorialidade;

- Desenvolvimento;

- Regime de colaboração;

- Responsabilização;

- Mobilização social[20]. .

A segunda parte do "Livro sobre o PDE" desarticula a proposta anunciada no primeiro pilar do documento, abandonando a ideia de integralidade sistêmica e focando as quatro grandes áreas do sistema educação, através de **programas de ação:**

---

20. Para saber mais cf. *O plano de desenvolvimento da educação*: razões, princípios e programas. [s.l.]: MEC, [s.d.].

- Educação básica;
- Educação superior;
- Educação profissional-tecnológica;
- Alfabetização.

A área de educação básica é tratada de forma esquartejada, ignorando-se um princípio básico de política pública: a dosagem equilibrada setorial e territorial de programas, ações, estratégias, mecanismos de progresso, notas e instrumentos de acompanhamento e avaliação a partir de uma base de princípios. Sem isto, não há de se falar em política **pública**, porque se trata de ações voltadas para beneficiar governos, grupos de interesse, localidades, e não todas as pessoas e a coletividade, à luz de uma concepção em que se enfeixam as bases epistemológicas do eixo políticas públicas, desenvolvimento e educação.

Aqui se impõem algumas observações conceituais neste campo. Há avanços universais quando se observa que as políticas públicas têm sido substituídas pelo conceito de políticas de Estado. Como afirma Heidemann (2009: 30); *[...] elas teriam caráter particularmente estável e inflexível e obrigariam todos os governos de um estado em particular a implementá-las, independentemente dos mandatos que os eleitores lhes confiassem, em momentos históricos distintos.* As políticas sociais, por seu turno, são políticas vistas sob ângulo setorial ou, ainda, de desafios particulares de uma sociedade. A educação, por exemplo, inclui-se entre elas. Em sociedades emergentes como a brasileira, a educação básica é campo para uma política de Estado de responsabilidade intransferível e de caráter permanente. Percebe-se, então, que o governo, com o PDE, trabalha com a noção de *incrementalismo* como *padrão político*, e não com a noção de política de Estado[21].

---

21. Lindblom, professor-associado de Economia da Universidade de Yale, Connecticut, criou o método *muddling though,* do *[...] avanço sem muito esforço ou organização* ou, como diz Heidemann (2009: 161), *[...] das sucessivas comparações limitadas, do incrementalismo desconexo ou desarticulado [...]* que *acabou se consolidando com o nome de incrementalismo* tout court. Para saber mais sobre este assunto cf. LINDBLOM, C.E. *"Muddling though* 1: a ciência da decisão incremental". In: HEIDEMANN, F.C. & SALM, J.F. (orgs). *Políticas públicas e desenvolvimento*: bases epistemológicas e modelos de análise. Brasília: UnB, 2009, p. 161.

Como se infere, em nenhum momento o PDE toma o Ensino Médio como a etapa crítica da educação básica brasileira, reinserindo-a na posição legal e legítima de tempo estratégico e período conclusivo da educação básica. Em decorrência, a questão da escassez de professores para as disciplinas científicas do Ensino Médio é solenemente ignorada em sua etiologia verdadeira. Por isso, é tratada residualmente como se a problemática salarial não existisse. Curiosamente, o PDE é bem mais generoso e adequado com a educação superior, reafirmando-se, mais uma vez, que o Estado brasileiro é competente quando se trata de tornar mais visível *o charme da exclusão social* (DEMO, 1998: 6). Ao fazê-lo, o PDE ratifica a inadequação do nome que carrega: **Plano** de Desenvolvimento da Educação. Na verdade, a designação de **plano** é usada por um processo de mimetismo cultural. Remete à memória de outros documentos – compromisso da nação como os Planos Nacionais de Educação gestados em Congressos Nacionais de Educação (1996 e 1997) e na ideia de PNEs encaixados em constituições federais. Pelo seu corpo desintegrado, o PDE é, de fato, um ajuntamento de ações e de metas. No caso de Ensino Médio, em quase nada contribui para refrear o processo de agonia crônica a que chegou e sem perspectiva de deixar a UTI pedagógica, ao menos na esfera pública.

Por outro lado, o termo desenvolvimento, encorpado no PDE, reconduz a sociedade, a educação, os educadores e a escola a uma visão simplista desta noção, à medida que reduz sua esfera de compreensão às circunstâncias ligadas a volumes de matrículas, recursos, regulamentação, controle, organização, ordenamento, administração das jurisdições político-administrativas (país, unidades federadas, municípios, sistemas, redes de ensino) e deixa de considerar aspectos como:

- O organismo social como uma totalidade e não só as pessoas como entidades individuais.

- A educação básica como um bem público total a ser buscado.

- O Ensino Médio como parte da educação básica e, portanto, como referência de política de Estado, de alcance horizontal, e não como um fator de cristalização de desigualdades sociais, como induz o "novo" Enem.

• A escolha de políticas sociais voltadas para um desenvolvimento sensível às potencialidades de todas as coletividades, e não de algumas necessidades detectadas em estudos e análises de conveniências limitadas.

A ausência desta visão de responsabilidade intrínseca do Estado brasileiro, que o obrigaria fazer-se onipresente no campo dos direitos fundamentais e dos direitos sociais, responde pelo cumprimento de seus deveres em escala absolutamente insuficiente. Este é o caso da inoperância verificada no campo das ações que realiza no âmbito da educação básica, com visibilidade acentuada na agonia prolongada do Ensino Médio. Aqui, a falta de professores para a maioria das disciplinas científicas do currículo, sobretudo nas escolas públicas, denuncia um Estado cronicamente descomprometido com a formulação, a implementação e a avaliação de políticas, programas e projetos de desenvolvimento para o país. O Estado trabalha com um modelo hemiplégico de desenvolvimento cujo foco é o progresso, mas não a cidadania, a democracia e a igualação de direitos. Tanto é assim que o Plano Nacional de Educação (PNE) encorpado em lei esgotou sua vigência em 31 de dezembro de 2010, sem qualquer avaliação do seu processo de execução e de suas metas. É como se não tivesse existido. O mesmo Congresso Nacional que o aprovou, dele se esquivou em termos de acompanhamento do seu cumprimento. É na penumbra deste esquecimento programado que nasce o novo Plano Nacional de Educação para o período 2011-2020. O plano não contempla tratamento político especial para reverter o estado de calamidade pública em que se encontra o Ensino Médio das redes públicas de ensino e cujos resultados apontados pelo Enem e pelo Pisa apenas comprovam esta constatação. Como acreditar no PNE 2011-2020, se o mesmo MEC que o preparou não avaliou os ganhos e obstáculos do PNE anterior?

Apesar do Fundef, no primeiro momento, e do Fundeb, hoje, a política do Estado brasileiro no campo do salário docente para o Ensino Médio dá ênfase secundária à estrutura formal e funcional da educação básica e se preocupa precipuamente com o alívio de algumas carências sociais e educacionais. Assim agindo, cuida só de seus próprios programas e de sua eficácia social. Como ensina Heidemann, *diferentemente do mito do progresso, o conceito de desenvolvimento permite operacionalização por meio de políticas públicas decididas pelo conjunto dos atores sociais. Cabe elaborá-las, implementá-las e avaliá-las para preencherem sua função no mundo concreto de aqui e agora* (2009: 30). Fora deste escopo, o que existe é uma mentalidade obsoleta e mumificada de Estado e de suas funções.

É lamentável que o fio condutor do estuário de ideias contidas na agenda do **Compromisso Todos pela Educação**, território de sustentação do PDE[22], vá se diluindo em constatações genéricas e requentadas, quando, na verdade, o que falta é a sociedade brasileira fiscalizar o que está na lei e exigir o seu cumprimento. De vez em quando, os responsáveis formais do Compromisso Todos pela Educação publicam documentos com estatísticas importantes, mas que pouco ajudam a reverter a situação calamitosa da educação básica brasileira. Na área social (educação, saúde, segurança etc.) os números negativos e as estatísticas precisam transformar-se não só em políticas públicas, mas também em políticas de Estado com programas, metas e formas de fiscalização da sociedade.

A situação de um salário profissionalmente desqualificador do professor da educação básica e, sobretudo, do Ensino Médio público no Brasil é, muitas vezes, respondida com dois argumentos falaciosos. O primeiro é que, em nenhum país do mundo desenvolvido o salário do professor está entre os salários mais altos. Esta é uma meia-verdade, pois se não está entre os salários profissionais mais elevados, também não está entre os salários profissionais mais baixos. Por outro lado, as escolas estão entre as instituições de maior atenção,

---

22. Lançado em 6 de setembro de 2006, no Museu do Ipiranga, São Paulo, esse movimento apresentou, naquele momento, cinco metas, a saber: 1) Todas as crianças e jovens na faixa etária de 4 a 17 anos terão escola assegurada; 2) Toda criança de 8 anos deverá saber ler e escrever; 3) Todo aluno deverá aprender o que lhe cabe na série que cursa; 4) Todos os alunos deverão concluir com êxito o Ensino Fundamental e **o Médio** (grifo nosso); 5) O investimento necessário na educação básica deverá estar garantido e bem gerido. Com um forte patrocínio de grupos empresariais e dizendo-se "uma iniciativa da sociedade civil", o movimento "esqueceu" de convidar professores e educadores na festa de anúncio, e, com tal esquecimento, a questão do piso salarial profissional nacional para os profissionais do magistério público da educação básica continuou onde estava, ou seja, sem incomodar quem precisava ser incomodado!

valorização e respeito da sociedade. Nestas sociedades, as condições de trabalho nas escolas são permanentemente fiscalizadas pela sociedade e pelas famílias, porque se trata de instituições sociais prioritárias. Há, de fato, países em desenvolvimento que elevaram o salário dos seus docentes e não conseguiram êxito porque, nestas sociedades, a educação escolar não é considerada um bem fundador de cidadania, mas sim a simples busca de um passaporte para o emprego. O segundo argumento é o de que não há evidência de relação positiva entre salários docentes elevados, performance dos alunos, excelência na aprendizagem, desempenho da escola e resultados em avaliações externas. Esta visão é igualmente equivocada. Deixando de lado experiências internacionais e olhando só o que ocorre no Brasil, basta verificar o desempenho de alunos dos colégios universitários, escolas de aplicação, institutos federais de Ciência e Tecnologia, Colégio Pedro II e das cem escolas privadas com os salários docentes mais altos do Brasil!

É evidente que estes resultados decorrem de uma soma de fatores, porém, o primeiro deles é o salário docente. Na sociedade de consumo não se atrai talento profissional sem salário compensador, sem condições de trabalho e sem possibilidade de evolução profissional.

Uma comparação internacional de salários docentes em início de carreira revela a distante posição salarial do professor brasileiro, como podemos ver:

Estados Unidos	R$ 5.5 mil
Coreia do Sul	R$ 4.7 mil
Inglaterra	R$ 4.6 mil
França	R$ 4 mil
Brasil	R$ 1.1 mil

Fontes: Ocde, 2008; TEM, 2010.

Em síntese, não há solução à vista por parte do Estado brasileiro para responder adequadamente às questões propostas neste capítulo. Assim, soluções cosméticas deverão continuar sendo apresentadas. As escolas públicas prosseguirão em sua agonia com a falta de professores de Matemática, Física, Química e Biologia. Os alunos das escolas públicas encontrarão cada vez mais no Enem/Vestibular um obstáculo intransponível. O Estado brasileiro vai resolver, pela alocação crescente de recursos, o desafio da falta de engenheiros e da falta de mão de obra qualificada, mas não encontrará recursos para elevar competitivamente o salário dos professores do Ensino Médio. Este é o grande nó da educação brasileira na atualidade. A grande e crônica questão de um desafio que parece não ter fim. *A remuneração do professor é baixa, o que o obriga a ter vários empregos, fato este que traz graves consequências para o processo de ensino-aprendizagem. Se, por um lado, a melhoria salarial não garante automaticamente a melhoria do ensino, por outro, não é possível pensar uma nova qualidade do ensino com salários aviltantes* (FRANCO, 1987: 61).

Aqui é oportuno relembrar que, como regra geral, possuir diploma universitário garante ao trabalhador brasileiro a melhor média salarial. De acordo com o Cadastro Central de Empresas (Cempre), do Instituto Brasileiro de Geografia e Estatística (IBGE), empregados com graduação recebem, em média, 7.8 salários mínimos (R$ 3.642), enquanto quem não tem diploma de nível superior recebe apenas 2.4 mínimos (R$ 1.120), ou seja, uma diferença de 225%. Na prática, estes dados revelam que os atuais salários dos professores com licenciatura se equiparam a salários médios de quem não tem diploma de nível superior.

O fato é que, no Brasil de economia forte, de profissões em alta e de salários reabilitados, só o salário docente não evoluiu. Assim, é razoável pensar que, por longo tempo, vamos continuar ouvindo, ainda, o eco forte do brado intérmino de um certo senhor chamado professor: **Hei de vencer, mesmo sendo professor!** Enquanto isso, alguns "peritos" continuarão dizendo: não há comprovação da relação entre salário docente, qualidade do ensino e alta performance acadêmica dos alunos... E, os resultados das avaliações continuarão denunciando um Ensino Médio despossuído das características fundamentais da educação básica. Para Helene e Horodynski-Matsusnigue (2011: 11), **as análises do Pisa são enfáticas: sem professores motivados não há saída para**

a Educação. E motivar professores inclui, necessariamente, melhores salários.

Quando convocados a montar e implementar planos, os chamados "peritos" definem objetivos, desdobram estes em metas, elegem instrumentos de intervenção aparentemente mais afinados com os objetivos buscados e, sobretudo, selecionam mecanismos de controle e avaliação para garantir a eficiência e a eficácia da política. Mas, em nome da eficiência desconsideram normas de confiabilidade, assestadas mais para evitar o fracasso do que para consagrar o êxito. Como lembra Haddad,

> O uso das normas de confiabilidade estimula uma participação mais ampla de atores com formação profissional diferenciada para abrir os horizontes dos economistas, com suas ideologias primárias da realidade social. Permite, também, cobrir as políticas econômicas de redundâncias protetoras, tornando-as mais resistentes a choques exógenos e efeitos inesperados e às falhas comuns nas predições condicionais (*O Estado de S. Paulo*, 02/05/11, p. B2).

Não é por acaso que a solução salarial do professor do Ensino Médio permanece adormecida na estufa das políticas do Estado brasileiro. Qualquer outra solução distante desta funcionará, apenas, como máscara de um desafiante problema que, até hoje, jamais teve solução. Problema, aliás, visceralmente vinculado às questões de concentração de renda e de desigualdade social. Enfim, a recuperação salarial do professor brasileiro se expoencializará em importância se vier acompanhada da melhoria na formação, da distribuição equilibrada do uso do tempo e das atividades no conjunto da jornada de trabalho e da elevação sensível da melhoria de infraestrutura da escola de Ensino Médio.

6
FANTASIAS SOBRE O ENSINO MÉDIO

É comum ouvir-se dizer que o Ensino Médio sofre de "crise existencial". Esta é uma meia-verdade. Primeiro, porque dá a impressão de que os problemas são os mesmos por toda parte, independentemente dos contextos. Ou seja, faltam professores qualificados, os currículos são enciclopédicos, aqueles das escolas públicas são inteiramente discrepantes daqueles das instituições não públicas, os salários docentes são baixos e desmotivantes, os recursos financeiros e os meios materiais destinados ao desenvolvimento e manutenção são insuficientes. Na verdade, não é bem assim. Os problemas aqui são de natureza endógena, intrínsecos ao processo de desfiguramento de um nível de ensino que, etapa final da educação básica, funciona de costas para esta e de frente para o vestibular. Dizem respeito aos constituintes internos de sua estruturação, organização e funcionamento. Põem-se avessos à experiência histórico-social-subjetiva dos alunos. Significa que estes alunos são submetidos, em sala de aula, a procedimentos desviantes de sua própria contextualidade. Trata-se, portanto, de um caso típico de disfunção radical por um processo de descolagem bipolar. De um lado, o Ensino Médio funciona inteiramente descolado da educação básica e desconstituído do processo contínuo de uma formação geral essencial, de outro, não responde ao quadro de emergências das transformações sociais e produtivas, portanto, aos contextos de mudanças aceleradas.

Nos países do chamado mundo desenvolvido os problemas com este nível de ensino não se cingem diretamente à qualidade dos conteúdos curriculares, tampouco à sua moldura como etapa final da educação secundária. Nestes contextos a sociedade e as escolas têm clareza sobre o que deve ser trabalhado, assimilado e avaliado nos diversos segmentos da educação básica. Tanto é assim que as escolas são organizadas dentro de parâmetros adequados ao projeto acadêmico, com ambientes, equipamentos, pessoal técnico, professores e instrumentos de aferição de conhecimentos apropriados. Diga-se de passagem que, nestes contextos, os alunos percorrem fluxos escolares regulares e são muito altos os níveis de eficiência dos sistemas de ensino. Também não há defasagem idade/série. Esta deslinearidade é um traço típico de sociedades desiguais, injustas e descontínuas nas políticas educacionais adotadas.

Os problemas identificados no Ensino Médio dos países situados nos mapas de nações com alto desenvolvimento não decorrem, portanto, originariamente, da baixa qualidade acadêmica dos programas de ensino e das carências da sala de aula, mas das circunstâncias estruturantes renovadas das sociedades e de suas configurações sociais. É no bojo destas configurações que emerge um quadro complexo de circunstâncias existenciais dos alunos: pré-adolescentes e adolescentes premidos pelas formas biopsíquicas de seu desenvolvimento e, ainda, altamente exigidos em termos de performance pelas sociedades pós-modernas em que vivem.

Claro que há, em todos os lugares, divergências sobre as melhores alternativas de como operar escolas de Ensino Médio socialmente consistentes, mesmo porque o ensino não é um currículo fechado nem só um feixe de programas preestabelecidos, mas todo um processo de condução da aprendizagem. Por isso, cada sala de aula deve ser um espaço aberto ao processo dialético, ou seja, um espaço também para a discordância e para a dissidência. Na verdade ou a sala de aula do Ensino Médio é um lugar onde caibam todos, onde cabe cada aluno com sua vida, seu mundo e seus projetos, ou, então, não é uma sala de aula, e sim uma jaula!

Há, por outro lado, nas chamadas nações avançadas em desenvolvimento, ciência e tecnologia, polos de tensões e situações de questionamento que podem ser assim sumarizados:

• Ensino Médio tradicional de elite e Ensino Médio de massa multidimensional.

• Ensino Médio como preparação para estudos posteriores e Ensino Médio sintonizado com o mercado de trabalho.

• Ensino Médio para o desenvolvimento humano/Ensino Médio para responder à diversidade sociocultural com a criação dos grandes blocos econômicos.

• Ramos de Ensino Médio.

• Parâmetros da educação básica universal obrigatória.

• Tipos de formação de nível secundário.

• Tipos de diplomas pós-secundários.

• Horizontes unificados e diferenciados de carreiras profissionais e de instituições polimodais.

• Expansão *versus* redução de carreiras e cursos.

• Elasticidade do corpo de disciplinas curriculares no campo da educação geral de cunho estritamente acadêmico.

• Níveis de qualificação reclamados pelas transformações dos processos produtivos e pela planetarização da economia.

• Formato do ensino secundário de formação geral polivalente, capaz de assegurar "competências gerais e transferíveis" (Ocde).

• Reformas neoprofissionalizantes com base nos eixos:

  - diminuição das especializações técnico-profissionais;

  - introdução de planos de estudos secundários nucleares e polivalentes;

  - implantação de ciclos de estudos a partir de troncos comuns de formação, obrigatórios para todas as carreiras.

• Ampliação do volume de estudos de formação geral.

• Implantação de sistemas de equivalência de estudos.

• Pluralidade de oferta de cursos de modalidades de educação e de formação para as faixas etárias de 16 a 18 anos.

• Flexibilização curricular como mecanismo de aproximar educação e trabalho.

Contrapondo-se à visão do neoprofissionalismo, a visão do metaprofissionalismo convoca o aluno para o centro do processo de construção do seu lugar social. Vê, portanto, a relação educação/trabalho fora da visão instrumental e utilitarista. Implica tal visão em uma reinstitucionalização da escola de Ensino Médio presa ao horizonte [...] *de fazer revelar a unidade irrepetível de cada um e, ao mesmo tempo, nas possibilidades que oferece a fim de apropriar-se daquela parte do ser humano que existe fora de cada um, que é o outro, uma cultura inserida na história, em um tempo e em um lugar* (AZEVEDO, 2009: 90).

Nestes países, os polos de tensão têm um horizonte diverso do nosso. No caso do Brasil, os problemas com o Ensino Médio são de outra complexidade e pertinência. Não dizem respeito centralmente aos alunos enquanto seres biopsíquicos em agudo processo de transição, marcados, portanto, por mutações que eles não programaram. Referem-se, sim, a circunstâncias de aprendizagem que foram programadas pelos sistemas de ensino e pelas escolas com a inteira disfuncionalidade de um currículo e de um formato de avaliação que pouco tem a ver com a vida presente do aluno, mas que sempre tem a ver com o vestibular. Aqui, face a ameaça de sua excelência, o vestibular(!), predomina o processo de educação bancária, aquela despossuída de sentimentos, inibidora de criatividade e especializada na colagem mental dos conteúdos.

A nossa escola de Ensino Médio vive a fantasia de um aprendizado divorciado da ideia de educação básica. Por isso, todo o seu formato organizacional, curricular e docente não é para formar sujeitos autônomos, mas para conformar identidades. Além disto, é uma escola escassa de meios e recursos que a qualifiquem. E como se não bastasse, não conta com um quadro estável de professores profissionais, mas, sim, de profissionais professores temporários.

Somente em um horizonte difuso como este podem se abrigar ideias do tipo:

• **"As políticas de aumentos salariais puros e simples são ineficazes."**

O que aponta a realidade

Na verdade, o que aparece é que salários dignos – não é o que ocorre com os professores do Ensino Médio – funcionam como elemento de propulsão para atrair pessoas mais bem qualificadas a qualquer profissão. Outra, aliás, não é a lógica dos cursos de grande prestígio social. A eles acorrem grandes quantidades de candidatos exatamente porque há "a atração fatal do salário". No Brasil faltam professores de Matemática, Física, Química, Biologia, Geografia (e agora, de Português, Filosofia e Sociologia) para o Ensino Médio, exatamente porque potenciais candidatos ao magistério se sentem atraídos por ocupações com maior recompensa salarial. Por que será que as grandes redes de escola e os colégios de elite não enfrentam o problema da falta de professores para estas matérias? Exatamente porque os salários os atraem. No Rio de Janeiro, enquanto as notas dos alunos das escolas públicas de Ensino Médio jogaram o estado para o penúltimo lugar no *ranking* nacional do Enem, 8 das 30 escolas com pontuação mais alta no país estão naquele estado. Coincidência ou não, estas 8 escolas estão entre as 100 escolas de remuneração mais alta dos professores em todo o Brasil!

A questão dos salários, evidentemente, está atrelada também às condições de trabalho. Porém, a pré-seleção da qualidade do professor se dá já a partir do tamanho do seu futuro salário e das possibilidades de progressão profissional. Imaginar, por exemplo, que confiar à Capes a responsabilidade de cuidar da formação de professores das chamadas áreas críticas do Ensino Médio, com o simples benefício de bolsas para atrair alunos ao magistério – como acaba de fazer o MEC –, vai resolver este desafio histórico é fantasiar uma solução que passa por motivações mais concretas.

A falta de professores para as áreas que envolvem as disciplinas do núcleo duro do Ensino Médio é um desafio antigo que vai perdurar enquanto não houver uma política salarial clara e objetiva para o professor. Equacionada esta questão, surgirão candidatos talentosos para o magistério do ensino secundário.

Aqui vale lembrar a experiência levada a efeito pelas faculdades de educação das universidades federais do Norte e Nordeste do Brasil na década de 1970. Estas instituições se uniram às secretarias de educação dos estados das duas regiões para a implantação de cursos de licenciatura nas áreas de Matemática, Física, Química e Biologia. **Objetivo: resolver a escassez de professo-**

res devidamente qualificados para estas disciplinas. Através de suas faculdades de educação e dos centros de educação participaram deste esforço interinstitucional concentrado as seguintes instituições:

- Universidade Federal do Amazonas;
- Universidade Federal do Pará;
- Universidade Federal do Maranhão;
- Universidade Federal do Piauí;
- Universidade Federal do Ceará;
- Universidade Federal do Rio Grande do Norte;
- Universidade Federal da Paraíba;
- Universidade Estadual da Paraíba[1];
- Universidade Federal de Pernambuco;
- Universidade Federal de Alagoas;
- Universidade Federal de Sergipe;
- Universidade Federal da Bahia.

Unidas através da Coordenação para o Desenvolvimento das Faculdades de Educação do Norte e Nordeste do Brasil (Cordene), estas instituições se comprometeram a:

a) Implantar cursos de licenciatura nas áreas indicadas.

b) Fazer intercâmbio de docentes.

c) Investir recursos financeiros, com o apoio do MEC e das Secretarias Estaduais de Educação, para a implementação rápida da proposta.

d) Reduzir, drasticamente, no prazo de vinte anos, a falta de docentes das disciplinas indicadas nos principais colégios da rede pública das respectivas unidades federadas.

---

1. Única instituição pública não federal a participar do programa, na época, porque já oferecia os cursos de licenciatura aqui enfocados, dentro de um programa de cooperação com o governo da Holanda.

Decorrido o prazo dos vinte anos inicialmente estabelecidos, constatou-se que grande parte dos alunos das licenciaturas indicados havia migrado para outros cursos das áreas de Engenharia e de Ciências da Saúde. **Motivo: melhores condições salariais no exercício profissional futuro**[2].

Na verdade, a falta de salários atrativos e de boas condições de trabalho termina criando uma outra situação crítica para a escola pública de Ensino Médio. Como não há um quadro estável, permanente de professores, uma vez que grande parte são professores contratados sem concurso, também não há participação efetiva nem relações pedagógicas compartilhadas do coletivo de professores na construção da escola de Ensino Médio. Esta distorção adicional torna o Ensino Médio cada vez mais nível de ensino e cada vez menos etapa final da educação básica. Para agravar, a família se mostra indiferente com o que acontece com a escola frequentada pelos filhos adolescentes. Há, por toda parte, uma ausência de corresponsabilidade e de comprometimento coletivo.

Esta é uma deformação da escola brasileira de educação básica. Faz o planejamento geral em equipe na educação infantil. Trabalha em grupos nas séries iniciais do Ensino Fundamental. Nas séries finais, começa o ensaio do isolamento e passa a confundir ministrar disciplinas com trabalhar individualmente. O processo docente de individualização exarcebada ganha plenitude no Ensino Médio. E quanto mais se avança nas séries, mais se perde em integração pedagógica. Como as escolas não trabalham com projeto pedagógico, e sim com o projeto vestibular, ninguém se incomoda com o procedimento de *cada um por si e os demais contra!*

Ao enxergar só o vestibular, a escola se esquece da importância da inteligência coletiva. Ou seja, o sujeito coletivo docente tem importância secundária, como afirma Silva (2000), *[...] a existência de sujeitos coletivos nas instituições é o que as sustenta e as conduz numa ou noutra direção. A observação de sujeitos coletivos de mostrar haver neles o desejo de adequar o ambiente a suas necessidades e para isso criar obras de natureza diversa.* Na verdade, os alunos observam a forma de-

---

2. À época chamou a atenção o fato de que muitos candidatos do programa que haviam permanecido até o fim do curso foram absorvidos pelas próprias universidades, sobretudo os das áreas de Matemática e Física.

sarticulada e dispersiva de a escola operar. Assim, se não há compartilhamento dos professores na construção do processo de ensinar, como poderá haver entre os alunos na construção do processo de aprender?

Estudo realizado pelo Instituto Interdisciplinar de Brasília junto aos seis principais colégios de Ensino Médio do Distrito Federal, em 2009, revelaram uma relação direta entre salários docentes e qualidade dos professores[3]. Aliás, esta é a mesma constatação que se faz nas grandes redes de ensino do país. Basta ver o resultado do Enem das 100 escolas mais bem situadas no *ranking* nacional. As notas variaram de 749.70 a 688.80, considerada a média da prova objetiva com a redação. Destas escolas, 88 são particulares, 11 são federais e 1 é estadual (Instituto de Aplicação vinculado à Uerj). Estas escolas têm as seguintes características comuns:

- salários docentes competitivos;
- rigoroso processo de recrutamento de professores;
- preponderância de trabalho docente em tempo integral;
- professores com qualificação acadêmica avançada;
- política de capacitação permanente dos professores;
- regime de funcionamento variando entre 30 e 40 horas semanais;
- planejamento e execução em equipe;
- professores com projeto multimídia, computador e acesso à internet.

Enfim, pode-se dizer que as políticas de aumentos salariais não funcionam ou são ineficazes quando os salários iniciais são diminutos, como é o caso dos professores das redes públicas estaduais[4]. De tão inexpressivos (o salário ini-

---

3. A primeira destas escolas foi fundada só há apenas dois anos. São 36 horas-aula por semana, controle severo de faltas, inclusão obrigatória de assuntos cotidianos nas aulas e rigoroso processo de recrutamento dos professores. Resultado: para o cargo de professor disputam vaga na escola candidatos de várias regiões do país. O salário pode chegar a R$ 15 mil por mês.

4. Em dezembro de 2010, um recém-convidado professor para assumir a Secretaria de Educação de um estado brasileiro, diante da indagação do governador: – O que fazer para colocar o Ensino Médio nos trilhos?, respondeu com desconforto: – Governador, com um professor ganhando um salário de R$ 1.100,00 (Um mil e cem reais) não há muito o que fazer! Coincidência ou não, três dias depois foi convidado para assumir uma outra função no governo!!

cial corresponde, na média nacional, a dois salários mínimos!), os salários não contribuem para situar o professor nem profissional nem socialmente. Desde sempre é sabido que [...] *dos trabalhadores qualificados neste país poucos ganham pior que o professor* (SOUZA, 1979: 14).

Insistir na velha e requentada ideia da ineficácia das políticas de aumentos salariais, ocultando o argumento do ridículo salário inicial do professor é escamotear o foco da questão da escassez de professores do Ensino Médio. Escassez que tende a se agravar como indicam estudos do Instituto de Pesquisas Econômicas Aplicadas (Ipea), entidade ligada ao Ministério do Planejamento. A situação é a seguinte:

Setores para os quais faltará mão de obra qualificada em 2010-2011. Previsão de postos que não serão preenchidos adequadamente. Áreas:

- Agrícola;
- Administração pública;
- Alojamento e alimentação;
- Comércio e reparação;
- Construção;

- **Educação, saúde e serviços sociais** (grifo nosso);
- Indústria;
- Transporte, armazenagem e comunicação.

Fonte: Ipea, 2010.

Na área de educação faltarão professores adequadamente qualificados em 20 estados. Ou seja, caminho aberto para mais professores temporários!

Este Ensino Médio, de rosto desfigurado, de semblante com contornos imprecisos é preponderantemente um ajuntamento de disciplinas e, não, uma etapa da formação dos jovens que buscam o passaporte da educação básica. Educação que contém os valores estruturais de uma formação essencial em que Estado, família e sociedade se juntam para assegurar, a todos, as condições adequadas de acesso à educação essencial, ao trabalho, a cultura e à cidadania participativa.

• **"Comparando estados e países, não há correlação entre nível salarial dos docentes e qualidade do ensino."**

O que aponta a realidade

Os resultados dos testes internacionais não deixam dúvida quanto à fragilidade desta afirmação. Ou seja, não há países com baixos salários dos seus professores e com resultados excelentes dos seus alunos, como também não há países com altos salários dos seus professores e com resultados críticos dos seus alunos. O que existe, de fato, é que muitos países investem razoavelmente em educação – e este é o caso do Brasil –, porém não obtêm uma resposta à altura em termos de desempenho dos sistemas de ensino e da performance acadêmica dos alunos, mas por razões outras. No caso brasileiro, embora significativos os investimentos em educação, não o são no campo específico do salário docente. Não é por acaso que a Constituição Federal, a Lei de Diretrizes e Bases da Educação Nacional, a Lei do Fundef e, agora, a Lei do Fundeb fixam percentuais destinados a salários docentes. Exatamente porque, historicamente, os professores têm recebido salários aviltantes no Brasil. E quando se cogita em elevar este salário dobra-se o regime de trabalho do professor. Isto significa, de fato, que não se eleva simplesmente o salário. Eleva-se, também, a quantidade de tempo de trabalho. Dobra-se a carga horária.

De qualquer sorte, a experiência brasileira mostra que, mesmo com o aumento da sobrecarga de trabalho do professor, há, sim, uma correlação salário docente/melhoria dos padrões de funcionamento da escola e, também, da qualidade do ensino. Basta ver os efeitos causados neste particular com a implantação do Fundef, mesmo que este tenha revelado limitações.

Um exemplo indiscutível da insustentabilidade da ideia da não correlação entre nível salarial e qualidade do ensino está na rede federal de educação tecnológica. Os alunos egressos desta rede possuem extraordinário nível de Educação Geral e obtêm as melhores colocações nos vestibulares das melhores universidades do país. Isto sem exceção. De Norte a Sul. Tanto que fazer o Ensino Médio em uma escola técnica federal sempre foi o sonho dos filhos da classe média brasileira. Tamanha a demanda que simplesmente criou-se o estranho mecanismo de seleção, via *vestibulinho*, para se assegurar uma linha de classificação de candidatos para o acesso ao Ensino Médio destas instituições. Seus alunos do Ensino Médio têm recebido prêmios nacionais e internacionais.

Um outro exemplo a considerar é o dos colégios de aplicação vinculados às universidades federais. Criados em 1946 sob a forma de "ginásios de aplicação", serviam como campo de estágio para a prática das metodologias de ensino das faculdades de Filosofia de então. Neste horizonte se transformaram em escolas de padrão elevado com reconhecimento nacional.

Nelas nasceram as primeiras tentativas de atividades interdisciplinares e transdisciplinares dentro do enfoque de capacitação docente, treinamento, pesquisa e inovações das práticas pedagógicas e experimentação no âmbito da educação básica.

Embora tenham se isolado, ao longo do tempo, das próprias universidades a que estão ligadas e funcionem em posição pouco definida na estrutura universitária de hoje, o que ratifica a tendência de a universidade pouco se preocupar com a formação de professores para a educação básica, os colégios de aplicação mantêm o mesmo padrão de ensino elevado pelas razões que a própria lógica impõe, a saber:

a) salários competitivos;

b) regime de trabalho compatível com a necessidade de o professor permanecer na escola;

c) ambiente de trabalho estruturado;

d) carreira profissional estável;

e) possibilidades de capacitação profissional;

f) corpo docente com formação acadêmica avançada (pelo menos, mestrado e muitos professores com doutorado).

Como diz Kimpara (2010: 26), *[...] Os quadros dos colégios de aplicação federais são altamente qualificados, os professores têm dedicação exclusiva, diferente da rede pública, em que os professores têm de dar conta de duplo expediente [...].*

Não é difícil compreender, então, por que os egressos dos colégios de aplicação das universidades federais, da USP e do Colégio Pedro II ingressam nos cursos superiores de maior concorrência, nas diferentes regiões do país, sem qualquer dificuldade.

Situação ilustrativa igualmente relevante é a que ocorre com as universidades públicas federais. Seu corpo de professores e a qualidade do ensino não são de alto padrão porque seus professores têm vocação missionária, senão porque têm bons salários, razoáveis condições de trabalho e possibilidades de capacitação continuada. São estes fatores, na verdade, que terminam pré-selecionando professores e alunos, também! No caso dos alunos, oriundos em sua maioria de escolas privadas de educação básica, terminam se beneficiando do ensino gratuito. Assim, o Estado brasileiro vai patrocinando um processo iníquo de profunda injustiça social e de exclusão histórica.

Por fim, convém atentar, também, para o que ocorre com as grandes redes de ensino privado do país. As dez maiores delas, de acordo com Uchoa e Azevedo (2009: 11), pagam salários quatro vezes acima dos pagos pela média das escolas das redes públicas. As escolas privadas conseguem altíssimos níveis de aprovação de seus alunos no Enem e no vestibular. De acordo com a Fuvest, em 2010, só 25,64% dos alunos aprovados no vestibular eram originários de escolas públicas. O menor percentual desde 2007. O número de inscritos oriundos de escolas públicas também caiu. Foram 33.329 em 2010 e 40.866 em 2009. São estas escolas que reúnem o maior número de professores temporários (improvisados) do país.

Curiosamente, sem enfrentar esta questão o MEC, com a cumplicidade do Conselho Nacional de Educação (CNE), vem com a ideia do **novo Ensino Médio**, envolvendo: aumento de carga horária (passando de 2.400 para 3.000 horas) e reestruturação curricular! E quem vai para a sala de aula das escolas de Ensino Médio desfiguradas, sem professores valorizados e, sobretudo com subsalários?![5] Para complicar, o CNE acaba de aprovar a flexibilização do currículo do Ensino Médio. Uma ideia salutar pedagogicamente e desastrosa operacionalmente nos casos das escolas públicas. Ou seja, mais um elemento adicional na complicada seara da falta de professores para a etapa final da educação básica. Enquanto isto, não faltam profissionais para os cursinhos que se transformaram em máquinas comerciais de extraordinária lucratividade.

Sem dúvida, os baixos salários e os baixos resultados obtidos levam o professor do Ensino Médio a um processo permanente de cansaço, desestímulo no trabalho, culminando com uma duradoura crise profissional e impaciência no seu fazer docente. Insensivelmente, vai internalizando a ideia de que seu trabalho é o risco de sua vida. O depoimento de um casal de professores de Ensino Médio – ele, de Física e ela, de Química – da rede pública do Distrito Federal, é sintomático: *Nós não temos um projeto de vida, até porque o que ganhamos nos garante apenas a manutenção da família. Temos quatro filhos estudando em escola particular e não queremos estragar a vida deles! [...] Se pudéssemos íamos tentar outra coisa [...]*[6]. Em outras palavras, o casal está dizendo: sabemos do que gostamos e o que poderíamos ser, mas... quem vai pagar a mensalidade escolar de nossos filhos?! Este sentimento de frustração profissional, originário de condições salariais insatisfatórias porque insuficientes, rebate diretamente na qualidade do ensino. Não é por acaso que se encontram poucos professores jovens de Física, Química, Matemática e Biologia nas redes públicas de ensino. Os professores jovens podem até começar a carreira docente nestas áreas, mas tendem a reduzir a carga horária, quando não, a abandonar o magistério. Rapidamente sentem que lhes faltarão as dez condições de sucesso profissional e, portanto, de construção de um projeto de vida profissional interessante. Vejamos quais são estas condições:

---

5. Aqui vale lembrar o registro da Revista *Educação*, n. 154, ano 13, fev./2010, p. 13, sob o título "Silêncio inovador": "Depois de muito alarde em 2009, quase não se ouve mais falar do programa ENSINO MÉDIO INOVADOR. Afinal, o programa vai ou não sair do papel?"

6. Atenção! [...] Estamos falando de professores da rede pública do DF, cujos salários são considerados muito bons, embora não o sejam, se considerado o altíssimo custo de vida da capital do país.

1) Salário dignificante

A questão é: o salário que recebo é uma fonte de renda digna que me permite: a) A manutenção da família?; b) Uma poupança mínima que seja para atender a necessidades de urgência?

2) Flexibilidade profissional

A questão é: se eu quisesse mudar os rumos da carreira profissional em algum momento, teria condições de o fazer?

3) Relevância mercadológica consistente

A questão é: minha carreira profissional participa da pauta estratégica do mercado de trabalho?

4) Ocupação crítica

A questão é: o trabalho que faço exige ampliação permanente das fronteiras das competências que lhe são inerentes ou, contrariamente, é uma mera ocupação com baixa visibilidade social e, portanto, reduzida motivação pessoal?

5) Exigência de uma imagem comunicativa e produtiva

A questão é: vivendo em uma sociedade em rede, que tipos de relacionamentos sociais, fora do círculo profissional, minha atividade ocupacional vai me possibilitar?

6) Aprendizagem continuada, aprofundada e ascendente

A questão é: o meu público (os alunos) está em movimentação, em trânsito, em escala projetiva. Seu destino natural é a mudança. E eu... estou mudando também? Minha sala de aula é um ambiente de recriação de conhecimentos ou de rotinas fatigantes?

7) Estar no *display*

A questão é: como marcar presença, dentro de um processo necessário de autoafirmação profissional, se eu não integro grupos de estudos e de debates, associações locais, nacionais e internacionais, se não assino revistas especializadas, se não falo outros idiomas? Em último caso, se não sou percebido nem lembrado porque não estou conectado *on-line*?

8) Colocar-se em postura hermenêutica

A questão é: quais os limites que tenho e que me impedem de perceber o conhecimento já construído e quais as condições que possuo para avançar na base dos conhecimentos requeridos cada dia?

9) Ser versátil para estar disponível sempre

A questão é: quais os níveis de avanço de valores presentes em minhas atividades profissionais? Para enfrentar esta tendência natural, é necessário identificar e refontizar funções novas embutidas na profissão. Isto possibilita a ampliação crescente dos níveis de abrangência profissional através da incorporação de novas habilidades exigidas pelas novas dobras da profissão.

10) Investir em futuro

A questão é: meu trabalho é meramente repetitivo, replicativo ou reprogramado, replanejado e refinalizado? Uma profissão que apenas replica o fazer do passado tende à fossilização, à fadiga, ao estresse e à desilusão. A vida está voltada para o futuro e a vida profissional do professor do Ensino Médio não é diferente.

Uma observação programada de profissionais na faixa etária de 25 a 45 anos, feita por Zaccara (2010: 11) todos trabalhadores de organizações corporativas e instituições públicas do Distrito Federal, apontou quatro fatores atraentes para a vida profissional: salário, autorrealização, qualidade de vida e perspectiva de uma aposentadoria confortável. Como regra geral, estes fatores estão ausentes no horizonte profissional dos professores do Ensino Médio vinculados a redes públicas estaduais.

Aqui ganha maior relevância, ainda, a questão do salário e da qualidade docente. A baixa remuneração dos professores do Ensino Médio exclui automaticamente potenciais bons candidatos a atividades ligadas ao ensino sistemático das disciplinas das áreas científicas do currículo. Por outro lado, a configuração de candidatos ao magistério com baixos níveis sequenciais de formação, baixa remuneração profissional, escolas inadequadas, alunos economicamente desfavorecidos e com ambiente social e familiar conflitado são receitas propícias para gerar abandono escolar. Assim, não é por acaso que o Ensino Médio registra os mais altos índices de abandono escolar, como se pode ver:

Brasil – 2005/Taxa de abandono

Região	Ensino Fundamental 4ª série	Ensino Fundamental 8ª série	Ensino Médio 3ª série
Norte	8,2%	11,7%	15,9%
Nordeste	8,8%	13,9%	13,1%
Sudeste	1,8%	6,8%	7,5%
Sul	0,9%	4,5%	8,6%
Centro-Oeste	4,9%	13,6%	12,7%
Brasil	4,8%	9,4%	10,3%

Fonte: MEC/Inep, 2007.

Os países da Ocde que nas avaliações internacionais estão no patamar tonado como posição sinalizadora de qualidade do Ensino Médio, remuneram os seus professores com salários competitivos. Ou seja, a profissão docente é, também, uma profissão decente sob o ponto de vista da remuneração.

• "Um Ensino Médio de qualidade começa com a formação de professores."

O que aponta a realidade

A experiência das fragilidades históricas do Ensino Médio mostra que esta ideia é falaciosa. Ensino de qualidade começa, na verdade, com o tipo de candidato recrutado para as atividades docentes, ou seja, com as qualidades intelectuais dos candidatos que se apresentam para o exercício do magistério. Esta condição, por seu turno, está condicionada diretamente a salário.

A formação docente está na esteira do processo de qualidade do Ensino Médio, porém não é o primeiro passo do processo, ou seja, não é o início do início do processo. Este começa, de fato, com salário profissional competitivo e com concurso público. Nesta direção, observa o Prof. Antônio Nóvoa, reitor da Universidade de Lisboa:

> *A sociedade pede quase tudo dos professores e dá-lhes quase nada. A profissão de professor necessita de ser revalorizada do ponto de vista salarial, mas também no que diz respeito ao seu estatuto social e profissional* (Revista *Educação*, ano 13, n. 154, fev./2010, p. 7).

A escolha profissional ganha cada vez mais distância da chamada opção vocacional. A valorização das pessoas no circuito social é medida fortemente por parâmetros do salário profissional. Este horizonte impõe a necessidade da busca de conciliar satisfação pessoal e expectativas à luz de um projeto de vida. As pessoas são instadas a escolher ocupações em que enxergam a compensação do salário, a valorização pessoal e o desenvolvimento profissional. Na verdade, hoje,, há um alinhamento de aspectos que se apresentam ao indivíduo no momento de decidir sua carreira profissional. São eles:

1) padrão de remuneração;

2) prestígio social da profissão;

3) competitividade da profissão no mercado de trabalho;

4) desenvolvimento pessoal;

5) graus de satisfação pessoal;

6) possibilidades de diversificar a trajetória profissional;

7) investimento financeiro na profissão *versus* retorno do investimento.

Estes fatores somados respondem, claramente, por que razão potenciais candidatos ao magistério de Matemática, Física e Química optam pelas engenharias e potenciais professores de Biologia optam por medicina e áreas conexas. O autoconhecimento, a escolha da profissão e o mercado de trabalho são vistos e analisados juntos na perspectiva da dinâmica do desenvolvimento profissional.

Portanto, o Plano Nacional de Formação dos Professores da Educação Básica, a ampliação dos cursos de licenciatura na rede federal, o programa de bolsas de iniciação à docência, a criação da Universidade Aberta do Brasil etc., nada disto será suficiente para resolver a falta de professores das disciplinas estruturantes do Ensino Médio face ao baixo piso salarial do magistério. Os cursos de licenciatura permanecerão com vagas ociosas e as salas de aula (do Ensino Médio) com professores sem formação específica. Significa dizer que o exército interminável de professores temporários deverá manter-se em sua saga de improvisação.

O Estado brasileiro finge que não vê que vai para o magistério do Ensino Médio grande parte de alunos sobrantes do vestibular para cursos de alto e médio prestígio social. Normalmente, alunos oriundos de escolas públicas e de escolas particulares de qualidade inferior. Tanto é assim que os alunos que optam pelo Programa de Avaliação Seriada (PAS) não optam prioritariamente pela carreira do magistério. Por esta razão, insistimos na ideia de que, no Brasil, o salário profissional tem um peso decisivo na escolha da carreira profissional e, em decorrência, constitui fator decisivo para o distanciamento dos candidatos do processo de recrutamento profissional para as atividades de magistério no âmbito do Ensino Médio.

É importante observar que **des**-salário como traço desabonador dos elementos motivadores para uma atração seletiva dos quadros docentes do Ensino Médio é geral e irrestrito. É uma trágica marca registrada no país inteiro, destacando que quanto maior e desenvolvida a unidade federada, maior também o problema. Este é grande nas regiões mais pobres do país e agudo nas regiões mais ricas, onde as alternativas profissionais são mais diversificadas. Tanto é assim que a maior concentração de professores temporários localiza-se nos estados mais ricos da federação: São Paulo, Minas Gerais, Rio de Janeiro, Bahia etc.

O exemplo do Estado de São Paulo, uma das mais desenvolvidas unidades da federação, é ilustrativo. Dos 181 mil professores que se submeteram a exame de avaliação preparado pela Unesp, 88 mil não atingiram a nota mínima fixada como precondição para o exercício de atividades de magistério. O exame ocorreu em dezembro de 2009. Idêntico resultado ocorreu no último concurso para ingresso no magistério público. Os números são eloquentes, como se pode ver:

Total de candidatos inscritos	261.000	% de aprovação	% de aprovação distribuído por disciplina								
Candidatos que obtiveram nota mínima de aprovação	58.839	22,8%	Antes	Educação Física	Matemática	Física	Biologia	História	Geografia	Língua Portuguesa	Química
			18	21,2			20,4	23,4	32,3	18,1	33,2

Fonte: *O Estado de S. Paulo*, 11/04/11.

Estes resultados conduzem normalmente a conclusões apressadas, do tipo:

a) "Estas são médias muito baixas, que revelam a má qualidade dos cursos de licenciatura. Eles despejam no mercado milhares de bacharéis [sic!] sem preparo teórico e sem treinamento pedagógico para lecionar na área em que se especializaram, o que é um absurdo."

b) "A melhor solução é a formação continuada!"

c) "O governo vai conceder bolsas de estímulo para o professor que fizer cursos de especialização e atingir metas prefixadas."

Estas conclusões escamoteiam a verdadeira razão da falta de professores bem qualificados e com habilitação legal. Primeiro, os cursos de licenciatura são os de mensalidades mais módicas do mercado educacional do país. Segundo, pesquisas têm indicado que estes cursos não estão entre as prioridades de opção para os vestibulandos como indicam números da pesquisa "Atratividade da Carreira Docente no Brasil", de responsabilidade da Fundação Victor Civita. No estudo, foram ouvidos 1.501 alunos de 18 escolas públicas e particulares localizadas em sete estados brasileiros. Os resultados revelam como a docência é uma carreira desvalorizada no Brasil.

	1ª opção	2ª opção	3ª opção	Opção por áreas de formação profissional para o magistério	
				Pedagogia	**Licenciatura**
Alunos de escolas públicas	Direito	Administração	Engenharia	16° lugar	24° lugar
Alunos de escolas privadas	Direito	Engenharia	Medicina	36° lugar	37° lugar

O desejo de distância da sala de aula foi declarado por 83% dos alunos consultados, o que revela uma altíssima opção por estudar disciplinas desvinculadas da carreira docente. As opções restantes foram: 2% manifestaram vontade de estudar disciplinas de Pedagogia ou de licenciaturas, 9% disciplinas da educação básica e 6% não responderam.

Estes resultados indicam o baixíssimo poder de atração da profissão docente. É interessante observar que as preferências de curso superior dos alunos do 3º ano do Ensino Médio, conforme revela a pesquisa, são por áreas profissionais que oferecem os melhores salários iniciais, intermédios e em final de carreira. A razão é óbvia e não há como se dizer tratar-se de coincidência.

A única forma que o Brasil encontrou para atenuar a situação da precariedade do ensino nas escolas públicas de Ensino Médio foi implantar o sistema de cotas. Sistema que tende a exacerbar o problema, a julgar pela recente decisão da última Conferência Nacional de Educação (Coneb) realizada entre 28 de março e 1º de maio de 2010, reservando 50% das vagas das IEs públicas para serem preenchidas por alunos que concluírem o Ensino Médio em escolas públicas.

O Estado brasileiro não planeja expansão da rede de escolas de Ensino Médio com qualidade, mas com quantidade. Tanto é assim que as unidades da federação campeãs de professores temporários do país são os estados de maior desenvolvimento econômico e das regiões mais ricas. Basta ver o exemplo de São Paulo: 43% dos 230 mil docentes do estado são temporários. Curiosamente, em vez de elevar o salário docente para atrair melhores candidatos, sobretudo para as áreas críticas (Matemática, Física, Química e Biologia), as soluções encontradas foram: implantar um regime de metas/estímulo produtividade, criar uma Escola de Formação numa concorrência desnecessária com as instituições universitárias formadoras e, ainda, instituir prova para os professores temporários. Ou seja, acrescentam-se custos, mas não se melhoram os salários docentes iniciais! Convém destacar que estas decisões estão sendo revistas. Recentemente, o secretário de educação do Estado, ex-reitor da Unesp, Prof. Herman Voorwald, declarou: "Vamos iniciar um processo: o de tornar a carreira do magistério uma das dez mais procuradas pelos jovens em dez anos". E arrematou: "Não consigo conceber uma carreira feita de cima para baixo, sem que se discuta com professores, diretores, supervisores. Isto faz parte do processo. Então apresentarei uma proposta de salário e o início de uma proposta de carreira, que será trabalhada pela rede".

Formação continuada só funciona para quem já tem boa formação e esta pressupõe capacidade intelectual, talento e um conjunto de habilidades para o exercício da proficiência docente. O magistério não pode ser o exercício daqueles que sobram ou a ele acorrem porque não contam com outras alternativas. O exercício de toda profissão requer conhecimentos, habilidades e condições que caracterizam e qualificam o conhecimento. A soma destes fatores solidifica a estabilidade profissional. Professor mal remunerado e não estável não possui motivação intrínseca para programas de capacitação permanente. Na verdade, tudo que ele deseja é não permanecer onde está!

Infelizmente, a sociedade brasileira fecha os olhos para este conjunto de desconformidades do ensino. Pelo contrário, há um nível de satisfação declarado por pais, professores e alunos, como aponta pesquisa encomendada pela revista *Veja*[7]. CNT/Census. Segundo os dados colhidos, 89% dos pais "consideram receber das escolas um bom serviço [...]" e "90% dos professores se acham bem preparados para dar aulas". Os fatos da realidade apontam noutra direção, como se infere de dados do Inep/MEC/Ocde: 22% dos docentes do ensino básico não têm qualificação formal (diploma universitário) e 60% dos alunos da 8ª série terminam o fundamental com baixíssimos níveis de leitura, de interpretação do que leem e incapacidade de efetuar operações

---

7. *Veja*, 2.074, ano 41, n. 33, 20/08/08, p. 74-75. A anotação da revista é cruel: *a fagulha de mudança pode ser acendida com a constatação de que as escolas que pais, alunos e professores tanto elogiam são as mesmas que devolvem à sociedade jovens incapazes de ler e entender um texto, que se embaralham com as ordens de grandeza e confiam cegamente em suas calculadoras digitais para não apenas fazer contas, mas substituir o pensamento lógico. Mais uma vez abusa-se do recurso da generalização para que o mérito individual de alguns poucos não dilua a constatação de que o complexo educacional brasileiro é medíocre e não se enxerga como tal. Quando um conselho de notáveis americanos fez a célebre condenação do sistema de ensino do país ("parece ter sido concebido pelo pior inimigo dos Estados Unidos..."), as pesquisas de opinião mostravam que a maioria dos americanos estava plenamente satisfeita com suas escolas. A comissão viu longe e soou o alarme. Agora, no Brasil, o mesmo senso de realidade e urgência se faz necessário.*

matemáticas simples. Em Matemática, o Brasil ostenta a incômoda posição de 53° lugar e, em Ciências, de 52°, em um conjunto de 57 países.

É óbvio que, com a pré-seleção do recrutamento assegurado através de salário competitivo, o passo seguinte é oferecer formação continuada aos professores, somada ao conjunto de elementos que correspondem aos padrões mínimos de qualidade da escola.

• **"O ensino não pode ser puramente acadêmico quando se está lidando com alunos que não pretendem ir ao Ensino Superior."**

O que aponta a realidade

Esta é uma daquelas afirmativas gratuitas que, como dizia Darcy Ribeiro, agridem a inteligência dos pobres. Não há notícia no país de estudos e pesquisas que apontem alunos que "[...] não pretendem ir ao Ensino Superior". Pelo contrário, todos os estudos indicam uma fortíssima pressão das chamadas classes C, D e E[8] por vagas nas universidades. Existem, sim, estudos indicando que a maioria dos jovens confirma o desejo de ingressar na universidade, embora sinta a necessidade de, primeiro, procurar uma fonte de renda e, a seguir, realizar o sonho do Ensino Superior. Portanto, ninguém exclui esta possibilidade como regra geral. O mercado de trabalho precisa de pessoas com melhor qualificação em tempo menor, mas, não, a cidadania!

Sem dúvida, o conceito de modernidade trouxe consigo uma crescente busca de diversificação de formas de socializar[9], além da família. Dentre estas, a escola se posiciona como forma privilegiada. Mais do que isto, a instituição escolar amplifica os formatos socializadores à medida que multiplica, pelo estar juntos e pelo viver com, as rotas de aprendizagem, muitas delas não menos significativas que as de conteúdo acadêmico propriamente. Neste

---

8. Segundo o IBGE, a classe C representa metade da população brasileira, 49,22% ou cerca de 100 milhões de pessoas que ganham entre 3 e 10 salários mínimos. Entre 2000 e 2008 a população brasileira cresceu 10%, enquanto a classe C, 30%.

9. Termo utilizado no sentido de vias processuais através das quais as pessoas se introduzem na vida social.

horizonte, querer ir para a universidade ressignifica esta multiplicação de vias socializadoras de aprendizagem. A par de destravar o acesso à cultura e o acesso às tecnologias mais sofisticadas, a educação superior permite trocas sociais potencializadoras. O diploma universitário continua sendo um passaporte importante para a mobilidade social ascendente. Em toda parte há a consciência generalizada de que ele pode contribuir mais objetivamente para que os indivíduos estabeleçam referências pessoais mais estáveis tanto em relação ao conhecimento, como em relação a sua performance cultural, social e profissional. Ainda, os editais de concurso público, restringindo o acesso à prova a detentores de diploma de curso superior, agudizam o desejo de todos de cursarem a universidade.

O sonho de acessar a universidade é tão forte que se tem multiplicado as alternativas de cursos pós-médios, superiores e universitários propriamente, como é o caso dos sequenciais, dos tecnológicos e da expansiva malha de programas de educação a distância. E, certamente, esta aspiração teria muito maiores níveis de satisfação e atendimento se as universidades públicas oferecessem mais vagas e maior flexibilidade, de acordo com o que a Unesco define como *diversificação de estruturas institucionais, programas e formas de estudo superior*.

A busca por Ensino Superior de massa é, de fato, uma realidade planetária, como alerta o documento Fundamentos da Educação (UNESCO, vol. 4, 2000). Todos querem a educação superior como forma de dotar a humanidade de capacidade de dominar o seu próprio desenvolvimento e "[...] de responder positivamente às pressões decorrentes do processo de globalização e de reestruturação produtiva".

> *Mas também como forma de qualidade de vida. A universidade funciona para a sociedade como importante fonte geradora de humanização. Humanizar o humano é uma de suas responsabilidades sociais. A utilização ambivalente da ciência não retira dela esta condição essencial de dínamo de produção de bem-estar para todos os seres humanos. Educação, pensamento sistêmico, ética fundamental, cidadania, liberdade, paz, dignidade humana, consciência crítica, sustentabilidade, desenvolvimento científico e tecnoló-*

gico e formação profissional são alguns dos grandes focos de sua programação acadêmica. O fato de egressos de seus quadros não encontrarem, por vezes, emprego imediato, ou, ainda, de que muitos dos conhecimentos que chegam à sociedade são produzidos fora da universidade não desmerecem a relevância de suas funções. Ela não existe para produzir hegemonias econômicas, mas produzir harmonias sociais e solidariedade.

Na sociedade do conhecimento, a educação ao longo da vida passa necessariamente pela educação superior. O cidadão sente isto e com isto se preocupa. Sem educação escolar básica e superior não há como compartilhar plenamente as tecnologias disponíveis, os novos conhecimentos ecológicos e os valores e aptidões de uma sociedade plural que pretende ser cada vez mais democrática, justa, escolarizada e pluralista.

Na realidade, o que tem ocorrido é que de cada cinco alunos que terminam o curso técnico, quatro já encontram trabalho nos primeiros doze meses e três já procuram o Ensino Superior imediatamente.

• "O Brasil tem uma rede de instituições públicas de educação profissional caras e gratuitas e que oferecem um ensino de alta qualidade. Só que os alunos, ao concluírem o curso, fogem dos empregos técnicos para os quais estão capacitados e vão para a universidade."

O que aponta a realidade

A qualidade do ensino da Rede Federal de Educação Tecnológica, que constitui, hoje, a Rede de Institutos Federais de Ciência e Tecnologia, é efetivamente uma realidade altamente positiva no campo da educação pública do país. O nível de formação intelectual dos alunos no campo da educação básica lhes dá as condições necessárias para ingressarem no Ensino Superior sem problema. Possuem, os alunos egressos destas instituições, uma educação geral conjugada a uma formação técnica de alto padrão. Isto apenas comprova que, se o Estado brasileiro quisesse, de fato, as escolas públicas do Ensino Médio teriam padrões de qualidade semelhantes. Ou seja, em vez de os especialistas **ficarem** criticando os limites elevados do custo/aluno/qualidade dos cursos de Ensino Médio e técnico da rede federal, por que não buscar ampliar o mapa da qualidade acadêmica da educação básica da escola brasileira independentemente de sua esfera administrativa? Por que não criar uma política de condições semelhantes à da rede federal para atrair bons professores, assegurando-lhes salário, condições de trabalho e possibilidade de capacitação permanente? De fato, o que ocorre nestas instituições é um quadro docente estável, salários **iniciais** quatro vezes acima dos pagos pela média das redes públicas estaduais, ambiente de trabalho moderno e adequado, infraestrutura de apoio funcional e política permanente de capacitação docente. Portanto, não se trata de milagre! Trata-se, apenas, de enxergar o que a evidência aponta.

Por outro lado, carece de uma melhor análise e de uma mais adequada avaliação a constatação de que os alunos oriundos não buscam os empregos técnicos para os quais se capacitaram. De fato, estes alunos, oriundos de várias áreas, antes de concluírem seus cursos técnicos já estão contratados. É verdade que vão para a universidade, mas é verdade, igualmente, que ocupam profissões técnicas. De fato, grande parte ingressa no mercado de trabalho mesmo antes de terminar o curso técnico! Felizmente o governo federal retomou a iniciativa de ampliar esta rede. Em 2003 havia 130 escolas técnicas federais com uma matrícula de 160 mil alunos. Em 2009 tínhamos 254 e, em 2010, passamos a ter 354, com uma matrícula aproximada de 500 mil estudantes, entre cursos técnicos e tecnológicos.

Pode-se dizer que o ensino técnico e a educação tecnológica funcionam entre nós, também, como **mecanismos** de propulsão social à medida que, com o acesso a emprego e renda, vê, o titular do diploma de ensino técnico, ampliadas as suas chances de buscar um *up grade* em sua escolaridade.

Por outro lado, há de se reconhecer, igualmente, que o nível de sofisticação tecnológica de muitas empresas nacionais requer formação e qualificação em nível superior. Além do que pesquisas revelam que há um ganho salarial importante por cada ano de estudo acrescido à vida das pessoas.

Em síntese, como regra geral, o aluno do Ensino Médio ou do ensino técnico pretende, sim, ir para o Ensino Superior.

• **"Vários sistemas de ensino têm adotado livros e material didático de grandes redes de colégios. Quando isto acontece, treinamentos de como utilizar os livros e de como orientar e acompanhar as atividades de gestão se têm revelado muito eficazes."**

O que aponta a realidade

Esta é mais uma forma de violência do Estado brasileiro contra o aluno pobre e uma agressão à autonomia da escola. Os recursos utilizados na compra destes pacotes de ensino são públicos. As grandes redes privadas de ensino desenvolvem o **seu** material para **seus** alunos, de níveis e realidades sócio-econômico-culturais totalmente diferentes e, para baratear custos, repassam o mesmo material para o país inteiro. E, aqui, existe um paradoxo: não há recursos para salários docentes dignos, capazes de atrair professores bem qualificados para ministrarem disciplinas como Matemática, Física, Química e Biologia, mas há recursos para comprar material de ensino *prêt-à-porter* de grandes "grifes" do ensino privado!!!

O mecanismo de atração do dinheiro público da educação por adesão é capcioso. A distância entre alunos das redes pública e privada é abissal, a partir do fato de que o aluno da rede pública, de regra, não frequentou regularmente a Educação Infantil e foi tardiamente alfabetizado. Além disto, as condições de trabalho dos professores é totalmente diferente daquelas encontradas na escola privada. Portanto, os campos de intervenção pedagógica e de abordagem didática estão muito distantes, até mesmo no que tange à forma como o aluno se enxerga. Alega-se que os professores passam por capacitação. Aqui, vale recordar o que diz Touriñán (2003: 15):

> [...] o conhecimento da educação e do aluno capacita o profissional da docência, não só a estabelecer o valor educacional de um conteúdo cultural e participar no processo de decidir sua conversão, enfim na meta de um determinado nível educacional, mas também para estabelecer programas de intervenção ajustados a fatos e decisões pedagógicas que tornem efetiva a meta proposta não pela capacitação, senão pelo projeto pedagógico escolar.

É curioso observar como as questões que envolvem os chamados meios ativos diretos e indiretos da pauta do ensino/aprendizagem do Ensino Médio são sempre tratados por economistas, engenheiros, arquitetos e pessoal de TI, ficando os professores sempre de fora, seja para o desenvolvimento de concepção, seja para a definição de estratégias de uso do material. Aliás, é bom que se diga que este material é contratado sob encomenda pelas grandes redes de ensino, muitas vezes junto a grupos de autores independentes. Muitos são professores que jamais frequentaram escolas públicas de Ensino Médio, sobretudo noturnas, localizadas em periferias de centros urbanos empobrecidos!

- **"Bons professores são garantia de boas aulas."**

O que aponta a realidade

Eis mais um equívoco de visão de como funciona a organização escolar. O Ensino Médio neste particular é uma demonstração eloquente desta "falha analítica de avaliação", na expressão de Fonseca de Carvalho. A qualidade do ensino decorre da soma de um conjunto de fatores articulados, dentre os quais está um quadro qualificado de professores. Estes fatores, aliás, estão previstos nos artigos 4º e 25 da LDB. O artigo 4° explicita que "o dever do Estado com a educação escolar será efetivado mediante a garantia de:

> [...]
>
> *Inc. IX. Padrões mínimos de qualidade de ensino, definidos como a variedade e quantidade mínima, por aluno, de insumos indispensáveis ao desenvolvimento do processo de ensino-aprendizagem.*

Trata-se, portanto, de uma gama de precondições para que a escola possa desempenhar plenamente a função de ensinar. Tais condições dizem respeito aos aspectos da concepção pedagógica adotada e da organização escolar assumida. No conjunto, são mobilizados insumos de base material (estrutura física, acervo bibliográfico, inventário de equipamentos), de base gerencial (tipo de gestão, processo de planejamento, flexibilidade de uso de recursos financeiros), de base metodológica (metodologias e processos didáticos), base mutacional (qualidade dos professores e de todo o quadro de apoio técnico-administrativo, cultura da inovação, mecanismos de articulação interinstitucional) e, por fim, de base axiológica (missão da escola, tipos de curso, funções e operacionalidade do currículo e modalidades de avaliação).

Todas estas variáveis deverão estar referidas ao contexto da escola, aos seus níveis de ensino, ao perfil dos alunos, ao tamanho da matrícula, aos turnos de funcionamento e aos procedimentos de uso da flexibilização do tempo e dos espaços escolares.

Por sua vez, o art. 25, parágrafo único da LDB dá contornos definitivos ao conjunto de precondições qualificadoras da boa escola, como se pode ver: *Cabe ao respectivo sistema de ensino, à vista das condições disponíveis e das características regionais e locais, estabelecer parâmetros para [...] alcançar a relação adequada entre o número de alunos e o professor, a carga horária e as condições materiais do estabelecimento.*

Depositar só no bom professor a responsabilidade da gestação da boa escola significa atribuir-lhe uma concentração de encargos que, de fato, cabe ao Estado. A escola de boa qualidade não existe fora da moldura de uma pedagogia da integração institucional de todos os meios. Não há bom professor que resolva os impasses de uma escola que funcione divorciada de redes de significação interna, com formas estruturadas, e de práticas sociais externas, condições de ressignificar os conhecimentos curriculares trabalhados em sala de aula.

Toda escola é uma organização complexa que funciona sobre múltiplas estruturas integradas, articuladas e permanentes. Para tanto, precisa de delineamentos jurídico-normativos que, para funcionarem, necessitam de elementos de racionalidade estruturante. Já esta condição transforma a escola em comunidade de formação, ou seja, comunidade de comunicação política e pedagógica.

Postas estas ideias na moldura do Ensino Médio fica fácil compreender o descompasso que existe entre a escola e o jovem estudante. Como afirma Daniel Lara, da Campanha Nacional pelo Direito à Educação, *o grande desafio do Ensino Médio está além das questões da qualidade e do acesso que os permeia: é conseguir motivar os estudantes de sua faixa etária.*

Não é incomum encontrar professores com desempenho não satisfatório na rede pública, mas que apresentam desempenho positivo em seu trabalho na rede privada. Um bom piloto precisa de uma boa aeronave, devidamente abastecida e preparada para poder realizar um bom voo, um voo que atinja o seu fim! Chegar com segurança!

• **"Os concursos para professores da rede escolar dos estados e municípios são de baixa qualidade [...] e a centralização do processo seletivo seria um 'instrumento adicional' para qualificar o magistério público."**

O que aponta a realidade

O argumento mais uma vez desfoca a verdadeira questão da seleção positiva de professores. A baixa qualidade não é dos concursos, até porque as provas – segundo levantamento de Uchoa (2010) – dos sistemas públicos estaduais, realizadas nos últimos dez anos, foram elaboradas ou por entidades ligadas a universidades públicas federais, por fundações a elas vinculadas, ou por instituições com reconhecida experiência nacional na área de concursos públicos, como é o caso da Carlos Chagas, da Cesgranrio, do Cespe, da FGV e de tantas outras.

Na verdade, a centralização do processo seletivo representará mais uma tentativa de invasão do governo central, via MEC, nos sistemas de ensino dos estados e municípios. A tradição brasileira é o governo agir com um voluntarismo que não delimita parâmetros e meios e, não demarcando prioridades, termina por desrespeitar os níveis de competência das unidades federadas.

A volúpia de intervenção federal garante, ao MEC, crescente visibilidade política e deixa, com estados e municípios, os reais problemas da educação básica, dentre os quais tem centralidade a falta de professores para as disciplinas do núcleo duro do Ensino Médio.

Na base da ideia da alegada baixa qualidade dos concursos para docentes das escolas estaduais e municipais se aninha uma segunda intenção, qual seja a da realização de um concurso nacional de docentes, anunciado pelo MEC para 2011[10].

A criação de um Exame Nacional de Ingresso na Carreira Docente nutre a ideia de criar um padrão nacional de escolha de docentes sem, antes, o MEC discutir, com os governadores e prefeitos, **com o Consed e a Undime** se querem esta alternativa, com a sociedade brasileira, se deseja um professor com

---

10. O Projeto de Lei do Plano Nacional da Educação, encaminhado pelo MEC ao Congresso Nacional em dezembro de 2010, prevê, na Meta 18, Estratégia 18.3, a realização de **concurso nacional** de docentes.

formação chapa branca e, por fim, com as agências formadoras, qual o formato da pretendida seleção unificada. Que fatores serão considerados dentre tantos como: prova única ou, além do teste único, se serão considerados também fatores como currículo, títulos acadêmicos, experiência etc. Sem esquecer o conhecimento dos aspectos regionais e locais da sociedade, da cultura, da economia e dos futuros alunos, aspectos necessariamente contemplados nos currículos dos ensinos Fundamental e Médio (LDB, art. 26).

Esta é mais uma tentativa desafiadora do governo central, via MEC, de interferir na autonomia dos sistemas públicos de ensino.

Este tipo de iniciativa com a exclusão dos sistemas estaduais de educação é anunciado com grande estardalhaço, mas se perde na falta de consistência exatamente pelo vácuo de concepção compartilhada e de execução igualmente compartilhada. Basta ver o que está ocorrendo com o Plano Nacional para Formação de Professores (Parfor), uma iniciativa que vai sumindo no despenhadeiro dos resultados parciais. Iniciada em 2009, com previsão de 240 mil docentes matriculados em 2011, não ultrapassou 80 mil. Este resultado é considerado baixo pela própria Coordenação de Aperfeiçoamento de Pessoal de Nível Superior (Capes), instituição responsável pela implementação do Parfor. Tal insucesso é preocupante se considerado que o Brasil conta hoje com aproximadamente 500 mil professores com formação descolada da disciplina que leciona. Existem, ainda, 150 mil professores leigos, sem diploma de nível superior. Estes dois contingentes docentes alcançam 34% do total de professores com atuação direta na sala de aula da Educação Infantil ao Ensino Médio. Como se sabe, a meta inicial do Parfor era qualificar 330 mil professores, de um total de 1.9 milhão em plena atividade docente até 2014.

No fundo desse desacerto, está a falta de mecanismos inteligentes e resolutivos para uma interlocução permanente entre União, estados e municípios. Sem isto se estabelecem as condições para uma avaliação equivocada dos diversos contextos de demanda educacional, como ocorre permanentemente.

Tudo isto traduz, na verdade, como o professor da rede pública no Brasil é tratado. E aí se indaga para que servem os dados do Educacenso?

7
UMA OUTRA ESCOLA E UM OUTRO ENSINO MÉDIO

A ilusão da escola está em se pensar uma instituição suficiente. Ensina tudo que deve ser ensinado, menos o que a vida ativa exigiria que fosse aprendido. O currículo é grade porque nele está enjaulado o conhecimento que deve ser depositado na mente dos alunos!

A escola não se questiona se é possível *educar* alguém sem conhecer este alguém: suas vivências e suas convivências. Para que se preocupar com a história dos alunos se já há história de sobra no currículo? História Geral e do Brasil, histórias de paz e de guerra, histórias de descobertas e de aventuras!... Só não há mesmo a história da vida do aluno, com suas emoções e comoções, com seus sonhos e suas desilusões.

Há quem pense que o currículo formal é suficiente: contém o conhecimento sistematizado por área, os conceitos, as definições e as informações científicas e culturais necessárias à adequada formação da inteligência. As emoções... bem, estas ficam de fora porque não pertencem a uma escola comprometida com uma educação intelectual! Afinal de contas, o que cabe à escola e ao professor senão preparar o aluno para fazer, com sucesso, provas e exames?!

Esta visão de educação, de escola, de currículo e de professor está esgotada pelo sentido de total insuficiência que possui. Baseada em uma abordagem reducionista da vida, porque referenciada a, apenas, algumas dimensões do compacto humano – inteligência, raciocínio, conhecimento programado e aprendizagem linear – ela não permite ampliações nem transcendência.

O crescimento humano não pode ficar alojado em disciplinas estanques nem em um currículo que tanto hospeda conceitos quanto preconceitos. A ideia é *desinstalar* o conhecimento curricular, valorizando todo o potencial humano identificado no indivíduo *multiformemente*. Afinal, como ensina Schutz (1967: 46), a irrealização deste potencial produz dor e sofrimento.

Deve, por conseguinte, constituir preocupação permanente e profunda da escola responder, cada dia, à questão: é possível educar, verdadeiramente, o aluno, alimentando desconfiança nele, em sua vida e em sua realidade exterior aparentemente desintegrada? Buscar a resposta a esta indagação importa alinhar o currículo na direção da autorrealização do aluno, o que supõe uma nova perspectiva escolar dentro de cujo projeto deverão estar várias e complementares formas de educação: a educação do corpo e da inteligência, dos sentimentos e das emoções e, também, do conhecimento ocasional, vivencial e do saber sistematizado.

Pode-se dizer que as escolas continuam, ainda, fortemente influenciadas pela ideia superada de *uni-inteligência* e, em decorrência, de QI (Quociente de Inteligência). Este pressuposto é responsável pela visão de que a alguns cabe o êxito, a outros, o insucesso. Gardner (1995: 32) mostrou o equívoco da teoria de um tipo único de inteligência e foi mais além: disse que existem *inteligências pessoais* que articulam aptidões intrapsíquicas, base do fenômeno das intuições.

De fato, nossas escolas têm falhado no trato da educação emocional. O excesso de racionalismo na sala de aula pode estar na base do fracasso parcial da educação que temos. O *desequilíbrio emocional na sociedade como um todo e na juventude em particular aponta a urgência de as escolas cuidarem do desenvolvimento emocional* (PEREIRA & HANNAS, 2000: 99).

O primeiro passo para a escola introduzir as mudanças urgentes aqui propostas está no seu *desmuramento virtual*. Abrir-se para a vida. Extroverter-se para acolher e valorizar as diferenças. Tornar-se um laboratório de comunicações e não de comunicados. Multiplicar-se em espaços sociais, dessacralizando os conteúdos curriculares. Acolher linguagens diferentes e associá-las através de critérios educativos socialmente relevantes. Estimular a integração de ações com mecanismos explícitos de aprimoramento de aspectos da interdisciplinaridade. Adotar a pesquisa como atitude ativa e permanente. Ter clareza que pesquisar não é necessariamente criar conhecimento novo, mas recriar, reflexivamente, saber em torno de núcleos temáticos, de tal forma que as formalizações conceituais possam ser permanentemente enriquecidas com visões críticas multirreferenciadas. Dosar o uso da norma culta em sala de aula, permitindo as variedades de falas e a pluralidade de expressão. Adotar a pedagogia da pergunta como princípio de aprendizagem. Ensinar com foco nas habilidades, mesmo que nem todas sejam de índole científica.

O segundo passo no horizonte das mudanças está na compreensão da escola como *uma comunidade de interesses.* Esta preocupação vai necessariamente propor alternativas de respostas diárias à questão: *Para onde eu vou com a minha escola e para onde a minha escola vai comigo?* Mais do que isto. Todos passam a preocupar-se uns com os outros. Buscam ouvir com maior atenção. Experimentam descobrir do que cada um gosta e o que valoriza. Esforçam-se para penetrar em seus sentimentos de pertencer, de agregar, de seduzir, mas também de rejeitar, de desprezar e de desconsiderar. Esta malha de sentimentos contraditórios, marca registrada da natureza humana, precisa ser valorizada na escola como matéria-prima de definição da conduta das pessoas. Somente a partir de então será possível, ao professor, captar a internalidade dos alunos e ajudá-los no processo de autoconhecimento de desenvolvimento pessoal e de rastreamento contínuo de sua estrutura subjetiva.

Construir *comunidade de interesses* somente é possível a partir de respostas a demandas e a interesses individuais. A educação transforma indivíduos e não turmas (classes, séries). Por isso, o sucesso do trabalho do professor depende de sua competência em *individualizar* o contato com seus alunos. Sem isto, não há como alcançar o *engajamento de todos e de cada um no desenvolvimento de projetos de trabalho* (MACHADO, 2000: 63). A individualidade deve constituir o centro da atenção escolar como condição de a escola tornar-se *"uma escola do sujeito"*, como precisa Touraine (1997: 41).

O terceiro passo para se construir a "outra" escola consiste em compreender, como diz Parra (1978: 27), que *o ensino não é nem um currículo fechado nem* *um programa preestabelecido, mas todo um processo de condução de aprendizagem.* Daí ser fundamental o conhecimento dos marcos e das referências individuais, do potencial dos alunos, do seu "paladar" como jovens, do estilo de aprendizagem preferido. Tudo isto como fonte de motivação. A perspectiva freireana de valorização do repertório individual tem tudo a ver com o que aqui está sendo dito. Inclusive no sentido do desenvolvimento de uma prática pedagógica calçada por uma concepção problematizadora que conduza à ultrapassagem da contradição educador/educando. É nesse sentido, igualmente, que Gadotti (1993: 62) assinala que o *educador tem que se educar em cada educando.*

A partir do respeito à diversidade[1] busca-se a adoção do princípio organizacional da inter-relação das disciplinas com atividades. É precisamente neste ponto que emerge a importância da estratégia de se organizarem atividades em torno de projetos de pesquisa. No caso, os temas, objeto de investigação, devem ter relevância para os alunos e não só para os professores, deixando de ser hegemônica para alguns para ser cooperativa para todos. Assim, a convergência de conhecimentos de diferentes áreas põe professores e alunos sob um mesmo território de construção do conhecimento e, portanto, de um convergente feixe de motivações. Este congraçamento motivacional termina por conduzir todos (alunos, professores, diretores e equipe escolar) a diferentes espaços que constituem a ambiência próxima e remota da escola e que, também, por isso, encorpam-se em círculos de cooperação do projeto escolar. Tem-se, quando isto ocorre, uma situação favorável para a multiplicação de projetos escolares e de projetos juvenis, à medida que a crescente agregação dos círculos de cooperação passa a funcionar como um canal da soma e da síntese das circunstâncias educacionais objetivamente apropriadas.

O quarto passo do itinerário mutacional da escola reside na simples adoção de uma evidência: se a escola de Ensino Médio é a escola do aluno jovem, é

---

1. No capítulo sobre "Desafios e eixos propositivos para o novo ciclo de desenvolvimento", o Conselho de Desenvolvimento Econômico e Social (Cdes) afirma que [...] *a diversidade é o ativo mais valioso para o pleno desenvolvimento brasileiro. Com dimensões continentais e população plural, trata-se de uma realidade na qual não cabe solução única. É preciso flexibilidade, abertura e diálogo para que o Brasil se encontre consigo mesmo, na sua diversidade cultural, étnica e regional e no enorme potencial que deriva desta riqueza.*

imperioso para esta escola *assumir* a juventude. Mais do que acolhê-la na sala de aula, é necessário deixá-la falar, usando o seu sotaque genuíno, sem peias nem metodologias inibidoras. Aqui, a aula deve ser, invariavelmente, um processo dialético, ou seja, um espaço também para a discordância e para a dissidência. Prerrequisitos, sequências, núcleos temáticos, procedimentos lógico-formais, séries organizadas de temas culturais etc., tudo isto pode compor o território do pedagogicamente correto se não abafar a expressividade do aluno adolescente, retirando-lhe o domínio do processo de aprender.

- Mas quem é este aluno adolescente?
- Onde vive e com quem vive?
- Quais são os seus projetos?
- Até onde a escola leva a sério estes projetos?

Como a escola se organiza como se fosse uma instituição de adultos, estas questões são recusadas pela comunidade escolar de adultos, uma vez que *os adolescentes são facilmente considerados uma ameaça à ordem estabelecida e à paz familiar* (CALLIGARIS, 2000: 34). Daí por que estas questões permanecem *inaudíveis*. Ao menos, sem resposta institucional!!

O grande problema é que a escola trabalha com valores ideais e o aluno jovem com valores reais. Este contraditório *a priori* produz, por parte da organização escolar, uma espécie de recusa ao jovem, até porque... *é muito frequente que o adulto recorde muito pouco dos seus anos adolescentes* (TUBERT, 1994: 47). Esta recusa se encorpa em diferentes formas: ora no conjunto de interditos culturais que a escola impõe ao jovem e cujo clímax está na exclusão deste jovem na construção do currículo, ora no desinteresse da escola em patrocinar um projeto pedagógico centrado no jovem enquanto sujeito social e sujeito da cultura e, assim, constituintes de uma mesma entidade ontológica. Neste sentido, foi que Freud apontou *uma educação para a realidade psíquica e cultural.*

Na verdade, este jovem que está na escola de Ensino Médio carrega traços e pulsações e tem projetos na cabeça que a escola simplesmente não pode ignorar por se tratar da própria matéria-prima de sua vida. As relações intersubjetivas, as atividades vivenciais, os requerimentos culturais, suas formas de passatempo, todo o processo de autorrepresentação com preocupações sobre o seu lugar no mundo, suas limitações e possibilidades, tudo isto constitui condicionantes não do projeto que a escola tem para o jovem, mas do projeto que o jovem tem para desenvolver na escola.

Imaginar que é possível estudar História, Química, Biologia e Português etc. fora do compasso da vida é apostar na pedagogia da ilusão. Ou, se quiser, é transformar a escola em agência de subeducação. O jovem chega à sala de aula com todo seu aparato biopsíquico disponível, embora de forma indefinida: seus grupos, seus anseios e ensaios, seu vocabulário, seu alforje cheio de desejos recalcados ou proibidos, seus espaços e momentos fantasmáticos e, ainda, seu corpo crepitante, tudo está ali às ordens! Mas, como acionar este aparato se não há espaços curriculares disponíveis? Como dar passagem às iniciativas? Como construir autonomia se somente há espaço para disciplina, controle e aprendizagem programada?

A escola do jovem é a escola da reversibilidade. O que foi feito está sempre aberto a ser refeito. A ideia é trabalhar com um currículo onde caibam todos, mas onde caiba, sobretudo, o aluno jovem! Com sua vida, seu mundo e seus projetos...

É fato que nossas escolas não têm biodisponibilidade para lidar com o jovem, mas é fato, também, que há um esforço nacional no âmbito da política educacional para a escola de Ensino Médio apagar as impressões digitais do Ensino Fundamental e, assim, assumir sua própria identidade. Este esforço passa por uma compreensão diferente de tempo e de espaço acadêmicos, mediante a adoção do conceito de pluritemporalidade: os diversos tempos do aluno jovem e de seus projetos. Um tempo que irrompe o seu conceito físico e se enraíza nas circunstâncias plurais de cada um. Na verdade, um tempo que são tempos culturais, tempos que vão aquém e além do horário das aulas e que, por isso, são do tamanho do relógio da vida. Este tempo e este espaço "descalendarizados" precisam dialogar com o tempo e o espaço escolares por via da aproximação das utopias juvenis: a liberdade de um projeto e um projeto de liberdade!

8
BRASIL SEM EDUCAÇÃO BÁSICA PÚBLICA DE QUALIDADE...
Que país é esse?

A Constituição Federal é vítima também da cultura de leis que pegam e de leis que não pegam. Basta ver que, a partir de 1988, foi estendida, ao Ensino Médio, a obrigatoriedade gradual de escolarização básica. Parecia que o país daria um salto qualitativo mais rápido no avanço dos níveis mais elevados de acesso à educação escolar de sua população. Ledo engano. A expansão da oferta não correspondeu à qualificação da escola pública de Ensino Médio, a não ser, em alguns momentos, na vertente técnico-profissional, ou seja, em apenas um dos segmentos da questão.

O marco constitucional foi insuficiente para deflagrar uma agenda vigorosa de iniciativas através das quais os governos federal, estaduais e municipais se articulassem para concretizar o mandamento constitucional.

Na gênese de mais esta rota de insucessos educacionais está a indisposição do Estado brasileiro de vincular recursos adicionais obrigatórios ao Ensino Médio. O Brasil se esqueceu **de** que não há uma única experiência no mundo em que se desenvolveram **altos** padrões educacionais com discursos, **mas**, sim, com recursos.

Não é por acaso, portanto, que muda a legislação do Ensino Médio, mas não mudam as condições de oferta. Os problemas de hoje, deste nível de ensino, são os mesmos de vinte anos atrás, como passamos a ver.

Entre 11 e 13 de novembro de 1990 realizou-se, em Brasília, o Encontro Nacional do Ensino Médio. Foi produzido um documento introdutório para servir de eixo da programação. Nele afirmavam-se dois compromissos definitivos:

1º) obrigatoriedade de oferta geral de Ensino Médio a partir de 1996;

2º) a qualidade do Ensino Médio é expressa em sua função formativa, sendo um compromisso entre a cultura e o trabalho.

Dentro da estratégia adotada para multiplicar positivamente os resultados do evento foram constituídos grupos de trabalho por região geográfica. Destes grupos resultaram painéis, com agendas resolutivas sobre os rumos, por região, para o Ensino Médio. Haveria diretrizes nacionais desdobradas em políticas por região, de acordo com o perfil da demanda e os níveis de desenvolvimento socioeconômico e educacional respectivo. Impunha-se **uma** contínua articulação entre os três níveis da administração pública (União, estados e municípios).

O Relatório Geral do Encontro assentou, como ponto de convergência consensual, o seguinte:

• a falta de recursos específicos para o Ensino Médio faz com que não haja planejamento das ações necessárias à expansão do Ensino Médio público com qualidade;

• o Ensino Médio, independentemente do nível de desenvolvimento da região do país, deve ser tratado como educação básica.

Os painéis apresentaram, por região, seus relatórios e suas conclusões. Ao término de cada apresentação foram submetidos ao Plenário do Encontro, constituído por autoridades do MEC, dos estados, representantes do Congresso Nacional, especialistas de organismos internacionais e nacionais e pesquisadores de várias universidades públicas, membros de Conselhos Estaduais de Educação e representantes de corporações dos professores.

Os resultados exibidos pelos painéis regionais e aprovados na oportunidade foram os seguintes:

Região Centro-Oeste e Região Sul

Pontos consensuados

1) Falta de financiamento específico para o Ensino Médio.

2) Expansão do Ensino Médio só a partir de certas condições que assegurem crescimento com qualidade.

3) Ausência de uma concepção atualizada e eficaz de continuidade da educação básica capaz de atender o aluno adolescente que conclui tempestivamente o Ensino Fundamental e seu correlato: a reiteração de práticas pedagógicas já de si inadequadas a estes, para os jovens que chegam tardiamente ao Ensino Médio e só dispõem de cursos noturnos de baixa qualidade.

4) Necessidade de tratamento pontual para os diferentes tipos de demanda por Ensino Médio.

5) Reconstrução das bases curriculares do Ensino Médio de formação geral.

6) Maior atenção à consistência pedagógica para os cursos noturnos, incluídos os cursos profissionalizantes.

7) Dificuldades de respostas adequadas às pressões das famílias por maior e melhor oferta de Ensino Médio nas escolas públicas.

8) Indisponibilidade de professores habilitados para as áreas de matemática, física, química e biologia, apesar de haver, pelo menos na Região Sul, um grande número de cursos de Licenciatura.

9) Reconsideração da questão salarial dos professores de Ensino Médio.

Região Nordeste

Pontos consensuados

1) Falta de financiamento específico para o Ensino Médio.

2) Expansão do Ensino Médio com qualidade social.

3) Definição de Ensino Médio que se quer expandir.

4) Resguardadas algumas situações específicas, a função formativa deve preponderar no Ensino Médio.

5) O Ensino Médio noturno deve merecer atenção especial e recursos adicionais, considerando uma forte presença de alunos adultos trabalhadores.

6) A formação dos professores requer uma contínua articulação e um nível mais aprofundado entre as universidades públicas, sobretudo, e os sistemas públicos de ensino.

7) O ensino técnico de nível médio exige maior atenção do MEC, tanto sob o ponto de vista normativo como sob o ponto de vista de recursos financeiros e de assistência técnica aos estados.

8) Uma articulação pedagógica mais consistente entre o Ensino Fundamental e Ensino Médio.

9) Tratamento do Ensino Médio como etapa final da educação básica, sobretudo no tocante às políticas públicas.

Região Norte

Pontos consensuados

1) Atendimento deficiente da demanda por Ensino Médio.

2) Falta aguda de professores para disciplinas de Matemática, Física, Química, Biologia e Português, sobretudo no interior.

3) Ociosidade de vagas no Ensino Médio diurno e *déficit* no ensino noturno.

4) Falta de vagas em cursos profissionalizantes.

5) Desprestígio da função de magistério, caracterizada pela remuneração inadequada e pelas péssimas condições de trabalho.

6) Limitação de recursos financeiros para o Ensino Médio.

7) Desarticulação entre os cursos de formação de professores e as necessidades das escolas.

8) Bibliotecas deficientes e desatualizadas.

9) Currículos defasados e inadequados à realidade.

10) Desenvolvimento ineficaz das funções de planejamento, acompanhamento e controle do ensino.

11) Nível de pobreza dos alunos, dificultando a aquisição mínima de materiais de ensino/aprendizagem.

12) Gestão inadequada das escolas.

13) Ingerência indevida e excessiva de políticos nos diversos níveis dos processos decisórios das escolas.

14) Gestão autoritária das escolas, com baixíssima participação dos professores.

15) Desmotivação do corpo docente, constituído por muita gente não habilitada.

É curioso verificar que esta gama de questões permanece hoje, como no passado, intocável. O Estado brasileiro não cria as condições, **via** políticas públicas, para a superação dos entraves que retiram, do Ensino Médio, a substância legal, formal, política e pedagógica de etapa final da educação básica. Este estágio de atraso lança o Brasil em papel secundário no cenário internacional e emperra as possibilidades de construção de uma sociedade avançada e competitiva na vanguarda de conhecimentos. Estamos bem atrás deste horizonte. Como diz o Engenheiro Eliezer Batista (2010: 34), *o Brasil ainda tem lapsos terríveis em seu modelo de educação. O Ensino Médio visa ao vestibular, como se ele fosse a finalidade, quando não passa de mera ferramenta de triagem.* E arremata com a lucidez que o posiciona entre as mais fulgurantes inteligências do país: *temos, sim, avanços na educação, mas são "pockets" de sucesso, não é suficiente para um processo de massificação do ensino de qualidade.*

Quando se tomam os dois últimos planos nacionais da educação, o que vigorou entre 2001-2010, e o que no momento tramita no Congresso sob a forma ainda de Projeto de Lei, constata-se que estas mesmas questões marcam presença neles, com exceção da questão da remuneração do professor do Ensino Médio. Ou seja, a questão proibida permanece proibida e, por isso, o Ensino Médio permanece onde sempre **esteve** e como sempre esteve: fora do lugar e fora dos fins da educação básica.

Por uma questão de justiça, convém registrar que os dois últimos Fóruns Nacionais de Educação Básica incluíram esta questão em suas resoluções finais, como se pode verificar da leitura dos seus correspondentes anais:

A – Conferência Nacional da Educação Básica (Coneb)

• Documento final – Brasília, abril de 2008.

• Eixo III: Construção do regime de colaboração entre os sistemas de ensino, tendo como um dos instrumentos o financiamento da educação.

> *[...] para o acesso equitativo e universal à educação básica pública, faz-se necessário aumentar o montante estatal de recursos investidos na área, além de ser urgente a suspensão do desequilíbrio regional.* Para tanto, prossegue o documento: *[...] o financiamento da educação pública de qualidade para TODOS deve tomar como referência o mecanismo do custo-aluno qualidade nacional (CAQ).*

> *A política de financiamento, nos termos de um sistema nacional articulado de educação deve amparar-se na definição de um custo-aluno qualidade nacional, construído com a participação da sociedade civil, capaz de mensurar TODOS os insumos necessários à educação de qualidade, com ênfase no investimento à valorização de todos os profissionais da educação básica.*

B – Conferência Nacional da Educação Básica (Coneb)

• Documento final – Brasília, 28 de março a 1º de abril de 2010.

• Eixo IV: Formação e valorização dos(as) profissionais da educação.

> *Considerando a legislação vigente, as necessidades das instituições e sistemas de ensino e, ainda, a garantia de um padrão de qualidade na formação dos(as) que atuam na educação básica e superior, é fundamental a institucionalização de uma Política Nacional de Formação e Valorização dos(as) Profissionais da Educação, garantindo o cumprimento das leis: n. 9.394/96, 12.301/06. Essa política deve articular, de forma orgânica, as ações das instituições formadoras dos sistemas de ensino e do MEC, com estratégias que garantam políticas específicas consistentes, coerentes e contínuas de formação inicial e continuada, conjugadas à valorização profissional efetiva de todos(as) os(as) que atuam na educação, **por meio de salários dignos, condições de trabalho e carreira** (grifo nosso). Acrescente-se, a esse grupo de ações, o acesso via concurso público.*

Como se infere da leitura dos fragmentos dos documentos finais da Coneb/2008 e da Coneb/2010, o financiamento da educação básica compreende salário docente digno, conteúdo encerrado nas expressões:

- *Financiamento da educação pública de qualidade para todos [...];*

- *Tomar como referência o mecanismo custo-aluno qualidade nacional;*

- *Valorização profissional efetiva de todos que atuam na educação, por meio de salários dignos, condições de trabalho e carreira [...].*

Esta não tem sido a história de nossa educação básica e, principalmente, não tem sido a história do Ensino Médio em nosso país, como decorrência de fatores históricos, culturais, políticos, pedagógicos, administrativos e operacionais. Isto, aliás, nos sugere a construção de uma resposta incômoda diante da pergunta: como vai a educação brasileira? Estamos cansados de ouvir dizer: a educação brasileira NÃO VAI!... Basta ver o descaso nacional diante do não cumprimento de metas do Plano Nacional de Educação (PNE) (2001-2010) e a conduta passiva do Estado brasileiro face aos desconcertantes resultados dos nossos alunos submetidos às avaliações internacionais (Pisa)[1]. Se é verdade que os resultados melhoraram no período 2000-2009, não é menos verdade que a melhoria foi inexpressiva e mais do que isto: é raríssimo um país retroceder em seus indicadores educacionais. Isto somente ocorre em situações gravíssimas, como guerras, catástrofes, epidemias etc. Como alertam Helene e Horodynsky-Matsushigue (2011: 10), estamos abaixo do mínimo. E **arrematam**:

> No universo dos 65 países que participam da mais recente versão do Pisa, o Brasil ocupa o 53º lugar em compreensão de leitura e em Ciências, e o 57º em Matemática, à frente apenas de países de muito menos expressão no cenário mundial. Quando, em 2000, ocupou o último lugar no *ranking*, em um conjunto de 43 países, a maioria dos

---

1. Helene e Horodynski-Matsushigue (2011: 45) lembram que *[...] houve imediata e grande repercussão na sociedade alemã quando os resultados do Pisa de 2000 foram divulgados e demonstraram que os estudantes daquele país, em particular, apresentaram resultados um pouco abaixo da média; programas especiais de inclusão para filhos de imigrantes e das classes menos favorecidas foram, então, colocados em prática, e houve toda uma revisão do sistema escolar, resultando em melhoras consideráveis de posicionamento nas avaliações do Pisa ao longo da década.*

atuais "últimos" não estava participando da avaliação. **Na verdade, a evolução apresentada na década passada pelo Brasil não é nem atípica, nem significa a tão almejada mudança de paradigma do nosso sistema educacional. Infelizmente, nada aponta para o início de um processo rumo à necessária inclusão das camadas desfavorecidas da população, as grandes vítimas do nosso sistema educacional excludente e elitista** [grifo nosso].

Não é por acaso que o Brasil ultrapassa países ricos em gastos com a escola privada. Pesquisa do instituto Insper aponta que 30% das famílias no Brasil gastaram com ensino privado em 2009. Com base em dados do IBGE, o estudo revelou que 1,3% do PIB foi consumido com educação privada, contra 0,9% das nações ricas, segundo a Ocde. O gasto privado brasileiro com a educação equivale ao da Austrália. Só que o aluno de lá conseguiu, para o seu país, o nono melhor posto no *ranking* do último Pisa, enquanto o aluno brasileiro jogou o Brasil para a 53ª posição. Para Naércio Menezes, autor do estudo, [...] *nosso gasto reflete a má qualidade da rede pública.*

9
A SOLUÇÃO PARA O ENSINO MÉDIO SEM A DISSOLUÇÃO DA EDUCAÇÃO BÁSICA

Os argumentos requentados de problemas que obstam a oferta de um Ensino Médio público com qualidade social precisam ser substituídos rapidamente por uma decisão do Estado brasileiro de reabilitá-lo como etapa final da educação básica, como diz a Constituição Federal e como prescreve a LDB. Fora deste horizonte estaremos marchando celeramente para desfigurá-lo ainda mais. Pior ainda: com o tipo de avaliação atual do Enem/Vestibular, as chances de êxito dos alunos das escolas públicas serão reduzidas crescentemente. Esta tendência é gravíssima porque, além de ferir o princípio constitucional da igualdade de direito (art. 5º), inviabiliza social e economicamente o país, pois o Brasil não terá justiça social sem escola pública de qualidade. E sem uma forte presença do Estado no campo das políticas públicas não há como avançar, como lembra o Professor Luís Gonzaga Belluzzo (2010: 10), *não existe uma experiência de desenvolvimento que tenha prescindido do Estado.*

Por outro lado, a performance positiva hegemônica de alunos da rede privada de Ensino Médio em exames nacionais e internacionais pode ir ampliando espaço para sugerir uma leitura equivocada segundo a qual o melhor caminho seria adotar soluções privatizantes seja sob a forma direta, com substituição de escolas públicas por escolas privadas, seja sob forma indireta, através do mecanismo de compras de vagas, de contrato de gestão, de *charter schools* ou, ainda, do uso de *vouchers*. Esta última alternativa começa a ganhar campo[1]. Ou, ainda, sob formas cavilosas de mecanismos compensatórios. Não há dúvida de que a crise do Ensino Médio é a crise da educação básica e a crise desta decorre do modelo equivocado de desenvolvimento adotado pelo o Estado brasileiro. Assim, não é por acaso que a gravidade do quadro das dissimetrias sociais no Brasil vem sendo objeto de preocupações constantes do Conselho de Desenvolvimento Econômico e Social (Cdes), órgão vinculado à Presidência da República. Em sua Agenda para o Novo Ciclo de Desenvolvimento, de dezembro de 2010, as anotações são copiosas neste sentido. Aqui vale destacar alguns pontos deste importante documento:

> • *A Agenda sugere 12 desafios complementares e inter-relacionados, que adequadamente enfrentados devem gerar efeitos multiplicadores sobre o conjunto das atividades econômicas, sociais, políticas e ambientais do país. São desafios relacionados aos novos horizontes da educação, o aperfeiçoamento do Estado e o aprofundamento da democracia, a transição para a economia do conhecimento, a garantia do trabalho decente e da proteção social, o papel das infraestruturas e da sustentabilidade ambiental, e o padrão emergente de produção, de par com o potencial da agricultura.*

> • *Os debates regionais foram fundamentais para fortalecer consensos nacionais, dando sentido e consequência local, **como a prioridade do investimento na educação**, a relevância da construção de infraestrutura que descentralize o desenvolvimento e integre o território e a necessidade de avançar na reforma tributária.*

> • *Essas estratégias permitem ampliar as dinâmicas apresentadas na Agenda Nacional de Desenvolvimento. Porém, para implementá-las, o Brasil deve enfrentar vários desafios. Dentre eles o Cdes elencou como principais:*

---

1. Nada contra o sistema privado de ensino cuja presença na sociedade é complementar e necessária às ações do setor público. Tem existência prevista na Constituição Federal (art. 209) e na LDB (art. 3º, inc. III e V, e art. 7º), valoriza a diversidade social com visões pedagógicas e filosóficas diversas e contribui, significativamente, para o desenvolvimento do país. O que não se pretende aqui é advogar, como destaca Brito (2003: 131), *[...] uma delegação de poderes no campo educacional, responsável por uma dominação patrimonial que deixou raízes profundas na estrutura política e social brasileira* (FAORO, 1975; VIANNA, 1987; DUARTE, 1939).

(i) os novos horizontes da educação (grifo nosso); (ii) desafios do Estado democrático e indutor do desenvolvimento; (iii) a transição para a economia do crescimento; (iv) trabalho decente e inclusão produtiva; (v) padrão de produção para o novo ciclo de desenvolvimento; (vi) o potencial da agricultura; (vii) o papel das infraestruturas: transportes, energia, comunicação, água e saneamento; (viii) a sustentabilidade ambiental; e (ix) consolidação e ampliação das políticas sociais.

• Naquela Agenda o Cdes afirmou que a desigualdade é um impeditivo estrutural para o desenvolvimento, pois limita o crescimento além de transformá-lo em instrumento de concentração de renda. A equidade – social, regional, entre gêneros, raças e etnias – deve ser a base orientadora das políticas públicas para enfrentar esse desafio. **A educação é elemento transformador de longo prazo e de perenização dessa transformação** *(grifo nosso).*

Para o Conselho de Desenvolvimento Econômico e Social (Cdes), o con-unto das políticas sociais *[...] deve dinamizar o acesso democrático e de qualidade aos serviços básicos. É necessário um esforço generalizado de universalização e melhoria da qualidade dos serviços públicos. No caso da Educação e da Proteção Social,* **ampliação do financiamento** *(grifo nosso), gestão eficiente, governança participativa e políticas afirmativas podem corrigir desigualdades históricas e o Estado tem um papel fundamental a desempenhar neste processo* (2010: 44).

Como se pode inferir, a crise do Ensino Médio é **aguda** e profunda **e, por isso, não pode ser** resolvida com soluções superficiais e de natureza apenas instrumental e apressada. A racionalidade técnica pode resolver alguns problemas da "eficiência da educação como forma de promover a eficiência da economia", mas não será capaz de resolver a essência do problema: a qualidade **social** da nossa educação básica e, portanto, do Ensino Médio. Resultados positivos em processos de avaliação podem significar qualidade técnica, informativa, aspectual, mas não, necessariamente, e sempre, qualidade social com fundamento em uma ética pública e, portanto, inclusiva. Ademais, o Pisa revela, também, que os resultados de alunos das escolas privadas são questionáveis. Basta ver que somente 1% dos alunos brasileiros consegue alcançar a faixa dos alunos com pontuação hospedada no nível 5 ou mais. Ou seja, mesmo as escolas de elite, vinculadas ao sistema de ensino privado, não conseguem, nem qualitativa nem quantitativamente, um volume significativo de alunos com performance comparável à de alunos de países como Finlândia, Japão, Coreia do Sul, para lembrar apenas estes.

Convém compreender que se a questão ora trabalhada é o desvio do Ensino Médio como etapa final da educação básica, a solução dos problemas daquele passa, imperativamente, pela solução dos problemas desta. Assim, não parece despropósito buscar enxergar o que outros países que, há algumas décadas, tinham os mesmos problemas que o Brasil tem na sua educação básica, hoje, fizeram para resolvê-los.

Os exemplos são diversos, mas o caso da Coreia do Sul parece emblemático. Na década de 1950 o país apresentava-se como uma nação fragmentada e com um sistema de educação inferior ao nosso. O Estado coreano promoveu uma mobilização da sociedade e assumiu toda a rede de escolas de educação básica, da Educação Infantil ao Ensino Médio. Criou mecanismos de gestão, supervisão, avaliação e de metas educacionais. Ao mesmo tempo reservou, no orçamento público, um espaço prioritário para rubricas educacionais, com referência pontual para cada nível de ensino. Criou sistemas setoriais e inter-complementares de avaliação, culminando com uma avaliação nacional periodicamente. Por lei, o ensino básico, até o terceiro ano do secundário, tornou-se obrigatório e gratuito.

Como diz Batista (2010: 34) [...] *os efeitos do ensino demoram um certo tempo. A educação não é uma posologia para o dia seguinte*. O fato é que decorridas quatro décadas, a Coreia do Sul ocupa o quinto lugar no *ranking* do Programa Internacional de Avaliação de Alunos, de responsabilidade da Organização para a Cooperação e o Desenvolvimento Econômico (Ocde).

Como se não bastasse, no campo tecnológico a Coreia do Sul é referência internacional. Áreas como medicina, produção de antibióticos e de vacinas, setores da economia e do comércio internacional, tecnologia eletrônica, nanotecnologia etc. situam o país em posição de vanguarda mundial, em decorrência dos avanços, primeiro, na educação básica e, a seguir, na educação superior.

Por onde a sociedade sul-coreana começou?

Deu prioridade à formação dos alunos em Matemática, Física, Química, Biologia e Inglês, sem esquecer os estudos da cultura nacional. Os melhores alunos do Ensino Médio foram atraídos para o magistério através de mecanismos de diferentes tipos de bolsas de estudo, de salário docente competitivo, de carreira profissional prestigiada e de uma compensadora aposentadoria. Na sociedade coreana o professor é reconhecido e respeitado como patrimônio cultural do país. Como dizem, é um profissional estratégico para a nação.

A sociedade do conhecimento exige um professor mais qualificado, mais profissionalizado e, portanto, mais bem remunerado como requisito para sua mobilização permanente no âmbito de uma atuação socialmente relevante e consentânea com as exigências [...] *da nova epistemologia da educação* (BATISTA, 2010: 37) e dos novos requerimentos da sociedade do conhecimento.

Se a remuneração docente constitui o "calcanhar de aquiles" da baixa atração para talentosos candidatos ao magistério, sobretudo para a docência das disciplinas do núcleo duro do Ensino Médio, a remoção do problema está em criar mecanismos para profissionalizar e dignificar o salário docente. Assim, o processo de restauração profissional deve começar pontualmente aí e, não, imaginando-se o enfrentamento de um feixe de problemas históricos que circundam a questão, mas que são, na verdade, derivações da ausência deste elemento de irradiação e de contaminação positiva.

De partida, porém, duas observações se impõem, a saber: (a) nenhum país do mundo conseguiu assegurar o financiamento pleno do Ensino Médio universalizado sem agregar novas fontes de financiamento. Esta circunstância impõe espaços de negociação pontual entre Estado, setor empresarial e sociedade; (b) a crescente exposição do Brasil ao mercado internacional exige capital humano mais qualificado, sob pena de o país ficar à margem dos mercados externos. Por isso, é imperativo recompor as vias de financiamento do Ensino Médio no âmbito de uma reforma tributária mesmo que simplificada, com rebate em um novo alinhamento das responsabilidades e dos encargos dos três níveis de governo.

Nesta perspectiva, dentre as alternativas possíveis, algumas, como as que seguem, parecem mais indicadas no contexto de urgências do Ensino Médio brasileiro:

I. Revisão dos limites de distribuição de responsabilidades do Estado brasileiro no tocante aos níveis de ensino da educação básica. Aqui, é seguir a mesma lógica adotada para a educação superior. Como para ela e durante muito tempo somente se dirigiam alunos das classes privilegiadas da sociedade, o Estado jamais titubeou em destinar recursos crescentes para a graduação e para a pós-graduação. Criou, inclusive, uma carreira docente de reconhecido prestígio social, a começar pelos salários. Ou seja, não é por acaso que há sempre profissionais talentosos atraídos para o magistério superior. Ora, se a medida revelou-se adequada sob o ponto de vista dos resultados, por que não dela se apropriar, agora, para "salvar" e dar dignidade de ofício à escola pública de Ensino Médio, empobrecida nos resultados da aprendizagem que consegue apresentar? Os filhos da classe operária não merecem?

Qualquer iniciativa no campo de uma revisão das responsabilidades aqui enfocadas começa necessariamente por uma regulamentação criteriosa e socialmente justa do art. 211 da Constituição Federal e do art. 8º da LDB, que fixam a obrigatoriedade do regime de colaboração entre os diferentes entes federados no campo educacional. Aqui vale insistir que a Lei do Fundeb, na sua formulação atual, não tem força para resolver os impasses e desafios do Ensino Médio em suas desconformidades de hoje. Vale, ainda, ressaltar que o regime de colaboração, imposição constitucional, jamais foi viabilizado de forma republicana entre nós. Não se disciplina a matéria porque, no Brasil, sobram palavras nos discursos para o que é público, mas faltam recursos no tesouro para o que é republicano. É o já conhecido confronto entre os donos do poder e o poder dos donos, de que fala Faoro.

Esta perspectiva de execução resolutiva do regime de colaboração ora enfocado está hospedada, também, no feixe de propósitos e de recomendações do Conselho de Desenvolvimento Econômico e Social (Cdes), precisamente nos itens V e VI, como se pode ver:

Consolidação e Ampliação das Políticas Sociais:

[...]

v. *Fortalecer a institucionalidade das políticas sociais. Assegurar que as políticas sociais implantadas nos últimos anos sejam políticas de Estado, no âmbito do Congresso Nacional;*

vi. *Promover a ação integrada dos três níveis de governo nas áreas urbanas/metropolitanas com elevada vulnerabilidade social, visando dotá-las de condição digna de cidadania.*

II. Estabelecimento de parâmetros especiais de fixação salarial docente para o Ensino Médio, a serem implantados progressivamente, de acordo com cronograma negociado pelo Congresso Nacional com entidades de representação dos professores construídos e em audiências públicas. O patamar inicial poderia ser o piso de entrada dos professores concursados da Rede Pública do Distrito Federal, e, o final, o salário dos professores de Tempo Integral da Rede Federal de Ensino (dos Institutos Federais de Ciência e Tecnologia);

III. Os salários docentes do Ensino Médio passariam a ser de responsabilidade bipartite, de acordo com a seguinte fórmula:

(A) 40% de responsabilidade dos estados;

(B) 60% de responsabilidade da União.

Aqui, vale lembrar que os estados continuariam com a responsabilidade da manutenção das escolas de Ensino Médio. Este processo de "federalização parcial" de salário dos professores do Ensino Médio poderia ser ampliado pela União em até mais 10% nos estados com baixo IDH, à medida que os sistemas estaduais de ensino atingissem metas fixadas pelo governo federal nas seguintes áreas: (a) Combate ao analfabetismo absoluto; (b) Combate ao analfabetismo funcional; (c) Programas intensivos e com metas de qualificação profissional; (d) Redução progressiva e com metas ano a ano do número de professores temporários; (e) Expansão de programas de educação digital com metas anuais; (f) Reequipamento das escolas de Ensino Médio, sob acompanhamento das universidades públicas; (g) Implementação de programas de formação continuada dos professores; (h) Admissão só por concurso público e implementação de planos de carreira, com fixação de critérios para etapas de progressão funcional. A participação definida e a maior da União Federal na composição do salário dos professores do Ensino Médio não parece uma coisa extravagante se considerarmos que [...] *o governo se reservou R$ 37 bilhões, pela LDO, para despesas discricionárias, com liberdade plena de gastar,* sendo provável que [...] *uma boa parte disso acabe indo para as obras da copa (O Estado de S. Paulo,* 23/04/11, p. A3). Ademais, não seria o interesse da sociedade brasileira já vincular recursos do pré-sal a investimentos especificamente do Ensino Médio, incluído aí o Ensino Médio de natureza técnica e profissionalizante? Atendidos estes requisitos, verdadeiramente, teria sentido adotar-se um exame nacional de escolha de docentes, como previsto no Plano Nacional de Educação/PNE em tramitação no Congresso.

IV. Reformulação pelo governo federal de todo o sistema atual de avaliação da educação básica, valorizando, no caso do Ensino Médio, sua função formativa enquanto etapa final da educação básica. Esta medida descasaria a prova do Enem da função de apêndice como prova de acesso à educação superior. Isto implicaria melhorar a qualidade da escola pública em todos os níveis da educação básica. Como lembra o Cdes, é necessário avançar na integração entre os níveis e modalidades de ensino, uma vez que desigualdades sociais e regionais, flagradas em praticamente todos os indicadores de avaliação da educação, representam forte obstáculo ao desenvolvimento econômico e humano da sociedade brasileira. Para reverter estas anticondições, o documento, já anteriormente citado, do Cdes apresenta as seguintes medidas (2010: 27):

a) Carreira atrativa, melhores salários e condições de trabalho adequadas para os trabalhadores da educação, tanto docentes como técnicos administrativos e dirigentes;

b) Redução do número de alunos por sala;

c) Implementação do sistema de tempo integral, prioritariamente no Ensino Fundamental;

d) Institucionalização da formação continuada;

e) Adequação dos cursos aos diferentes perfis de entidades e alunos (educação no campo, EJA);

f) Acesso a sistemas de educação aberta estruturados em tecnologia de informação e comunicação de última geração, acessíveis a todos os atores do processo educativo, com foco prioritário no estudante, e disseminação de software de gestão escolar;

g) Ampliação do investimento em infraestrutura das escolas com acesso sem fio à internet em banda larga, laboratórios, bibliotecas, cursos de artes, quadras esportivas;

h) Autonomia e responsabilização da escola, seus dirigentes e trabalhadores quanto ao processo educativo;

i) Consolidação dos sistemas de avaliação como ferramenta de políticas públicas para todos os níveis e modalidades da educação.

V. Sob o ponto de vista da ampliação do leque de novas condições favoráveis à atração de candidatos ao magistério do Ensino Médio, novas vantagens (benefícios) seriam oferecidas, a saber:

a) No caso de candidatos beneficiados pelo Fies, seriam dispensados do pagamento do débito desde que se mantivessem nas atividades de docência pelo mesmo período de duração do curso de formação. Neste caso, o período de tempo não poderia ser inferior a quatro anos, a menos que o candidato cumprisse uma **residência pedagógica** nos últimos seis meses de sua formação. O mecanismo da residência pedagógica equivaleria ao estágio curricular obrigatório, nas hipóteses de o candidato atuar em sala de aula na condição de docente da(s) disciplina(s) objeto de sua formação (licenciatura).

b) Candidatos selecionados para prestação do Serviço Militar teriam dispensa provisória ao longo do período de sua formação, ou seja, durante a realização do Curso de Licenciatura. Ao término e caso ingressassem em atividades de docência do Ensino Médio, na rede pública de ensino, atuando como professores de disciplina(s) objeto de sua formação, teriam a dispensa definitiva do Serviço Militar[2].

---

2. Algo semelhante ocorre com profissionais da área de saúde, sendo que, neste caso, eles são obrigados à prestação do Serviço Militar.

c) Todos os professores do Ensino Médio, ingressantes nas escolas públicas através de concurso público, contratados em regime de trabalho de 40 horas e formados em cursos de licenciatura devidamente reconhecidos pelo MEC, teriam alguns benefícios tributários a serem fixados e disciplinados em legislação específica. Isto exclusivamente para efeito de aquisição de equipamentos e programas de informática. Tais benefícios seriam uma forma de estimular a educação digital de todos os professores e o uso de Tecnologia Avançada da Informação (TI) na sala de aula e de atrair cada vez mais professores para se manterem atualizados neste tipo de tecnologia, marca essencial da sociedade do conhecimento.

Aqui vale lembrar que não são incomuns benefícios dessa natureza. Recentemente, o governo brasileiro, com total adesão do Congresso Nacional, aprovou lei isentando a Fifa de impostos federais para a Copa das Confederações e para a Copa do Mundo de 2014. Como se sabe, a desoneração é uma das exigências da Fifa para que a Copa do Mundo ocorra no país sede. Nesta mesma linha de favores concedidos em decorrência de entendimentos do Brasil com a China, quando da última visita da presidente da República àquele país, o governo brasileiro negociou a redução de impostos para a produção de *tablets*. Estes poderão ficar até 36% mais baratos. Pelo acordo, os produtos, em um primeiro momento, terão a diminuição de PIS e Cofins de 9,25% para 0. A seguir, será procedida a negociação com cada estado, objetivando que os *tablets* recebam os incentivos previstos nas regras do Processo Produtivo Básico (PPB), que incluem a redução do Imposto Sobre Produtos Industrializados (IPI) e do Imposto Sobre Importação. Ainda, ficará na dependência de cada estado liberar ou não o Imposto Sobre a Circulação de Mercadorias e Serviços (ICMS).

d) Alunos de cursos de Licenciatura de disciplinas do Ensino Médio, caso ingressassem em atividades de docência destas disciplinas e trabalhassem em regime de 20 horas ou mais, na condição de professores estagiários, receberiam um bônus sob a forma de pontuação adicional em concurso a que se submetessem para o magistério do Ensino Médio da rede pública.

e) Professores da rede pública de Ensino Médio que, documentalmente comprovassem haver dedicado a vida inteira à docência, trabalhando em regime de pelo menos 40 horas semanais, receberiam, no ato da aposentadoria, um bônus salarial adicional de 10%[3].

Estes benefícios-proposta se põem no horizonte da observação de Tejada, Cuadra e Médice, em evento sobre financiamento do Ensino Médio realizado em São Paulo em 1998:

> *Una propuesta demasiado tímida puede llevar a un fracasso prematuro*[4].

VI. Estariam fora dos benefícios decorrentes do processo de "federalização parcial de salário" estados e municípios que descumprissem a Lei da Responsabilidade Educacional, em tramitação no Congresso Nacional. A educação básica de qualidade social é requisito essencial para o desenvolvimento permanente do país e para a construção de uma sociedade cada vez mais justa e igualitária. O direito à educação encontra, na educação básica, a sua explicitação objetiva e concreta à medida que representa a chave para abrir as portas de uma cidadania ativa, participativa, democrática e solidária. E, ainda, encorpa-se cognitivamente no Ensino Médio em razão de aí, sobretudo, o jovem começar a assumir, de fato, o direcionamento dos **processos** cognitivos através de caminhos pessoais seletivos e a sentir verdadeiramente todo o seu potencial no plano pessoal, identitário, social, coletivo e produtivo. Percebe-se que somente a amplitude deste horizonte já revela por que educar, como assevera Assmann (1999: 26) é a mais avançada tarefa social emancipatória.

---

3. Semelhantemente ao que já ocorreu com os militares que se aposentavam com salário da categoria imediatamente superior à que se encontravam. Vale lembrar, por outro lado, que os professores da rede pública temem a aposentadoria pela crescente desvalorização do salário.

4. Para saber mais cf. TEJADA, J.; CUADRA, G. & MÉDICE, A. Algunas reflexiones sobre porque y como expandir la esenseñanza média em Brasil. In: COSTA, V.L.C. (org.). *Descentralização da educação*: novas formas de coordenação e financiamento. São Paulo: Fundap/ Cortez, 1999.

VII. Estas políticas deveriam ser complementadas com políticas adicionais no campo da qualificação profissional. Para tanto, seria necessária a criação de mecanismos que se destinem ao aprimoramento e à aceleração da implantação da estratégia brasileira da inserção do país na economia do conhecimento, o que supõe articular a política econômica com o feixe de políticas no campo do desenvolvimento produtivo e de ciência, tecnologia e inovação. Esta iniciativa requer a ampliação rápida do diálogo entre o setor produtivo e o Estado, com implicações diretas nas políticas públicas na área da educação básica e da educação superior. Como ressalta documento do Conselho de Desenvolvimento Econômico e Social (Cdes) (2010: 33), a dimensão educacional é central e deve contemplar os diferentes níveis educacionais, os incentivos ao aprendizado, a educação contínua e os processos de formação dentro das empresas. Por isso, todas aquelas empresas que tivessem programas de investimento destinados à qualificação continuada de seus trabalhadores, de acordo com critérios de aumento da produtividade e de elevação dos padrões de competitividade internacional do Brasil teriam acesso a linhas de empréstimos subsidiadas com juros negativos, ou seja, com juros menores do que a inflação do período do empréstimo. O mecanismo guarda alguma semelhança com o espírito da Lei Rouanet. Esta iniciativa é fundamental para um país como o Brasil, que em 2011 precisaria ter mais 50 mil técnicos com formação profissional adequada em TI. Ou seja, a proposta em tela vai ao encontro direto da educação laboral da população juvenil que está no Ensino Médio, uma vez que estamos falando de uma educação com sinergia com o mercado de trabalho. A formação de recursos humanos para o setor produtivo constitui condição de **urgência urgentíssima** para o país. Vale dizer que é necessário ultrapassar os limites da universalização da educação básica. Em outras palavras, é inadiável restaurar a função social do Ensino Médio, porém, acrescentando-se a isto, o outro braço do problema, a exemplo do que fazem as economias concorrentes do Brasil: cuidar da qualificação da força de trabalho. A educação básica, que culmina com o Ensino Médio, é o chão da inclusão; no entanto, esta inclusão é enganosa quando o aluno sai da escola despreparado para atuar no mundo do trabalho e, portanto, para ingressar no mercado de trabalho. Os problemas brasileiros neste campo são de dupla natureza. De um lado, a inexistência de mão de obra qualificada e, de outro, a inexistência de mão de obra com níveis suficientes de preparação para ampliar a qualificação no próprio trabalho. Neste último caso, significa que grande parte do trabalhador brasileiro em idade própria de ingresso no mercado de trabalho (cerca de 3 milhões por ano) não dispõe de formação mínima para receber treinamento profissional. Como lembrou em editorial de 11/04/11, *O Estado de S. Paulo*, "o Brasil ainda tem cerca de 1/5 de analfabetos funcionais na população igual ou superior a 15 anos".

No horizonte desta proposta e, ainda, no bojo de uma reforma tributária simplificada o Ensino Médio fortalecido entraria na agenda curta de pontos a serem trabalhados, dada a enorme repercussão da elevação dos padrões da educação básica sobre o sistema produtivo do país. Neste sentido, poder-se-ia agregar uma alternativa complementar, representada pela desoneração de impostos incidentes no holerite do trabalhador, com a consequente aplicação dos recursos **liberados** em programas exclusivos de Ensino Médio articulado (profissionalizante), ofertado por escolas da rede pública de ensino.

A falta de qualificação de mão de obra no Brasil tem levado o país a importar trabalhadores especializados de outros países. Segundo o Ipea, o número de estrangeiros autorizados a trabalhar no Brasil em 2010 aumentou em 30% comparativamente ao ano anterior. Neste mesmo ano, em torno de 70 mil vagas ficaram ociosas no setor de tecnologia da informação. Para a Sociedade Brasileira para Promoção da Exportação de Software (Softex), esta tendência deverá acentuar-se até 2013, quando poderão ficar sem o necessário preenchimento mais de 210 mil vagas no setor. Nestas circunstâncias o trabalhador brasileiro é duplamente penalizado. De um lado, pela sua desqualificação abre vaga para um trabalhador estrangeiro, de outro, porque o salário médio é o dobro do salário médio nacional, de acordo com dados da Associação Brasileira de Empresas de Tecnologia da Informação e Comunicação (Brasscom)

O grande silêncio a respeito do Ensino Médio é perturbador porque somente quebrado quando, cada vez, monta-se a vitrine do Enem/Vestibular e do Sisu, caracterizando, assim, uma quase atitude permissiva da sociedade brasileira em torno do enraizamento de processos educacionais excludentes, sob o patrocínio do Estado. É urgente, portanto, **saber fazer a hora** e, não, apenas, **esperar acontecer...**

As alternativas ora propostas de renascimento de políticas públicas restauradoras do Ensino Médio como etapa final da educação básica vão suscitar, certamente, argumentos e contra-argumentos, o que, em si, já é fundamental. De fato, todos os esforços para a superação dos impasses em torno da educação básica como um articulado complexo de aprendizagens e do Ensino Médio público fossilizado representam uma contribuição importante ao país e ao desenvolvimento da sociedade brasileira. A única postura indesejável é fechar os olhos à gravidade do problema e imaginar que não há ou que são politicamente longos e tortuosos os caminhos para intervenções retificadoras e estratégias corretivas. Intervenções e estratégias que têm a ver com a nossa sobrevivência como sociedade justa. A nossa geração tem o dever ético de, como propõe Mangabeira Unger (apud SOUSA, 2010: 62), *[...] assegurar que todo mundo tenha uma herança social básica em que exista um procedimento para resgatar as pessoas de situação de exclusão ou da subjugação da qual possam escapar pelos próprios meios.*

É preciso reforçar a ideia de que educação básica de qualidade não é um programa de governo, mas um dever do Estado. As opções ocasionais dos governos esbarram, portanto, nos limites dos deveres éticos desta responsabilidade. E o Ensino Médio é educação básica e, não, passaporte para a universidade! Ademais, ou o Brasil "globaliza" o salário do professor do Ensino Médio da sua rede pública ou perderá a possível condição de parte relevante na sociedade planetária e, em consequência, no mercado internacional competitivo.

As políticas de refundação do Ensino Médio apelam às responsabilidades de todos os poderes da República e de todas as esferas da administração, porque estamos diante de dispositivos constitucionais e de parâmetros legais descumpridos. Mais do que isto: estamos diante do abismo da aceitação passiva de que "todos são iguais perante a lei, embora alguns sejam mais iguais do que outros". Aqui, convém relembrar que a educação está normatizada na Constituição Federal em 96 dispositivos, embora não esteja adequadamente posicionada no orçamento federal e no orçamento dos estados e dos municípios.

A atual presidente da República, em seu primeiro pronunciamento, aproveitando a abertura do ano escolar, ressaltou que *não há ferramenta mais eficaz para superar a pobreza e a miséria em que vivem milhões de brasileiros do que a educação*. E concluiu: *Nenhum país poderá se desenvolver sem educar bem o seu jovem e capacitá-lo plenamente para o emprego e para as novas necessidades criadas pelo conhecimento*. Ora, para estas palavras não se tornarem generalidades, é necessário dizer como fazer (todos já sabemos!) e disponibilizar recursos para fazer. Do contrário, continuaremos na velha rota: discursos para a educação sem recursos para o ensino!

Na verdade, os avanços do país dependem diretamente da determinação em tornar realidade a intenção presidencial. Basta ver que estudos de análise do mercado de trabalho apontam, com base em dados da Pesquisa Mensal de Emprego do IBGE, que há uma relação direta entre empregabilidade e nível de escolaridade. Estes dados revelam que pessoas ocupadas no mercado de trabalho com 11 anos ou mais de estudo atingiram 13.115 milhões em dezembro de 2010, o que significa o extraordinário percentual de 59,8% acima do apurado em 2002. Por outro lado, entre 2004 e 2009, mais de 90% das contratações realizadas pelo mercado de trabalho incluíram trabalhadores com Ensino Médio incompleto e com nível de escolaridade mais avançado.

Portanto, a educação é a precondição essencial para o combate às desigualdades e às injustiças sociais. Por isso, é relevante destacar o pronunciamento presidencial, desde que não se perca em retórica inaugural. As medidas apontadas indicam, se desdobradas rapidamente, em políticas articuladas e reforçadas nos vários níveis da administração pública do país, a relevância das direções anunciadas, com destaque para:

• investir na melhoria da remuneração dos professores do Ensino Fundamental e do Ensino Médio;

• ampliar intensivamente os programas de qualificação;

• multiplicar o número de escolas técnicas;

• erradicar os defeitos e vulnerabilidades do Exame Nacional do Ensino Médio (Enem) e do Sistema de Seleção Unificada (Sisu).

Como destacou o *Correio Braziliense* (13/02/11), *[...] a intenção é ótima. Melhor ainda será torná-la realidade.* Esta observação é muito pertinente, pois é notório o olhar generoso do governo para a educação superior. Aliás, foi sempre assim. Constata-se uma oferta expandida de vagas seja através de investimentos robustos nas universidades federais – que, curiosamente, recebem, em seus melhores cursos, predominantemente alunos das classes sociais "A" e "B"[5], portanto, de maior poder aquisitivo –, seja por via do programa de bolsas nas instituições privadas (Prouni). Agora, é urgente dirigir um olhar resolutivo para a educação básica, com especialidade para o Ensino Médio das redes públicas. Na verdade, a escolaridade deslinear, com a desproteção educacional da população menos aquinhoada economicamente contribui para expandir desigualdades e aprofundar, ainda mais, os desníveis socioeconômicos da população adulta no futuro. Historicamente, a desigualdade educacional tem funcionado como uma catapulta para o alargamento das desigualdades sociais. As consequências são conhecidas: a permanência de uma concentração de renda agressiva e de agudas diferenças sociais e econômicas que nos envergonham. Além do aumento da criminalidade em todos os estados da federação.

O fato é que a fala presidencial poderá ficar solta se não houver desdobramentos imediatos em dupla direção: de um lado, que estejam incluídos na agenda pró-ativa do MEC, o que exige uma revisão consistente de sua proposta de Plano Nacional de Educação, em tramitação no Congresso Nacional. O Plano é débil em sua formulação e insuficiente um seu horizonte resolutivo. De outro lado, que o governo central convoque os estados para discutir, analisar, definir políticas e monitorar as estratégias de fortalecimento do Ensino Médio. Qualquer iniciativa de renascimento da escola de Ensino Médio sem a participação dos estados fracassará, pois, sem um sólido engajamento de cada estado, estar-se-ão plantando castelos em areia. As intenções

---

5. A permanência desta "seleção" é profundamente injusta e não republicana se considerarmos que a chamada classe "C" passou a representar mais da metade da população em 2010. São cerca de 53,2%, *dinamizando o mercado de consumo de massa.*

presidenciais, portanto, precisam deixar se impregnar da observação de Montaigne: *o poder da palavra pertence a metade a quem fala e a metade a quem ouve.*

O norte político-administrativo para o alinhamento dos parâmetros ora referidos há de ser uma compreensão atualizada de federalismo cooperativo, distante, portanto do que costuma ocorrer no Brasil. O Estado brasileiro é marcado pelo impasse entre os poderes e entre as diferentes esferas administrativas, o que conduz a baixos níveis de negociação corretiva, a menos que estejam em jogo interesses de grandes grupos econômicos. Como destaca Ferraz Júnior (1995: 245-251), o federalismo cooperativo enxerga *na necessidade de certos interesses um ponto básico de colaboração.* É o caso dos desafios da educação básica, agravados pelo estado agônico do Ensino Médio público, que extrapolam a geografia das responsabilidades dos estados e se circunscrevem no território amplo dos direitos fundamentais do cidadão brasileiro. Por muito tempo o ensino público foi visto e tratado de forma assistencial. A Constituição Federal de 1988, porém, retirou este aspecto de favorecimento das responsabilidades prestacionais do Estado no campo educacional, ressituando-o no âmbito do respeito à dignidade da pessoa humana, da igualdade e da solidariedade. Por outro lado, a educação na ordem social constitucional repõe o princípio da solidariedade numa dimensão dinamicamente inclusiva, portanto, [...] *visando ao desenvolvimento social e econômico, de forma equilibrada e harmônica, para aferição e distribuição de riquezas, garantindo a subsistência da comunidade, o bem-estar dos indivíduos e o fortalecimento dos entes estatais* (FERREIRA DE SOUZA, 2010: 49).

No caso do governo federal, falar significa, de partida, ampliar os investimentos do Ensino Médio. Aqui, vale relembrar anotação da Ocde, de setembro de 2010, em *Education at a Glance*, que traz dados dos investimentos do Brasil no Ensino Médio. Apoiados na referência Paridade de Poder de Compra/PPC, estes dados revelam que o Brasil investe só um quinto do que fazem outros países, por estudante, no Ensino Médio[6].

---

6. O documento ora referido pode ser consultado em www.oecd.org/edu/eag2010

A perspectiva de um incremento anual de recursos públicos capazes de produzir um renascimento do Ensino Médio brasileiro parece ameaçada diante de afirmativa do ministro da Educação de que será difícil alcançar 7% do PIB, reservados à educação até 2014: *Não fixamos data para chegar aos 7%. O Governo Lula, nos últimos 5 anos, fez um grande esforço de aumento do financiamento. Aumentamos 0,2% ao ano. Em 10 anos, é factível chegar a 7%. Pode ser que cheguemos antes, mas temos de fazer um esforço maior do que já foi feito (O Estado de S. Paulo*, 15/04/11). De qualquer sorte, é fundamental compreender, como apontam Tejada, Cuadra e Médice (1999: 216), no seminário "Descentralização da educação: novas formas de coordenação e financiamento", realizado em São Paulo em 1998, que:

> *(a) [...] existem importantes razones sociales y económicas para expandir la educación média;*
>
> *(b) [...] no hay escapatória: cualquier aumento de cobertura en este nível requerirá un significativo incremento anual de los recursos públicos.*

Convém não confundir recursos públicos novos para o Ensino Médio das escolas das redes públicas estaduais de ensino, com os novos investimentos do Programa Nacional de Ensino Técnico e Emprego (Pronatec), lançado com grande pompa no dia 28 de abril de 2011 pelo governo. O programa é necessário *e* oportuníssimo porque voltado para a capacitação técnica e profissional de alunos do Ensino Médio, "[...] além de beneficiários do Bolsa Família e reincidentes do Seguro Desemprego". Como assumido na oportunidade do lançamento do programa, *o sistema de capacitação profissional é um desafio a nossa capacidade de crescimento e, por isso, deve ser enfrentado de maneira direta e articulada.* Ou seja, a falta de mão de obra qualificada começa a ser equacionada, porém, as questões centrais do Ensino Médio (Enem), não! Adicionalmente, o governo promete inaugurar 81 unidades de escolas técnicas até 2012 e 120 outras até 2014. A meta é chegar a 555 escolas coordenadas pelos institutos federais de ciência e tecnologia até 2014. Como se vê sempre há dinheiro para a educação **federal**, mas sempre falta dinheiro para a educação **estadual.**

Para a construção de um país harmonioso, de uma sociedade democrática e de uma estrutura empresarial competitiva, a crise do Ensino Médio, como etapa final da educação básica, não é menor do que a da falta de mão de obra qualificada. Na verdade, não são duas crises. São, sim, crises agudas de problemas crônicos. Problemas que não serão resolvidos sem o reforço substancial de financiamento do Ensino Médio das redes públicas estaduais e sem uma robusta reconfiguração dos parâmetros salariais dos professores do Ensino Médio. Para a educação básica não pode persistir a ideia de dinheiro federal, estadual nem municipal. Há, sim, mais e melhor educação quando há mais dinheiro REAL!...

Para os governantes, legisladores, gestores públicos, empresários, planejadores sociais e educacionais, acadêmicos, professores e pesquisadores de todos os níveis da educação escolar que se sentirem porventura desmotivados, incrédulos ou mesmo congelados em seus postos de trabalho e em suas funções públicas, fica o convite e o apelo para "saírem de suas tocas" e emprestarem o concurso de suas inteligências, talentos e de seu tempo para uma incursão reflexiva em torno das propostas apresentadas. O passado nos escapou, mas o futuro nos convoca e obriga à ação. O passado nos deixou com débito e o futuro não pode ser sua repetição. Como nos disse uma importante fonte da espiritualidade brasileira, também professor, porque passou a vida ensinando fora das salas de aula, *embora ninguém possa voltar atrás para fazer um novo começo, qualquer um pode começar agora a fazer um novo fim.*

PARTE II

ENSINO MÉDIO: LEGISLAÇÃO E ORGANIZAÇÃO

1
O ENSINO MÉDIO NA MOLDURA DA LDB

As práticas cotidianas da escola estão configuradas em um conjunto de procedimentos voltados para a operacionalização do currículo. Esta geografia particular do conhecimento sistematizado estriba-se em esquemas de operações e em manipulações técnicas em torno de componentes do discurso pedagógico (*ideologia*, como diz Foucault) e das formas de funcionamento da organização escolar (*habitus*, como diz Bourdieu).

No Ensino Médio este nível de compreensão é extremamente relevante porque tem a ver com o conceito emancipador de educação básica e de suas finalidades. Na perspectiva, sobretudo, do que Boaventura de Souza Santos (1996: 167) atribui como horizonte de um projeto educativo emancipatório: recuperar a capacidade de espanto e de indignação e orientá-la para a formação de subjetividades inconformistas e rebeldes. Esta perspectiva, aliás, está claramente definida na LDB como uma das finalidades do Ensino Médio (art. 35, inc. III).

Por sua relevância, vejamos como a Lei de Diretrizes e Bases alinha as dimensões teleológicas do Ensino Médio:

> **LDB**
>
> SEÇÃO IV
>
> Do Ensino Médio
>
> Art. 35. O Ensino Médio, etapa final da educação básica, com duração mínima de três anos, terá como finalidades:
>
> I. a consolidação e o aprofundamento dos conhecimentos adquiridos no Ensino Fundamental, possibilitando o prosseguimento de estudos;

II. a preparação básica para o trabalho e a cidadania do educando, para continuar aprendendo, de modo a ser capaz de se adaptar com flexibilidade a novas condições de ocupação ou aperfeiçoamento posteriores;

III. o aprimoramento do educando como pessoa humana, incluindo a formação ética e o desenvolvimento da autonomia intelectual e do pensamento crítico;

IV. a compreensão dos fundamentos científico-tecnológicos dos processos produtivos, relacionando a teoria com a prática, no ensino de cada disciplina.

Retorna a denominação Ensino Médio, consagrada na Lei 4.024/61. A Constituição Federal já havia restabelecido esta expressão. A nomenclatura reflete a posição tópica deste nível de ensino: posiciona-se entre o Ensino Fundamental e o Ensino Superior. É médio porque está no meio. No entanto, ao restabelecer o nome, a LDB não pretende restabelecer a compreensão, haja vista que já o define como **etapa final de educação básica**. Pretende, desta forma, resgatar-lhe a identidade perdida. E o faz, definindo, claramente, as funções: i) consolidar e aprofundar conhecimentos anteriormente adquiridos; ii) preparar o cidadão produtivo; iii) potencializar a cidadania do aluno; iv) instrumentalizá-lo para a mudança; v) implementar a autonomia intelectual e a formação ética; vi) torná-lo sujeito da aprendizagem, capacitando-o a articular teoria e prática; vii) contextualizar os conhecimentos; e viii) por fim, habilitá-lo a entender os processos produtivos, seja operando-os, seja captando suas tendências.

A ausência desta moldura finalística para o Ensino Médio tinha-lhe retirado a substância educativa específica, enquanto processo de aprendizagem, prevalecendo – e esta herança vai continuar certamente por um bom tempo – a ideia de ciclo preparatório de estudos para ingresso na universidade. Não seria, portanto, exagero afirmar-se que o ex-ensino de 2º grau tornou-se refém do vestibular[1].

---

1. Esta marca é tão forte que, ainda hoje, os anúncios de empregos e de cursinhos preparatórios para concurso falam de segundo grau. Esta denominação cristalizada carrega consigo a importância que se atribui ao Ensino Médio como antessala do 3º grau.

Com a planetarização da economia e o reordenamento dos esquemas de trabalho, vai-se alastrando a ameaça do desemprego, com repercussões diretas sobre o processo formativo do jovem. Neste cenário, o diploma universitário passa a ter um valor relativo e, em consequência, o Ensino Médio tende a recuperar sua identidade pela redescoberta da importância da educação básica.

A reidentidade do Ensino Médio poderá, pelo menos é o que se espera, romper a ambiguidade entre academicismo e profissionalização. Busca-se a educação, não o treinamento. O aluno vai-se educar a partir de uma nova base técnica que exige, crescentemente, uma progressiva capacidade no âmbito do pensamento lógico-abstrato, com uma educação básica reconceituada à luz da apropriação de inovações tecnológicas e organizacionais e lastreada por um substrato de conhecimento assegurado por uma formação básica comum e essencial. Tudo tendo como horizonte a sociedade do conhecimento, a sociedade em rede e a exigência inafastável de uma qualificação para o trabalho produtivo.

Estas dimensões são tão importantes que pesquisa recente da CNI indica que 89% das empresas têm dificuldades para encontrar trabalhadores com qualificação adequada. Diz a pesquisa que, sem esta condição, as empresas arrostam dificuldades para aumentar a produtividade, elevar a qualidade dos serviços prestados, cumprir prazos e, não menos preocupante, evitar a rotatividade de trabalhadores (CNI/Sondagem Especial da Construção Civil, jan./2011).

É importante perceber que a lei trata o Ensino Médio como conceito completo, semanticamente pleno e pedagogicamente suficiente. Não se fala mais em Ensino Médio propedêutico, Ensino Médio de formação geral, Ensino Médio profissionalizante e expressões outras que lhe desfiguram a compreensão. A lei é clara: *O Ensino Médio, etapa final da educação básica [...]* (grifo nosso). Trata-se de um conceito com identidade epistemológica, com territorialização semântica precisa e com **paisagem decifrável**.

Por esta razão, o legislador concebe um conjunto de vetores para funcionarem como mecanismos de mobilização do currículo escolar do Ensino Médio e do próprio projeto pedagógico. Ei-los pela ordem do texto legal:

- trabalho;

- cidadania;

- pessoa humana;

- formação ética;

- autonomia intelectual;

- desenvolvimento do pensamento crítico;

- relação teoria/prática.

Na verdade, trata-se de categorias conceituais e operativas que estruturam o entendimento e a objetivação da educação básica. Tanto é assim que o texto legal é exuberante em termos com alto poder de irradiação e de interlocução com os níveis escolares anteriores. Basta analisar a carga semântica de palavras e expressões presas ao mesmo tronco etimológico e de significação, como:

1) [...] consolidar/consolidação [...];

2) [...] aprofundar/aprofundamento [...];

3) [...] adquirir/aquisição [...];

4) [...] preparar/preparação [...];

5) [...] continuar/continuar aprendendo [...];

6) [...] aperfeiçoar/aperfeiçoamentos posteriores [...];

7) [...] flexibilizar/flexibilidade [...];

8) [...] relacionar/relacionamento teoria e prática.

Convém destacar que se o Ensino Médio tem, entre as suas finalidades, a consolidação e o aprofundamento do que foi aprendido no Ensino Fundamental, é razoável concluir que a escola de Ensino Médio deve ter, como traço marcante, a característica de ser uma escola para jovens, ou seja, uma escola que seja ativa na sua concepção psicopedagógica, aberta na sua concepção arquitetônica e contemporânea no seu currículo, de tal sorte que responda, adequadamente, às necessidades bio-sócio-afetivas, culturais e profissionais desta população e que use as novas tecnologias de comunicação e informação no processo de ensino-aprendizagem (multimídia). Mas, por outro lado, se esta escola deve oferecer condições para a preparação básica para o trabalho, deve também preocupar-se com o trabalhador-estudante, assim que lhe seja oferecido acesso a conteúdos contextualizados, assegurando-se relações concretas e consequentes entre conhecimento e contexto. O fundamental é o estímulo ao protagonismo do aluno, de tal sorte que ele vá ganhando autonomia intelectual, capacidade crítica e competência laborativa e colaborativa.

A escola de Ensino Médio com este perfil deve ter, na interdisciplinaridade e contextualização dos conteúdos, na flexibilidade do currículo e no trabalho em equipe, as estratégias fundamentais de organização e funcionamento. Para tanto, impõe-se uma nova abordagem da formação inicial e continuada dos professores, gestores e do pessoal da equipe de apoio técnico-pedagógico. A evolução do crescimento do Ensino Médio para os próximos anos dá uma ideia exata do tamanho deste desafio, já previsto em estudos de dez anos atrás.

Além desta gama de regulações focais, o texto da LDB diz, ainda, que o currículo do Ensino Médio deverá atender às seguintes diretrizes inafastáveis:

> Art. 36. O currículo do Ensino Médio observará o disposto na Seção I deste Capítulo e as seguintes diretrizes:
>
> I. destacará a educação tecnológica básica, a compreensão do significado da ciência, das letras e das artes; o processo histórico de transformação da sociedade e da cultura; a língua portuguesa como instrumento de comunicação, acesso ao conhecimento e exercício da cidadania;
>
> II. adotará metodologias de ensino e de avaliação que estimulem a iniciativa dos estudantes;
>
> III. será incluída uma língua estrangeira moderna como disciplina obrigatória, escolhida pela comunidade escolar, e uma segunda, em caráter optativo, dentro das disponibilidades da instituição;
>
> IV. serão incluídas a Filosofia e a Sociologia como disciplinas obrigatórias em todas as séries do Ensino Médio (Incluído pela Lei 11.684/08).
>
> § 1º Os conteúdos, as metodologias e as formas de avaliação serão organizados de tal forma que ao final do Ensino Médio o educando demonstre:

I. domínio dos princípios científicos e tecnológicos que presidem a produção moderna;

II. conhecimento das formas contemporâneas de linguagem.

§ 2º Revogado.

§ 3º Os cursos do Ensino Médio terão equivalência legal e habilitarão ao prosseguimento de estudos.

A leitura deste artigo deve ser feita articuladamente com a dos artigos 24, 25 e 26, onde estão estatuídas as linhas básicas comuns que devem nortear toda a configuração funcional do Ensino Fundamental e do Ensino Médio enquanto constituintes da educação básica. O artigo em apreço desdobra, sob a ótica da formulação do currículo, o que já foi dito, só que, agora, à luz de diretrizes, ou seja, à luz de linhas de procedimento, como passaremos a ver:

I. A educação tecnológica básica, conceito que inaugura estas diretrizes, deve ser entendida de forma muito precisa. Primeiro, uma distinção entre ciência e tecnologia. Enquanto aquela busca a expansão do conhecimento, esta se orienta para a aplicação do saber na busca da produção de bens e serviços. Uma é conceito teórico, outra, desenvolvimento prático. Tal distinção não isola os dois conceitos. Ao contrário, estabelece um imbricamento entre ambos, à medida que o **fazer tecnológico** não se esgota num conteúdo meramente manipulativo, mas se sustenta num **saber tecnológico**, isto é, está jungido a métodos aplicados e as suas respectivas transformações. Como observam De Negri, Coelho e Turchi (2006: 30), em sentido amplo, o termo tecnologia diz respeito aos processos e técnicas utilizados nas atividades humanas a fim de torná-las mais eficientes e menos custosas.

Um formato de currículo do Ensino Médio adequado aos novos conteúdos tecnológicos deverá centrar-se não apenas nos processos produtivos tradicionais, mas também nos processos automatizados, o que implica uma educação com vários níveis de formação. O fundamental é que o currículo esteja iluminado por um saber, por linguagens múltiplas e convergentes e por processos congruentes (educação tecnológica básica) que permeiam as etapas que vão da geração à execução da tecnologia. O aluno formado para este currículo incorpora habilidades tecnológicas para o desempenho de funções e desenvolve competências metodológicas e atitudes mentais coerentes com o processo de mudança acelerada das tecnologias.

Esta perspectiva curricular se opõe inteiramente à tradicional formação passiva do aluno do Ensino Médio que só pensa no vestibular. Para isso, especializa-se em fórmulas requentadas através da indústria dos cursinhos. O horizonte é o de uma profunda articulação com o Ensino Fundamental, evitando-se a descontinuidade da aprendizagem. No Fundamental, o aluno adquiriu os meios para interpretar as linguagens básicas (códigos de leitura, operações fundamentais e de apropriação do contexto). No Ensino Médio, vai aprofundar esses meios para interpretar os conteúdos tecnológicos básicos, o que significa adquirir capacidade intelectual para acompanhar as transformações que se dão na área do conhecimento; aplicar, atualizadamente, estas transformações; adequar-se às novas configurações do ambiente produtivo; estar apto a responder, prontamente, às situações de desconformidade laboral e, por fim, posicionar-se, afirmativamente, frente às inovações decorrentes do desenvolvimento técnico-científico.

Toda esta nova abordagem que a lei impõe ao currículo de um Ensino Médio reconceituado deve ter em conta os processos históricos da evolução do conhecimento. Trata-se de processos dinâmicos. O currículo trabalha um conhecimento sempre provisório que exige, do aluno, estar em "reciclagem" permanente. Neste sentido, as letras e as artes, menos do que manifestações culturais congeladas no tempo, devem ser trabalhadas à luz deste processo de agregação da cultura humana que se exterioriza (é sempre uma manifestação), mas nunca se cristaliza (deve ser captada, sempre, como uma manifestação dinâmica). Assim, a pintura, o texto literário, a peça de teatro, a escultura, a cerâmica ou o desenho rupestre nada mais são do que corpos radiográficos do processo de transformação da sociedade. Por isso, são fotografias do dinamismo histórico. A base para esta compreensão é o domínio do próprio idioma pátrio, uma vez que, como ensinam os linguistas, não se pensa através de ideias, mas através de palavras, e estas têm seu "dinamismo na língua".

Convém deixar claro que o destaque da língua portuguesa como instrumento de comunicação, acesso ao conhecimento e exercício da cidadania é uma diretriz que busca compreender a língua como ato interlocutório histórico e socialmente situado. Portanto, ato e processo gerador de significação e integrador da organização do mundo e da própria identidade. Nesta perspectiva, ela supõe três grupos de competências e as correspondentes habilidades, a saber:

Competências e habilidades a serem desenvolvidas em Língua Portuguesa	
Representação e comunicação	• *Confrontar opiniões e pontos de vista sobre as diferentes manifestações da linguagem verbal.* • *Compreender e usar a Língua Portuguesa como língua materna, geradora de significação e integradora da organização do mundo e da própria identidade.* • *Aplicar as tecnologias de comunicação e da informação na escola, no trabalho e em outros contextos relevantes da vida.*
Investigação e compreensão	• *Analisar os recursos expressivos da linguagem verbal, relacionando textos/contextos, mediante a natureza, função, organização, estrutura, de acordo com as condições de produção, recepção (intenção, época, local), interlocutores participantes da criação e propagação das ideias e escolhas, tecnologias disponíveis.* • *Recuperar, pelo estudo do texto literário, as formas instituídas de construção do imaginário coletivo, o patrimônio representativo da cultura e as classificações preservadas e divulgadas, no eixo temporal e espacial.* • *Articular as redes de diferenças e semelhanças entre língua oral e escrita e seus códigos sociais, contextuais e linguísticos.*

Contextualização sociocultural	• *Considerar a Língua Portuguesa como fonte de legitimação de acordos e condutas sociais e como representação simbólica de experiências humanas manifestas nas formas de sentir, pensar e agir na vida social.* • *Entender os impactos das tecnologias da comunicação, em especial da língua escrita, na vida, nos processos de produção, no desenvolvimento e na vida social.* *(Pcnem)*

II. Este inciso destaca a necessidade de o currículo ser trabalhado com metodologias de ensino e de avaliação que incentivem a criatividade dos alunos. Esta é uma questão crucial da educação básica brasileira. Como tornar criativo o aluno que frequenta uma escola inteiramente pautada por processos de ensino que favorecem a mera repetição? Como estimular a iniciativa dos alunos do Ensino Médio, quando eles são "treinados", mediante aulas essencialmente expositivas, para repassar, nos exames, o que foi exposto nas aulas? De qualquer sorte, é importante que a lei destaque a criatividade como diretriz de formação curricular, ao menos enquanto reação à **pedagogia do clone**.

Quando se fala em criatividade, fala-se em processos e em procedimentos que se vão sucedendo e cujos resultados se acumulam ao longo da vida. Portanto, algo que caracteriza modos de aprender particulares que se encorpam continuamente em resposta às formas e configurações da escola. É neste sentido que Boff (1998: 21) diz:

> [...] Processos cognitivos e processos vitais se encontram. São expressões da auto-organização, da complexidade e da permanente conectividade de todos com todos em todos os momentos e em todas as etapas do processo evolucionário – Conhecer é um processo biológico. Cada ser, principalmente o vivo, para existir e para viver tem que se flexibilizar, se adaptar, se reestruturar, interagir, **criar** (grifo nosso) e evoluir. Tem que fazer-se um ser aprendente. Caso contrário, morre. Assim, ocorre também com o ser humano.

Na verdade, as metodologias e as formas de avaliação fazem parte do processo de ensinar/aprender. Por isso mesmo, são fatores decisivos para a estimulação do aluno, para sua disposição colaborativa e para a construção de rotas de autoafirmação neste processo.

Os processos de avaliação seja em sala de aula, com a verificação do rendimento, seja em esquemas mais abrangentes tipo Enem, devem tratar o aluno como sujeito pensante e, não, como sujeito replicante. É óbvio que não se está sugerindo que as disciplinas e seus conteúdos sejam subvalorizados, mesmo porque o currículo deve ressignificar a visão ingênua e a compreensão não crítica do indivíduo sobre a sociedade. É precisamente esta visão afastada do senso comum que lhe vai assegurar o exercício de uma cidadania qualificada. Em qualquer situação da educação escolar o aluno deve ter a possibilidade de ressignificar suas próprias experiências de vida. O que supõe desenvolver atividades criativas. O que ocorre, hoje, nos processos de avaliação? Voltados exclusivamente para a excelência da performance repetitiva, não oportunizam a junção formação/aquisição de conhecimento e terminam por criar uma separação indesejável.

À educação escolar cabe dupla tarefa, como ensinam Brunner e Piaget: ensinar conteúdos e ensinar a pensar. Em um e outro caso, o contexto assume papel relevantíssimo, pois todo indivíduo é um ser contextualizado, datado e criador de mediações. Por isso, o sociocultural lhe é condição inafastável. Ora, quando a avaliação somente considera os processos do saber sistematizado e, portanto, ignora o diferenciado individual, retira qualquer possibilidade da compreensão da educação básica como um necessário aprendizado de ressignificação do sujeito e de reconstrução do real.

III. A inclusão, no currículo do Ensino Médio, de duas línguas estrangeiras é uma abertura de valor indiscutível.

Com a globalização da economia e a planetarização das relações internacionais, a tendência é que cada um se torne, cada vez mais, cidadão do mundo. E, para tanto, faz-se impositivo falar mais de um idioma. De fato, "as línguas estrangeiras modernas funcionam como meios para se ter acesso ao conhecimento e, portanto, às diferentes formas de pensar, de sentir, de agir e de conceber a realidade".

Neste particular é inegável a importância cada vez mais crescente da língua inglesa pela sua presença no mundo da economia, da diversidade cultural, dos organismos internacionais, da tecnologia e dos eventos internacionais e intercontinentais. Assim como em período anterior à Idade Média e nela própria, o latim era o veículo de comunicação nas relações socioeconômicas prevalecentes, nos tempos atuais o inglês é o idioma onipresente em todos os espaços planetários. Sua importância é tão vigorosa hoje que países como a China – que caminha para uma posição de comando econômico-planetário – coloca o estudo do inglês como uma estratégia do Estado chinês para alcançar uma posição definitivamente marcante no mundo. Ali, trezentos milhões de pessoas estudam inglês, seja em espaços de formação básica obrigatória, seja em programas de educação continuada.

O cidadão se multiplica à medida que tem oportunidade de se aproximar de outras culturas.

IV § 1º. As disciplinas curriculares, as metodologias e os procedimentos de avaliação devem convergir para que o aluno desenvolva as capacidades necessárias de compreensão dos códigos básicos da moderna produção, revele-se familiarizado com as formas contemporâneas de comunicação e, ainda, possua conhecimentos de Filosofia e de Sociologia capazes de o posicionar adequadamente, como cidadão. A Filosofia e a Sociologia no currículo se completam e complementam a educação para a cidadania. Pelo estudo da Filosofia, o estudante vai penetrar na natureza da realidade e da significação dos seus códigos, vai compreender as condições efetivas da construção do ser histórico, vai penetrar, criticamente, no mundo do conhecimento e em toda a sua estrutura axiológica e vai, por fim, equipar-se de instrumental ético imprescindível para o estabelecimento das possibilidades e dos limites humanos. Pelo estudo da Sociologia, o aluno vai mergulhar na história humana como dinamismo que se constrói na passarela da vida social. Compreenderá que esta trajetória envolve diferentes condições históricas determinadas.

Estas condições, presentes no conjunto das organizações sociais, definem os padrões de comportamento. Alcançará, por fim, que a educação é um processo político planejado e, portanto, condicionador da relação poder/saber.

Pela agregação dos diversos conhecimentos adquiridos na escola, agora fortalecidos pela visão crítica que a Filosofia e a Sociologia oferecem, o aluno vai poder posicionar-se mais adequadamente sobre a importância e a validade social do que aprendeu, do que está aprendendo e do que vai aprender. E esta avaliação é fundamental para a definição de sua postura ética.

A lei traz uma inovação de extrema relevância. Define como dimensão primeira do Ensino Médio a formação geral, ou seja, a formação básica qualitativa que consiste em compor um currículo através do qual o aluno aprenda a aprender, desenvolva a autonomia para pensar e substitua a pedagogia formalista nos conteúdos e ortodoxa nos métodos e na avaliação por uma conduta crítica e criativa, face ao conhecimento veiculado pelas diferentes disciplinas. Assim, a educação profissional (LDB, artigos 36-A, 36-B, 36-C, 36-D, 39, 40, 41 e 42) torna-se complementar à educação básica. A complementaridade aqui significa que as duas se inter-relacionam e se articulam no bojo de um processo epistêmico no qual os conteúdos disciplinares são trabalhados através de uma abordagem relacional em que a prática escolar estabeleça interconexões e passagens entre os conhecimentos acadêmicos, técnicos e tecnológicos. Neste processo, o papel do professor é mediar as relações de agregação de novos saberes, de complementaridade e de convergência.

É importante destacar a razão por que o legislador ressalta a necessidade de os conteúdos, as metodologias e as formas de avaliação se organizarem no Ensino Médio, de tal sorte que o aluno mostre dominar os princípios científicos e tecnológicos que presidem a produção moderna e, ainda, as formas contemporâneas de linguagem. Ocorre que, com a sociedade do conhecimento, a sociedade em rede e com a exposição do país ao mercado internacional, o setor produtivo tende a adequar seus padrões tecnológicos e de qualidade às exigências dos mercados externos. Estes, por sua vez, são constituídos de consumidores mais sofisticados. Importa dizer que o grau mais elevado de internacionalização da economia modifica as características do setor produtivo, tanto no que tange ao uso de novas tecnologias quanto no que tange ao perfil do trabalhador. As grandes transformações na estrutura de produção geram, também, modificações na formação do trabalhador e na distribuição e organização do emprego. Nesta direção, o Ensino Médio, como etapa final da educação básica, é decisivo à medida que propicia ao jovem trabalhador operar com novos insumos, novas máquinas e novos equipamentos, em um ambiente continuado de inovação tecnológica e dominado por diferentes graus de complexidade das novas tecnologias.

Assim entendido o Ensino Médio, enquanto organização curricular passa a constituir plataforma acadêmica indispensável para a qualificação profissional e para o consequente exercício de profissões técnicas. Por isso, apresentar como alternativa para a educação profissional a oferta de cursos rápidos, de curta duração, sem currículo, mas só com tópicos de memória treinada, é preparar trabalhadores autômatos, robôs com funções predefinidas, sem qualquer nível de consciência política e, portanto, de cidadania participativa.

Qualquer que seja a forma de organização do Ensino Médio haverá uma equivalência sob o ponto de vista da certificação formal dos estudos empreendidos e, caso o aluno deseje, estará apto a prosseguir seus estudos, seja sob a forma de estudos pós-médios, seja sob a forma de estudos no âmbito da educação superior.

A exemplo do que ocorreu com o Ensino Fundamental, o MEC, observando o que estabelece o art. 9º, inc. IV da LDB, encaminhou propostas de regulamentação da base curricular nacional e de organização do Ensino Médio, preparadas pela Secretaria de Educação Média e Tecnológica (Semtec), para apreciação e deliberação da Câmara de Educação Básica do Conselho Nacional de Educação (CNE). Desta providência resultou o Parecer CEB 15/98, aprovado em 01/06/98, acompanhado da Resolução CEB 03 de 26 de junho do mesmo ano, instituindo as *Diretrizes Curriculares* para o Ensino Médio.

As *diretrizes* são, na verdade, um compacto de "definições doutrinárias sobre princípios, fundamentos e procedimentos a serem observados na organização pedagógica e curricular" de cada escola. Os princípios norteadores desta organização são:

1) *A estética da sensibilidade*: busca substituir a estética da repetição e da padronização, incentivando o aprender criativo, a função humana da curiosidade, o desenvolvimento da afetividade e "as formas lúdicas e alegóricas de conhecer o mundo".

2) *A política da igualdade*: busca, a partir do respeito aos direitos humanos, desenvolver o princípio constitucional da igualdade no acesso aos bens sociais e culturais, no respeito ao patrimônio comum, no encorpamento do espírito de responsabilidade tanto na área pública como no mundo das relações privadas e na intolerância com todas as formas de discriminação.

3) *A ética da identidade*: busca ultrapassar as dicotomias entre público e privado, entre mundo moral e material, praticando um humanismo permeável de elementos de solidariedade, espírito público e reciprocidade, qualidades que devem cimentar as ações da vida cotidiana, profissional, social e civil. Enquanto fundamento educativo, esta ética não se preocupa em "enquadrar" os alunos em modelos preestabelecidos de conduta social.

Para o êxito deste processo, os conceitos de *interdisciplinaridade* e *contextualização* devem constituir uma espécie de energia fecundadora da prática pedagógica e didática a dar forma aos objetivos do Ensino Médio.

Dando desdobramento ao texto das Diretrizes Curriculares Nacionais, o Ministério da Educação publicou o texto dos Parâmetros Curriculares Nacionais (PCN) para o Ensino Médio. Diferentemente das Diretrizes, os PCN não têm caráter mandatório no sentido da submissão *ipsis litteris* à versão do MEC. No entanto, o texto dos PCN constitui uma rota segura de construção do novo currículo do Ensino Médio, no processo sempre tenso de qualquer reforma educacional. As indicações expressas são referenciais norteadores da nova organização do currículo do Ensino Médio, respeitada a pluralidade cultural, regional, étnica, religiosa, política e econômica do tecido social do país. O horizonte é um só: a busca da qualidade da educação mediante a construção da cidadania concreta.

As áreas curriculares trabalhadas, porque presentes nas próprias Dcnem, são:

a) *Linguagens, códigos e suas tecnologias*: processo arbitrário, as linguagens veiculam o conhecimento e as formas de conhecer. Estruturam o pensamento e as formas de pensar, incorporam a comunicação e as tipologias de comunicar. No mundo atual, a inteligência das linguagens e de seus sistemas, mobilizados por códigos plurais, assegura o envolvimento na dinâmica da vida social, no horizonte da cidadania desejada. Os códigos se mostram no conjunto de escolhas e combinações discursivas, gramaticais, lexicais, fonológicas, gráficas etc. (PCN, vol. 2, p. 15; MEC/BsB, 1999). Enfim, as tecnologias emergem do entendimento de que as conexões das práticas sociais e produtivas se dão via linguagens e códigos situados no espaço e no tempo histórico. Estas conexões, que na verdade são as atividades das práticas sociais e produtivas, situam a inserção do cidadão em um mundo cada vez mais do conhecimento e dos símbolos.

b) *Ciências da Natureza, Matemática e suas tecnologias*: a aprovação de concepções científicas atualizadas, referentes ao mundo físico e à conservação do espaço terrestre, constituem foco desta área. Na verdade, trata-se de compreender que o objeto da Física, da Química, da Biologia, da Matemática etc., deve ter como referência o mundo físico e natural, embora não se confunda com ele. Os objetivos destes campos de conhecimento são distintos. Cada uma destas ciências possui leis próprias. Ao currículo escolar cabe contribuir para a compreensão e apropriação destas leis, situá-las na gramática interna de cada área e, a partir de então, resolver problemas concretos, mobilizando tecnologias disponíveis ou adequando tecnologias.

c) *Ciências Humanas e suas tecnologias*: a ética da identidade pressupõe o "aprender a ser". Em decorrência, a ação da escola não se esgota em transmitir conhecimentos. A ideia é que a própria organização escolar e a constituição curricular flexível, cimentadas nos princípios estéticos, políticos e éticos, adotem a inteligência de que os conhecimentos de teor histórico-geográfico, socioeconômico, jurídico, psicológico e antropológico constituem insumos fundamentais de interpretação da história cultural das sociedades e, portanto, instrumentos de sinalização e clarificação dos contornos do pensamento e do conhecimento nas transações e confrontações da atividade humana.

Por outro lado, enquanto as Ciências da Natureza criam e recriam tecnologias "duras", ou seja, ferramentas materiais, as Ciências Humanas produzem tecnologias impulsionadoras das ideias e do pensamento, ou seja, tecnologias assestadas para processos de gestão, de comunicação adequada, de seleção de informações, de potencialização da capacidade decisória, de prontidão mental para intervenções normais ou emergenciais e, sobretudo, capacitam intelectualmente os indivíduos para o exercício permanente da reflexão crítica entre os processos científico-tecnológicos e os impactos que produzem sobre o cotidiano das pessoas. Esta é a razão por que o documento dos PCN diz: [...] *é através da referência a contextos concretos e não abstratamente que se pode atribuir sentido às tecnologias na área das Ciências Humanas* (PCN, vol. 4, p. 23, MEC/BsB, 1999).

Diferentemente da ideia anterior de "grade curricular", tanto as Dcnem como os Pcnem apontam para a construção de uma proposta curricular (o currículo em ação vai-se enriquecendo com a realidade provocante de cada contexto de Ensino Médio) cuja centralidade está em dois grandes vetores: 1) os princípios axiológicos apontados pela LDB, no art. 2º, ao se referir à educação, e, no art. 3º, ao se referir ao ensino; e 2) o quadro de competências decorrentes das finalidades do Ensino Médio, conforme estabelece o art. 35 da LDB.

Por fim, é essencial compreender que: 1) não há uma distribuição legal de tempo para cada área. Cabe à escola assumir esta decisão, aliás, embutida na incumbência de "elaborar e executar sua proposta pedagógica" (LDB, art. 12, Inc. I); ao fazê-lo, no entanto, deverá levar em conta um sentido de equilíbrio entre as áreas; 2) o currículo pode ser organizado **por disciplinas** (destacando-se, sempre, as relações dinâmicas entre as disciplinas como fundamentos para entender e resolver os problemas da sociedade), **por áreas** (o que não significa esmaecer os conceitos-chave de cada disciplina, mas realçar a dimensão transdisciplinar dos conteúdos e produzir, continuamente, espaços didáticos para a integração horizontal (extensiva) e vertical (intensiva) dos conhecimentos selecionados na proposta pedagógica escolar e **por projetos** que "melhor abriguem a visão orgânica do conhecimento e o diálogo permanente entre as diferentes áreas do saber" (Dcnem).

O essencial é trabalhar as disciplinas/áreas (em que se hospedam os conteúdos) de forma dinâmica, vivencial, experiencial e resolutiva na perspectiva da vida concreta do aluno. Os conhecimentos estudados em sala de aula devem estar conectados à vida. À escola cabe, pela mediação dos professores, propiciar a transcendência desses conhecimentos para a construção de competências básicas que ensejem, ao aluno, capacidade de ação e intervenção em situações concretas. Assim, criam-se sinais sinergéticos através de uma rede de categorias vitais, de aprendizagem em cujo interior a intuição do aluno tem papel preponderante. E esta é a função da educação básica cuja culminância está no Ensino Médio. É possível, então, imaginar qual a Física, a Matemática, a Biologia, a História etc., e, ainda, a escola que o aluno deseja. Carneiro (2008: 43) as descreve assim:

Eu quero a escola [...]

Eu quero
Uma escola-relicário
Com joias do imaginário.

Eu quero
Uma escola com enredo
Cheia de sonho e aconchego

Eu quero
Uma escola-alegoria
Com sentido de harmonia.

Eu quero
Uma escola-expressão
Da vida, sem restrição.

Eu quero
Uma escola mais real
Menos una, mais plural.

Eu quero
Uma escola pluriforme
Sem forma que me deforme.

Eu quero
Uma escola com mais ócio
Onde viver é o negócio..

Eu quero
Uma escola onde a mensagem
É carregada de imagem.

Eu quero
Uma escola onde o "normal"
É não buscar ser igual.

Eu quero
Uma escola que não engana
Ao tratar a vida humana.

Eu quero
Uma escola da História
Dos pobres, dos sem memória.

Eu quero
Uma escola da Geografia
Do espaço em harmonia.

Eu quero
Uma Química ativa
Que a vida é mistura viva.

Eu quero
Uma escola onde a Matemática
Seduza, seja simpática.

Eu quero
Uma Educação Física contente
Que cultive o corpo e a mente.

Eu quero
Uma escola onde o computador
Seja escravo, e eu, senhor!

Eu quero
Uma escola parecida
Com meu jeito, minha vida.

Eu quero
Uma escola-criatura
Humana, com mais ternura.

Eu quero
Cantar a Física em verso
Na dança do universo.

Eu quero
Estudar em Biologia
A vida sem anestesia.

Eu quero
Uma escola onde o Português
Dê a todos voz e vez.

Eu quero
Estudar Filosofia
Pra refletir com alegria.

Eu quero
Uma escola que irradia
A busca da autonomia.

Eu quero
Uma escola-estandarte
Da vida e de toda a arte.

E que seja, ao mesmo tempo

Respeitável e bem menina

Como Cora Coralina.

As Dcnem e os Pcnem delimitam o currículo suficiente para dar conformação ao ciclo final da educação básica. A ele se submetem, com menor ou maior adequação, todas as escolas. Este currículo tem, sob variações gradativas, a seguinte configuração:

- objetivos gerais;
- objetivos específicos;
- eixos estruturadores;
- valores e atitudes;
- competências, habilidades e procedimentos.

Esta demarcação estruturante envolve os conteúdos:

Área de linguagens, códigos e suas tecnologias	• Língua Portuguesa; • Língua Estrangeira Moderna; • Educação Física; • Arte.

Área de Ciências da Natureza, Matemática e suas tecnologias	• Biologia; • Física; • Química; • Matemática.

Área de Ciências Humanas e suas tecnologias	• História; • Geografia; • Sociologia; • Filosofia; • Ensino Religioso.

É no momento da estruturação do currículo que se estabelece a grande ruptura entre ensino público e ensino privado, no âmbito do Ensino Médio. As escolas privadas, de olho no vestibular e, agora, no Enem, desdobram as disciplinas de cada área em várias outras e aumentam a carga horária de estudo dos alunos. A partir daí fica fácil prever quem vai ser bem-sucedido no Enem/Vestibular![2] Ele é, de fato, referenciado a conteúdos extensivos...

Convém, ainda, destacar que toda a legislação atual da educação e, sobretudo, a LDB, as Dcnem e os Pcnem, chamam a atenção para a *interdisciplinaridade* e para a *contextualização* como princípios de organização do currículo. *Interdisciplinaridade* menos como conceito portador de sofisticação acadêmica e mais como compreensão das formas de inter-relação e de diálogo das disciplinas curriculares, o que significa reorganizar e ressignificar a experiência nem sempre sistematizada dos docentes e de outros profissionais da educação que (vivem, convivem e trabalham) na escola, a fim de que revejam e ressituem, continuamente, suas práticas sobre o quê e sobre o como ensinar. *Contextualização* que não quer dizer apequenar o currículo na realidade miú-

---

2. No Brasil há uma tendência de se atribuir, à qualidade do currículo, a quantidade de disciplinas. Esta confusão é responsável pelo permanente estado de obesidade do currículo escolar brasileiro. No Congresso há dezenas de anteprojetos com objetivo expansionista do currículo. As propostas caminham em todas as direções e incluem, dentre outras, disciplinas como: educação financeira, educação ambiental, educação antidrogas, educação do consumidor, educação sexual, educação para o trânsito etc. etc. Imagina-se que, multiplicando-se os conteúdos, a educação vai melhorar. A experiência internacional mostra que o currículo enxuto é o currículo arguto! A exaustividade do currículo pertence a um modelo pedagógico obsoleto!

da e circunscrita da escola. Tampouco quer dizer aprisionar o currículo no território restrito da problemática local. A legislação, de motivação inteiramente avessa à ideia de "grade curricular", não sinaliza na direção de se provincianizar o currículo. Pelo contrário: *contextualização* significa ultrapassar a convenção propositiva de disciplinas ou de áreas, mediante uma proposta pedagógica sintonizada com o perfil dos alunos. Por isso, toda a formação geral envolve a ideia de preparação geral para o trabalho. Ideia que é extensiva à base nacional comum e à parte diversificada do currículo, o que supõe desbastar fronteiras culturais.

Este articulado de legislação foi enriquecido recentemente com a Resolução CNE/CEB 04/10, que, nos termos do art. 1º, *define Diretrizes Curriculares Nacionais Gerais para o conjunto orgânico, sequencial e articulado das etapas e modalidades da educação básica, baseando-se no direito de toda pessoa ao seu pleno desenvolvimento, à preparação para o exercício da cidadania e à qualificação para o trabalho, na vivência e convivência em ambiente educativo, e tendo como fundamento a responsabilidade que o estado brasileiro, a família e a sociedade têm de garantir a democratização do acesso, a inclusão, a permanência, e a conclusão com sucesso das crianças, dos jovens e adultos na instituição educacional, a aprendizagem para continuidade dos estudos e a extensão da obrigatoriedade e da gratuidade da Educação Básica.*

Ressalta, ainda, essa Resolução, em seu art. 3º, que as Diretrizes Curriculares Nacionais específicas para as etapas e modalidades da educação básica *devem evidenciar o seu papel de indicador de opções políticas, sociais, culturais, educacionais, a função da educação, na sua relação com o projeto de nação, tendo como referência os objetivos constitucionais, fundamentando-se na cidadania e na dignidade da pessoa, o que pressupõe igualdade, liberdade, pluralidade, diversidade, respeito, justiça social, solidariedade e sustentabilidade.*

O binômio interdisciplinaridade/contextualização é reforçado no art. 13, § 3º, que afirma:

> § 3º A organização do percurso formativo, aberto e contextualizado, deve ser construída em função das peculiaridades do meio e das características, interesses e necessidades dos estudantes, incluindo não só os componentes curriculares centrais obrigatórios,

previstos na legislação e nas normas educacionais, mas outros, também, de modo flexível e variável, conforme cada projeto escolar, e assegurando:

I. concepção e organização do espaço curricular e físico que se imbriquem e alarguem, incluindo espaços, ambientes e equipamentos que não apenas as salas de aula da escola, mas, igualmente, os espaços de outras escolas e os socioculturais e esportivo-recreativos do entorno, da cidade e mesmo da região;

II. ampliação e diversificação dos tempos e espaços curriculares que pressuponham profissionais da educação dispostos a inventar e construir a escola de qualidade social, com responsabilidade compartilhada com as demais autoridades que respondem pela gestão dos órgãos do poder público, na busca de parcerias possíveis e necessárias, até porque educar é responsabilidade da família, do Estado e da sociedade;

III. escolha da abordagem didático-pedagógica disciplinar, pluridisciplinar, interdisciplinar ou transdisciplinar pela escola, que oriente o projeto político-pedagógico e resulte de pacto estabelecido entre os profissionais da escola, conselhos escolares e comunidade, subsidiando a organização da matriz curricular, a definição de eixos temáticos e a constituição de redes de aprendizagem;

IV. compreensão da matriz curricular entendida como propulsora de movimento, dinamismo curricular e educacional, de tal modo que os diferentes campos do conhecimento possam se coadunar com o conjunto de atividades educativas;

V. organização da matriz curricular entendida como alternativa operacional que embase a gestão do currículo escolar e represente subsídio para a gestão da escola (na organização do tempo e do espaço curricular, distribuição e controle do tempo dos trabalhos docentes), passo para uma gestão centrada na abordagem interdisciplinar, organizada por eixos temáticos, mediante interlocução entre os diferentes campos do conhecimento.

Por fim, uma rápida avaliação da proposta do MEC para o **novo** Ensino Médio.

Em maio de 2009 o MEC anunciou mudanças na etapa final da educação básica, ou seja, no Ensino Médio. As modificações propostas atingem a reformulação do currículo e a ampliação da carga horária.

O Programa Ensino Médio Inovador está assim estruturado:

> I – Currículo: os conteúdos serão agregados em quatro áreas de conhecimento, a saber: línguas, exatas e biológicas, matemática e humanas. O argumento do MEC é que a divisão por áreas de conhecimento anulará a atual segmentação de matérias, evitando-se a fragmentação de conteúdos com repercussão negativa direta na aprendizagem dos alunos. A escola trabalhará com núcleos centrais, flexíveis, e com projetos integradores. Alega-se que, neste caso, a articulação teoria/prática estará assegurada pela metodologia das atividades experimentais. Por outro lado, o aluno poderá escolher 20% do currículo, à luz de uma preferência pessoal.
>
> II – Carga horária: Haverá uma expansão em 25% da carga horária, passando de 2.400 para 3.000 horas, o que representará um aumento anual de 600 horas.

Em maio de 2011 o Conselho Nacional de Educação (CNE) aprovou novas diretrizes para o Ensino Médio. O foco do texto é permitir às escolas maior autonomia para trabalharem com um currículo mais flexível no âmbito de quatro áreas amplas: trabalho, tecnologia, ciência e cultura. O contexto regional servirá de referência para a distribuição da carga horária na circunscrição de cada área. Além disto, os alunos dos cursos noturnos poderão dispor de mais tempo para concluir os estudos. As escolas que o desejarem poderão permanecer com o currículo em curso. Por fim, 20% das aulas poderão ser ministrados a distância. Todas as mudanças propostas terminam por punir o aluno das classes populares, frequentadores das escolas públicas. Estas novas diretrizes aguardam homologação do ministro da Educação.

Acredita o MEC que estas mudanças valorizarão a leitura em todas as áreas de conhecimento e, ainda, garantirão maior formação cultural.

Convém ressaltar que nada do que está proposto como ideias originais no âmbito do "novo Ensino Médio" já não esteja previsto na LDB e na legislação decorrente (Pareceres, resoluções e normas complementares do CNE)[3]. É difícil imaginar que, sem professores suficientes e adequadamente qualificados, o Ensino Médio vai mudar. Por outro lado, como aumentar a carga horária, se estados e municípios já declararam que não podem onerar mais suas folhas de pessoal, através da contratação de mais professores? Pelo menos, esta foi a explicação dada nos debates para a fixação do piso salarial nacional!...

De fato, as mudanças necessárias passam ao largo desses arranjos curriculares de superfície. É necessário que o **currículo da escola** seja, também, o currículo do **jovem**, o que supõe uma nova compreensão do conceito de espaço e tempo de aprendizagem. É neste binômio que o jovem tem que se instalar como aluno e, não, dentro de um esquema inflexível de conteúdos e fórmulas que funcionam como vacinas inibidoras do ser humano total, porque focam só o intelecto e deixam de lado as porosidades do eixo razão/emoção. Na verdade, a ideia de um currículo descolado da vida tem a ver com uma compreensão enviesada de conhecimento e de educação escolar. Esta serve para trocar saberes e, não, para enquadrar mentes.

Enfim, a concepção de uma escola aberta ao jovem (esta é a escola de Ensino Médio!) implica na ideia de currículo como o lugar onde a vida **corre** (e não o vestibular!), onde os sonhos dos alunos **escorrem** e onde o espaço e o tempo da juventude **transcorrem**. Esta é a escola de ambiências receptivas e que enxerga, no aluno, um interlocutor capaz de pensar, de sentir, de agir e de reagir.

O mérito da iniciativa do MEC reside exclusivamente em reconvocar o Ensino Médio para o palco das discussões na sociedade e das preocupações dos sistemas de ensino.

Por tudo isto, pode-se dizer que, no Brasil, o Ensino Médio, etapa de plenificação do ciclo da educação básica, não contribui para a construção do sujeito integral, senão e apenas para habilitá-lo ao ingresso na universidade.

Ao término da educação básica, o aluno deveria ter a possibilidade de ser avaliado pela capacidade de exercer a autonomia do pensamento e, não, pela

---

3. No caso da LDB, ver especialmente os artigos 3º, 23, 26, 27, 28 e 36, inc. II.

capacidade de pensar o pensamento alheio ou de replicar os conteúdos das disciplinas desprovidas de espaços vivenciais. A consequência é que o aluno termina o Ensino Médio excluído da educação básica e cheio de *inibições cognitivas* (SCOZET et al., 2000: 23). Na verdade, o aluno sai do Ensino Fundamental sem ter desenvolvido o quadro de competências que devem lastrear a formação básica do cidadão e, assim, definidas pelo art. 32 da LDB:

• Desenvolvimento da capacidade através do pleno domínio da leitura, da escrita e do cálculo.

• Compreensão adequada:

- do ambiente natural e social;

- do sistema político;

- dos cursos básicos de tecnologia;

- do ser humano como agente social e produtor de cultura (Artes);

- do mundo dos valores em que se fundamenta a sociedade em que vive.

Espera-se que, ao ingressar no Ensino Médio, esteja sob o ponto de vista de seu desenvolvimento intelectual, possuído das competências necessárias para[4]:

1) Compreender a cidadania como participação social e política.

2) Conhecer o que cabe ao cidadão no exercício dos direitos e deveres políticos, civis e sociais.

3) Adotar atitudes de solidariedade, cooperação e repúdio às injustiças.

4) Respeitar as diferenças e os diferentes.

5) Posicionar-se de maneira crítica, responsável e construtiva nas diferentes situações sociais.

6) Utilizar o diálogo como forma de mediar conflitos e de tomar decisões coletivas.

---

4. Estes são os macro-objetivos do Ensino Fundamental de acordo com os Parâmetros Curriculares Nacionais (PCN). Como se sabe, os PCN servem para orientar a elaboração dos projetos pedagógicos, o planejamento das aulas, a reflexão da prática educativa e a própria seleção do material didático.

7) Conhecer as características fundamentais do Brasil nas dimensões sociais, materiais e culturais.

8) Ter clareza sobre a necessidade de contribuir para a construção progressiva da própria identidade, da identidade de sua comunidade e da identidade do seu país.

9) Sentir-se integrante, dependente e agente transformador do ambiente.

10) Desenvolver o conhecimento ajustado de si mesmo.

11) Evoluir na construção do sentimento de confiança no conjunto de suas capacidades, nos campos:

- afetivo;

- físico;

- cognitivo;

- ético;

- estético;

- de inter-relação pessoal;

- de inserção na comunidade.

12) Conhecer e cuidar do próprio corpo.

13) Valorizar e adotar hábitos saudáveis.

14) Zelar pela própria saúde e pela saúde coletiva, dentro de um quadro de preocupações com a qualidade de vida.

15) Utilizar as diferentes linguagens – verbal, matemática, gráfica, plástica e corporal – como forma de atender às diferentes intenções e situações de comunicação.

16) Saber apropriar-se de diferentes fontes de informação e recursos tecnológicos para adquirir e construir conhecimentos.

17) Formular problemas e apresentar alternativas de solução.

18) Mobilizar competências para o uso adequado do(a):

- pensamento lógico;

- criatividade;

- intuição;

- capacidade de análise crítica;

- construção de procedimentos;

- seleção de alternativas.

Este rol de competências foi robustecido pela Resolução CNE/CEB 07/10, que fixa Diretrizes Curriculares Nacionais para o Ensino Fundamental de 9 anos. Diz o texto aludido, em seu art. 5º, § 1º ao 5º:

> Art. 5º. O direito à educação, entendido como um direito inalienável do ser humano, constitui o fundamento maior destas Diretrizes. A educação, ao proporcionar o desenvolvimento do potencial humano, permite o exercício dos direitos civis, políticos, sociais e do direito à diferença, sendo ela mesma também um direito social, e possibilita a formação cidadã e o usufruto dos bens sociais e culturais.
>
> § 1º. O Ensino Fundamental deve comprometer-se com uma educação com qualidade social, igualmente entendida como direito humano.
>
> § 2º. A educação de qualidade, como um direito fundamental, é, antes de tudo, relevante, pertinente e equitativa.
>
> I. A relevância reporta-se à promoção de aprendizagens significativas do ponto de vista das exigências sociais e de desenvolvimento pessoal.
>
> II. A pertinência refere-se à possibilidade de atender às necessidades e às características dos estudantes de diversos contextos sociais e culturais e com diferentes capacidades e interesses.
>
> III. A equidade alude à importância de tratar de forma diferenciada o que se apresenta como desigual no ponto de partida, com vistas a obter desenvolvimento e aprendizagens equiparáveis, assegurando a todos a igualdade de direito à educação.
>
> § 3º. Na perspectiva de contribuir para a erradicação da pobreza e das desigualdades, a equidade requer que sejam oferecidos mais recursos e melhores condições às escolas menos providas e aos alunos que deles mais necessitem. Ao lado das políticas universais, dirigidas a todos sem requisito de seleção, é preciso também sustentar po-

líticas reparadoras que assegurem maior apoio aos diferentes grupos sociais em desvantagem.

§ 4º. A educação escolar, comprometida com a igualdade do acesso de todos ao conhecimento e especialmente empenhada em garantir esse acesso aos grupos da população em desvantagem na sociedade, será uma educação com qualidade social e contribuirá para dirimir as desigualdades historicamente produzidas, assegurando, assim, o ingresso, a permanência e o sucesso na escola, com a consequente redução da evasão, da retenção e das distorções de idade/ano/série (Parecer CNE/CEB 7/10 e Resolução CNE/CEB 4/2010, que define as Diretrizes Curriculares Nacionais Gerais para a Educação Básica).

Este amplo e complexo quadro de referências epistemológicas e operativas da escola e do currículo requer que a avaliação não seja apenas de conteúdo, mas também do desenvolvimento e do amadurecimento de vivências provocadas pelo ciclo escolar da educação básica em cujo processo de culminância está o Ensino Médio. Por esta razão, a lei destaca como primeira finalidade do Ensino Médio [...] *a consolidação e o aprofundamento dos conhecimentos adquiridos no Ensino Fundamental [...]*.

Infelizmente, o que ocorre não é bem isto. Os alunos começam o Ensino Médio de costas para o Ensino Fundamental e de frente para o vestibular. E, já no primeiro dia de aula, ouvem a célebre afirmação do professor: **O nosso desafio é o vestibular! [...] O resto, esqueçam!!!** Assim se anuncia a caminhada para fechar o ciclo da educação básica, sob o olhar complacente das autoridades educacionais. A escola de Ensino Médio esquece, como aponta Carneiro (2009: 34), que:

Todo jovem	Todo jovem
esconde, em algum lugar,	encontra, em algum lugar,
razões que a escola	motivos que a educação
não vai imaginar.	não vai decifrar.

Todo jovem
oculta, em algum lugar,
emoções que o currículo
não vai abarcar.

Todo jovem
põe em algum lugar,
cismas que o mestre
não vai desvendar.

Todo jovem
deposita, em algum lugar,
motivos que a avaliação
não vai captar.

Todo jovem
busca, em algum lugar,
lições que o livro
não vai ensinar.

Todo jovem
espera, em algum lugar,
uma sala de aula
que saiba encenar.

Todo jovem
pensa, em algum lugar,
achar uma escola
que o leve a sonhar.

2
PONTOS DE PARTIDA E PONTOS DE CHEGADA PARA O ENSINO MÉDIO HOSPEDADO NA EDUCAÇÃO BÁSICA

A delimitação dos pontos de partida e dos pontos de chegada para um Ensino Médio diferente do que existe impõe a seguinte questão inicial: *O que é um Ensino Médio voltado para a educação básica e, não, prioritariamente, para o vestibular, como ocorre no Brasil?* No mundo inteiro, a construção da resposta a esta indagação tem constituído uma preocupação permanente. Em uma sociedade como a brasileira, porém, em que toda a engenharia social tem sido construída para não remover as desigualdades, esta questão ganha relevância ímpar. De fato, entre nós, a educação escolar de nível médio, além de não ser um direito assegurado a todo cidadão brasileiro, continua apresentando oferta crítica em termos de qualidade. Basta ver os resultados das avaliações nacionais e internacionais.

A resposta à questão proposta deve considerar as dimensões estruturais de cada sociedade, os aspectos de historicidade dos países, as interconexões de tempos, de lineamentos lógicos, de dispositivos culturais e, ainda, a variedade de contextos. O conjunto destes fatores condiciona a complexidade de mudanças e o desenho de estratégias de indução de transformações e inovações.

É inegável que se verifica um esforço planetário por parte de organismos internacionais e de governos, já a partir do fim da década de 1990, para mudanças nas faces do Ensino Médio. Não estamos, portanto, diante de uma questão só desafiadora para o Brasil. Trata-se de uma problemática planetária. Tanto é assim que, nos Estados Unidos, por exemplo, as *High Schools* se organizam em três modalidades, quais sejam: os alunos de desempenho acadêmico alto frequentam a *acadêmica*, os de aproveitamento inferior compõem as turmas da *geral* e, por fim, os que desejam ou precisam se preparar mais cedo para um ofício, uma ocupação, matriculam-se na escola *vocacional*. Em países de desenvolvimento técnico-científico consolidado, a diversidade de oferta é a regra geral. Nos países da Ocde há a conhecida bifurcação da oferta com o esquema "Ensino Médio acadêmico", de um lado, e o "profissionalizante", de outro. No interior de cada um destes ramos, há divisões. No caso do acadêmico, a divisão corresponde às grandes áreas do conhecimento. No caso do profissionalizante, os cursos se estruturam por campos profissionais. Estes modelos vivem hoje uma fase de grandes questionamentos. De fato, a ideia de uma educação geral parece ir prevalecendo no mundo da sociedade do conhecimento, mesmo porque mais importante do que dominar o conhecimento especializado é saber usar a informação e saber aderir natural e criticamente a ela.

Em maio de 2001, a Reunião Internacional de Especialistas sobre Ensino Médio, realizada sob o patrocínio da Unesco, em Beijing, na China, construiu um consenso em torno de dois grandes eixos prioritários, dentro do quadro universal da educação de massa. Tal consenso foi assim formulado:

- o Ensino Médio deve merecer alta prioridade;
- os objetivos e as funções do Ensino Médio devem ser redefinidos para o século XXI.

A reunião alinhou os grandes desafios do Ensino Médio para os anos vindouros a partir da urgência do estabelecimento de pontos de equilíbrio entre as seguintes situações-dilema:

- escolarização para todos/escolarização seletiva;
- educação geral/educação especializada profissionalizante;
- resultados cognitivos/resultados comportamentais;
- mecanismos de articulação Ensino Fundamental/Ensino Médio;
- modalidades de parcerias público/privado;
- padrão uniforme de oferta/organização escolar flexível;
- articulação dos temas acadêmicos/conteúdos profissionalizantes;
- aprendizado básico/aprendizado continuado ao longo da vida;

- conteúdos curriculares gerais/aspirações individuais de aprendizagem;

- Ensino Médio de organização clássica/Ensino Médio vinculado ao mundo do trabalho.

A questão dos resultados cognitivos e comportamentais foi analisada dentro da ampla moldura da globalização, das inovações tecnológicas, dos ganhos de produtividade, da economia e da necessidade de valorização da diversidade humana. Este novo horizonte atribui à educação escolar uma responsabilidade ímpar no complexo processo de condução dos alunos para aquisição equilibrada das competências necessárias para a vida. Nesta direção foi estabelecido um conjunto de alinhamentos consensuados, com destaque para:

- A emergência de novos desafios para os professores do Ensino Médio, o que passa a exigir:

    - novos padrões de formação inicial e continuada;

    - perfil definido de atuação profissional;

    - quadros docentes estáveis capazes de assegurar o sentido de integridade, dedicação permanente e consistência do processo teoria/prática na execução do currículo;

    - **salários profissionalmente atrativos e socialmente relevantes** (grifo nosso).

- Metodologias plurais de ensino.

- Estruturas e serviços escolares compatíveis com a ideia do ensino das competências necessárias à vida e à estruturação de comportamento.

- Gestão escolar sintonizada com a nova realidade da sociedade do conhecimento e da sociedade em rede.

- Abordagem multissetorial de políticas educacionais através da interpenetração de ações de governos, de organizações não governamentais, de organismos regionais e locais e do amplo envolvimento das comunidades.

Os novos objetivos e funções do Ensino Médio para o século XXI exigem respostas concretas, com elementos de organização material adequados, aspectos essenciais de uma cultura planetária em rápida transformação nos campos que seguem:

■ Educação inclusiva e compensatória.

■ Fortalecimento do princípio da equidade.

■ Apropriação adequada das tecnologias de comunicação e informação.

■ Eliminação dos tratamentos desiguais entre os sexos.

■ Integração dinâmica e eficaz dos componentes estruturantes da aprendizagem, a saber:

- A comunidade de pessoas
  - professores;
  - especialistas;
  - servidores administrativos;
  - pais de alunos;
  - membros da comunidade.
- As políticas educacionais

Devem ser em suas características:
  - duradouras;
  - socialmente relevantes;
  - articuladas;
  - acompanhadas e avaliadas continuamente;
  - associadas a estratégias e a metas;
  - flexíveis para permitirem contextualização;
  - consistentes para aprendizagem dos conteúdos gerais e, ao mesmo tempo, permeáveis a tendências;
  - facilitadoras, democráticas e descentralizadoras.
- A infraestrutura
  - O projeto pedagógico deve servir de modelagem para a montagem, organização e funcionamento de todos os componentes da infraestrutura escolar e, não, o contrário.

A experiência dos países em desenvolvimento neste particular é trágica. As empresas de engenharia em cumplicidade com os governos concebem o projeto físico para, só depois, se pensar no projeto pedagógico. Ou seja, primeiro vem cimento e ferro e só depois... gente! Por que será?!

Na oportunidade da reunião, os países-membros solicitaram à Unesco apoio em geral e suporte técnico especializado em três áreas específicas e interdependentes, quais sejam:

• **Na esfera dos alunos**: tornar o Ensino Médio permeável às necessidades variadas dos alunos, potencializando-os a aprenderem ao longo da vida.

• **Na esfera dos professores**: priorizar a formação docente, tornando cada professor capaz de trabalhar com a ideia de currículo múltiplo de um lado e, de outro, de operar a escola como organização de ensino e a sala de aula como espaço de aprendizagem.

• **Na esfera da infraestrutura**: Garantir que os formuladores de políticas destaquem a nova relevância do Ensino Médio, seja-lhe dispensada a adequada atenção **como etapa final da educação básica**, e, ainda, que haja oferta de vagas suficientes para todos os alunos. Garantir, ainda, recursos apropriados ao Ensino Médio, disponibilizando dotações orçamentárias suficientes às novas demandas de um atendimento de massa.

Aqui, é importante destacar que, já em 2000, o Plano de Ação de Dacar estabelecia que *a educação constitui um direito fundamental do ser humano. É um requisito essencial do desenvolvimento sustentável, como também da paz e da estabilidade no interior das nações e entre elas, e, portanto, um meio indispensável para uma participação efetiva na economia e na vida das sociedades do século XXI, as quais se encontram sujeitas a um processo de rápida globalização.*

Como desdobramento desta percepção de Dacar, compromissos internacionais foram assumidos formalmente pelos países signatários do documento final, dentre os quais o Brasil. Em meio a estes compromissos, destaca-se o acordo para:

a) Melhorar a oferta e a eficácia do **Ensino Médio**.

b) Eliminar as disparidades no tratamento dos sexos no **Ensino Médio** até o ano de 2005.

c) Instaurar a igualdade dos sexos na educação em geral até 2015.

d) Disponibilizar estruturas flexíveis de oferta de **Ensino Médio**, de modo que se levem em conta os diferentes processos mediante os quais os jovens atingem a maturidade, como também as necessidades econômicas e sociais.

e) Definir e implementar políticas para o acompanhamento e a avaliação no âmbito de todo o processo de consolidação do **Ensino Médio** massificado, levando em conta sobretudo que *o Ensino Médio geral já não está, como no passado, reservado para a minoria mais favorecida da juventude.* **Nem constitui mais o objetivo principal do Ensino Médio permitir o acesso aos estudos superiores, embora estes continuem a ser um objetivo real... a preparação para uma vida de trabalho tornou-se tão importante no Ensino Médio como a preparação para os estudos superiores** (grifo nosso).

O conjunto destes pontos desperta questões cruciais vinculadas à demanda, à provisão e ao acesso à educação básica.

O provimento da educação básica formal tem estado fortemente ligado à satisfação de exigências seletivas de objetivos públicos, como:

• disponibilização de mão de obra qualificada exigida pela produção econômica;

• recursos humanos preparados para o atendimento às estruturas de governo;

• cuidados e atenção aos alunos dentro de padrões de conformidade social.

Por outro lado, há também os que se movem pela ideologia do não conformismo e da resistência. Neste caso, o papel da educação é a elevação do nível de consciência da cidadania, a preparação para o exercício da autonomia crítica e, ainda, a ajuda à coletividade para que todos atinjam completamente o seu potencial de desenvolvimento.

Em um e outro caso, a função da educação básica é essencial e estratégica. Mas, o fundamental é que o Estado e a sociedade e, por isso, ela se denomina de educação básica, contribuam, relevante e decisivamente, para que TODOS

tenham serviços educacionais adequados e universalizados em nível avançado, até mesmo em decorrência da educação como um direito humano básico.
É precisamente nesta direção que os compromissos internacionais aqui apontados se colocam e é, igualmente, nesta direção que ganha relevância crescente a educação escolar de nível médio, posta sempre na moldura da educação
básica. Seja porque ela fecha o ciclo irradiante e potencializador da educação
básica universalizada, seja porque, como anota o documento Ensino Médio
no século XXI, radiografia final de Reunião Internacional de especialistas sobre Ensino Médio no século XXI, patrocinada pela Unesco, *a educação se aplica
a um amplo espectro de conhecimentos obrigatórios, destinados a cobrir as dimensões
culturais, econômicas, sociais e políticas do desenvolvimento humano. É por meio deles que a sociedade consegue sobreviver, funcionar e progredir de um modo dinâmico.
À medida que a escolarização formal se torna cada vez mais o único ou o principal de-
positório e provedor da educação, a estrutura, o conteúdo e a gestão desse processo de
escolarização se tornam crescentemente complexos e politizados.*

De fato, a oferta de Ensino Médio tem essencialmente a ver com os alunos
que estão em suas salas de aula e vivem a fase de adolescência do desenvolvimento humano. Decorre, desta circunstância, uma concepção e operações de
aprendizagem que possibilitem *a consolidação e o aprofundamento dos conhecimentos adquiridos na infância e no Ensino Fundamental, além da alternativa de prosseguimento de estudos* (LDB, art. 35). Este avanço na aprendizagem é essencial
para oferecer, ao jovem cidadão, as condições reais e potenciais para assumir
as responsabilidades que lhe caberão na idade adulta.

O fato é que a educação secundária atual precisa ser redirecionada por
processos que asseguram aos jovens amplas rotas de aprendizagem que lhes
possibilitem:

- aprender a pensar;
- aprender a sentir;
- aprender a consentir;
- aprender a viver;
- aprender a conviver;

- aprender a valorizar a vida;
- aprender a criar;
- aprender a recriar vivências;
- aprender a desenvolver o corpo;
- aprender a defender a integridade da espécie;
- aprender a compreender;
- aprender a empreender;
- aprender a operar;
- aprender a cooperar;
- aprender a ordenar;
- aprender a coordenar;
- aprender a laborar;
- aprender a colaborar;
- aprender a problematizar;
- aprender a resolver problemas;
- aprender a ser autônomo;
- aprender a ser independente;
- aprender a ser interdependente.

Esta gama de ações e de competências precisa ser disponibilizada por um modelo curricular de Ensino Médio que possibilite a cada jovem responder as questões:

- Quem sou?
- Como estou?
- Quem poderei ser?
- Como posso trabalhar para ser o que desejo?
- Quais as minhas responsabilidades como ser de sociedade?
- Que conhecimentos devo adquirir para viver e conviver na sociedade do conhecimento?

Todas estas questões decorrem de uma mudança aguda ocorrida no modelo educativo da sociedade industrial. Nesta escola, os alunos eram "encaixados" em um modelo único de ensino, com um currículo tipo camisa de força. Todos deveriam aprender as mesmas coisas, porque deveriam se preparar para viver em um mundo falsamente uniforme, homogêneo e sob padrões congelados de conduta. Neste mundo, os alunos não possuíam qualquer controle sobre o rumo de sua aprendizagem. Aqui, a centralidade do ensino não estava neles, mas nos programas.

A educação do século XXI, situada na sociedade pós-industrial e pós-moderna, caminha na direção oposta à visão uniforme e excludente de condutas padronizadas. A inteligência coletiva põe-se no horizonte desta nova educação e impõe novas percepções, do tipo:

- todos são capazes e não, apenas, alguns;
- a inteligência é múltipla;
- cada causa tem muitas causas e, por isso, não há resposta uniforme;
- a inteligência supõe o engajamento emocional;
- o conhecimento é interpessoal;
- o saber científico é provisório; por isso, a escola deve preparar o aluno para aprender ao longo de toda a vida.

O Relatório Delors já tinha destacado em 1996 que *[...] não são mais apropriadas as respostas tradicionais à demanda de educação, por serem essencialmente quantitativas e baseadas na aquisição de conhecimentos. Não basta dar a cada criança, desde o começo de sua vida, um cabedal de conhecimentos [...] cada indivíduo deve ser equipado de modo a poder captar as oportunidades de aprender [...], tanto para alargar seus conhecimentos, seus saberes e suas atitudes, como para adaptar-se a um mundo cambiante, complexo e interdependente.*

Um currículo morno, apoiado na insensibilidade de um programa que **desprograma** a vida dos alunos serve, apenas, para transformar *as ideias em fetiches destinados ao consumo massivo* (WARAT, 2004: 49). A história individual do aluno precisa encontrar, nos conteúdos curriculares, o lastro natural de sua explicitação, não como um processo de esgotamento, mas como um projeto de ressignificação. Do contrário, o aluno será apenas treinado, formatado para o desempenho de funções programadas de autômato. Neste sentido, deverá haver um movimento em direção dupla. Da parte da escola, caberá a ela desinstalar-se dos contornos de uma programação que, só voltada para os conteúdos congelados do plano de ensino das disciplinas, ignora a dinâmica da vida e as inconstâncias do mundo. Da parte do aluno, caberá a ele deslocar o olhar em direções múltiplas, sair de si, comunicar-se sem constrangimentos, sentir e expressar sua força e seus limites, potencializar, desenhar e mapear sua biografia. Enfim, construir suas cartografias vivenciadas.

A habilidade de ser e de existir é dinâmica. A capacidade de autoconhecer-se é a base para que outras habilidades possam emergir e descobrir novas significações. Esta bipolaridade situacional – currículo flexível/aluno comunicante – assegura dar, ao aprender escolar sistematizado, a dimensão de processo criativo, de percurso resolutivo e de trajeto refinalizador. A ideia básica é quebrar, por via deste processo, a visão unívoca de um mundo que não é possível reconstruir com o uso exclusivo da razão abstrata.

O currículo do Ensino Médio deve possibilitar que o aluno jovem trabalhe a experiência de sentido dada pela razão conceitual com as formas de compreensão derivadas do mundo sensível. Este mundo é a grande plataforma de sustentação da educação básica e, ao mesmo tempo, de lançamento da utopia concreta de cada aluno, de cada escola e de cada sociedade. Neste sentido, o Ensino Médio deve ser entendido como um conjunto de rotas e convergências para uma chegada, com sucesso de aprendizagem, ao ciclo de conclusão da educação básica.

Os pontos de chegada para um Ensino Médio constituinte da educação básica exigem, da parte do Estado brasileiro e de seus legisladores, a superação de três entraves.

No campo das ideias, continuamos a insistir em concepções equivocadas segundo as quais as opções para a política educacional de nível básico se limitam à expansão de metas sem a quantificação exata de recursos financeiros ano a ano e, ainda, sem trabalhar o alinhamento de prioridades dentro de um sentido de precedências e de áreas de articulação. Basta ver que, nas discussões do anteprojeto de lei do PNE, não se põem as questões do analfabetismo absoluto, analfabetismo funcional e analfabetismo digital em mesma perspectiva de políticas públicas.

No campo das políticas, os gastos com educação não são apenas de natureza incremental, tornando os investimentos em ensino desfocados de um rearranjo das responsabilidades públicas e, ainda, da inclusão da questão em um processo eventual de reforma tributária parcial.

No campo das expectativas sociais, à medida que se avança nas discussões do anteprojeto de lei do Plano Nacional de Educação, sobretudo no interior da Comissão Especial que trata do assunto, o ritmo de pressa para sua aprovação lateraliza as questões cruciais da educação escolar, todas elas centradas em uma compreensão reconceituada de educação básica. Esta é verdadeiramente a educação obrigatória e socialmente relevante no contexto da construção de formas significativas de uma cidadania atuante.

Sem a ultrapassagem destes três entraves, o PNE, quando aprovado, será recebido em ritmo de festa e o Ensino Médio, etapa final da educação básica, após cada nova avaliação do Enem/Vestibular, continuará em ritmo de fracasso.

3
PARTICULARIDADES DA IDADE JOVEM E FORMAS MÚLTIPLAS DE ORGANIZAÇÃO CURRICULAR DA ESCOLA DE ENSINO MÉDIO

Na evolução civilizatória, a organização da sociedade humana vai-se operando no trânsito de natureza à cultura. Em etapas e ritmos diversos, os avanços são conquistas instaladas em legalidades, proibições e prescrições. Este conjunto garante estrutura e sobrevivência aos membros de uma comunidade.

Os regulamentos normativos asseguram a sustentação cultural. Como diz Taber (2000: 191), *sem lei não há estrutura da cultura e sem cultura não há sujeito.* Evidentemente, as leis são respeitadas ou transgredidas, mas são elas que definem a categoria de cidadão à medida que tipificam o "sujeito jurídico" e conferem a este sujeito um estatuto jurídico e ético.

No caso do cidadão adolescente, o processo de evolução deste estatuto foi submetido a alinhamentos de compassamento diverso, dentro de um esquema de gradualidade que durou quase vinte séculos até que, afinal, tivesse o reconhecimento de sua dimensão cidadã. Mudou o conjunto de parâmetros culturais, mudou a visão de mundo e mudou o estatuto do corpo. Mais do que tempo do despertar sexual, a adolescência passou, enfim, a ser vista como uma fase valiosa de busca de construção de identidade.

É precisamente esta trajetória da reconstituição do eu real em contraponto ao eu ideal, que passamos a examinar, mesmo que de maneira rápida, na ótica do indivíduo adolescente, aluno do Ensino Médio.

Na cultura grega, o ingresso na idade adulta era confirmado por ritos de iniciação. Mais tarde, em Roma, os jovens se organizavam em instituições privadas (*colegia juvenium*) para prática de esportes e, muitas vezes, para se protegerem de punições pelas desordens públicas que costumavam praticar. Na Idade Média, o controle absoluto dos pais sobre os filhos (*paterna potestas*) punha estes à disposição total daqueles. Era aos pais que os filhos deviam servir. No ambiente renascentista a dependência total dos pais continua para os adolescentes e filhos em geral, com a diferença, agora, da disciplina severa imposta pelos colégios religiosos, onde os jovens recebiam orientação moral, religiosa e intelectual. No século XVIII alunos de idades variadas se reuniam na mesma classe, o que terminava por produzir cenas de violência, com os mais velhos castigando os mais jovens. Daí surgiu a necessidade de se distribuírem os alunos em classes homogêneas. Aparecem os castigos corporais como forma de se estabelecer uma relação de dependência entre o aluno jovem e o mestre. No século seguinte punições físicas continuam, porém, agora, as famílias transmitem, às escolas, regras que gostariam que fossem utilizadas para a manutenção da disciplina dos seus filhos. Nesta época surgem estudos de várias áreas profissionais, com predominância da área médica, sobre a adolescência e a puberdade. Considerada uma "fase crítica", a adolescência passa a ser objeto de preocupações para médicos que prescrevem, inclusive, remédios para que os jovens se mantenham serenos e mais obedientes. No século XIX a fase adolescente ganha nova e deformada reputação: passa a ser encarada como um período de grandes riscos para o indivíduo e para a sociedade e à sexualidade emergente atribui-se o comportamento violento dos jovens. Multiplicam-se os internatos para moças e rapazes com [...] *a incumbência de ensinar aos jovens não só as ciências necessárias, mas, também, a arte de conviver em sociedade.*

Mas é somente no século XX que a questão da adolescência passa a ter enfoque valorativo. Os próprios adolescentes aceitam cada vez menos esquemas institucionais que lhes restrinjam o modo de vida e as condições de lazer e de uso do tempo livre. Como necessidade social, aceitam a escola, mas não admitem ceder espaços de autonomia. Com a ampliação da relevância da escolarização e com a progressiva entrada da mulher no mercado de trabalho, vai-se reduzindo, significativamente, o chamado "pátrio poder". A racionalidade das mudanças, porém, ocorre a partir da década de 1960, com a revolução sexual e a crescente despadronização da organização familiar. Aos poucos, foi-se retirando, da paternidade, o poder de fundar a organização social do ponto de vista político, religioso e familiar.

Por esta breve visão diacrônica da percepção histórica da adolescência pode-se concluir que, hoje, já não se percebe a adolescência como uma questão de interesse restrito da Medicina, da Sociologia, da Psicologia, da Antropologia ou de qualquer outro campo específico do conhecimento humano. Nestes diferentes campos científicos abundam entendimentos de que a adolescência é "a adaptação imaginária a novas condições". Como ensina Rassial, [...] *a adolescência é concebida como um momento, certamente segundo, mas não secundário, de identificação conforme as três dimensões do real, do imaginário e do simbólico [...]. A adolescência, como conceito, circunscreve uma realidade dos processos psíquicos mais ampla que a adolescência como período e nos informa sobre a própria construção do sujeito.*

Como visto, ao longo do tempo o conceito de adolescência foi mudando. Esta evolução, com ser importante como objeto de estudo à medida que representa um avanço na compreensão de que o adolescente não é, necessariamente, um portador de patologias, e, portanto, um delinquente potencial, não constitui ponto de atenção prioritária neste estudo. No caso, o essencial é que a gestão escolar ofereça condições de resposta institucional às questões:

a) Como preparar a escola de Ensino Médio para que ela seja do aluno adolescente, isto é, uma escola jovem e do jovem?

b) Quais as estruturas que devem ser refeitas para que se viabilize, na sala de aula e em todos os espaços escolares, a ideia de uma educação para a realidade sócio-psíquico-cultural do aluno jovem, de tal maneira que, sob [...] *esta condição o saber possa se converter em "desejo de saber" e os mestres e a escola sustentem desde uma cena social e simbólica, o valor do conhecimento e da cultura*? (ALMEIDA, 2000: 74).

c) Como trabalhar o conhecimento e a prática educativa na perspectiva do possível e do realizável, considerando que haverá, sempre [...] *um algo ineducável do sujeito, no coração mesmo da civilização, há um isso que será sempre sem educação?* (PEREIRA, 1998: 191).

O aluno adolescente convida o educador, a cada momento, ao *imprevisível do ato educativo e a um encontro inevitável com a sua própria face* (ALMEIDA, 2000: 77). Por isto, é fundamental que a escola abra a cortina do mundo adolescente e compreenda que, neste palco, há sonhos e fantasias, projetos e frustrações, projeções imaginosas e desejos irrealizados e – por que esconder? – *razões de amor, de ódio e de violências que não dizem seu nome* (CIFALI, 1987, apud PEREIRA, 1998: 175).

Aqui caberia tentar construir uma moldura – será possível? – para recolher os traços básicos deste adolescente estudante. Este exercício é fundamental para uma construtiva e saudável relação entre adultos e jovens estudantes. O aprendizado cooperativo supõe o conhecimento recíproco. Na escola jovem, professores e alunos precisam aprender a trabalhar juntos. Desta forma, pela *multidimensionalidade desta relação* (MORALES, 1998: 49), libertos de imagens aprisionadas de si mesmos, eles têm a possibilidade de construir, juntos, notas permanentes de reconhecimento mútuo e, desta forma, resgatar, no ato educativo, a sua extraordinária força virtual, capaz de, segundo Garcia (1998: 11), *modificar a relação do sujeito frente ao real.*

A face mais visível do adolescente são as transformações do eu corporal. Embora a alteridade instaurada na realidade corporal do sujeito revele-se a imagem prevalecente, as transformações ocorrentes e ocorridas aninham-se, também, no âmago do instituinte subjetivo e, portanto, *encontram inevitavelmente correlato no registro imaginário* (NANACLARES, 2000: 25).

Estas mudanças na essencialidade do sujeito adolescente produzem uma mobilização dos significantes e, em consequência, geram uma certa desestruturação, ou, como dizem os psicanalistas, uma *desorganização do imaginário.* Esta é a origem da conduta rebelde do jovem. Na verdade, ele é possuído de uma certa ambivalência, dado que angustiado por um radical questionamento interior.

Os círculos de rejeição que se instalam nele, adolescente, empurram-no para fora de casa, da família, dos parentes e o fazem construtor de situações fantasiosas, buscando novas inserções sociais. Toda esta circunstância dramática é acompanhada de processos ora breves, ora mais alongados, do que os especialistas chamam de *vicissitudes melancólicas*. Estas etapas geram instabilidades, volubilidades, irritação e, sobretudo, fortes impulsões de questionamento, ao próprio nome, à família, ao grupo a que possa estar agregado e ao complexo conjunto de valores prevalecentes. Até porque ele se enxerga *menorizado* por interditos culturais. Assim, pode-se dizer que a exterioridade adolescente, como regra geral, não pode ser vista pelo educador como uma sintomatologia de desregramento, mas como uma conduta individual de afirmações. Daí a rebeldia e o confronto geracional como armas frequentes. Estados que exigem uma visão de profunda compreensão educativa.

Em geral, o estudante adolescente agudiza este quadro de vida à medida que a família e a escola buscam enquadrá-lo na perspectiva da ordem social, reduzindo-o à condição de portador de desejos proibidos. Interpelado pelo seu corpo, pela sua sexualidade, por um mundo de sonhos e desejos, o jovem não aceita as coordenadas que a sociedade lhe apresenta e que funcionam como limitantes de sua existência humana. Aqui, convém lembrar que ninguém se desenvolve e se realiza fora do seu próprio corpo.

O desafio da escola, a partir deste momento, é imenso. Na verdade, o jovem adolescente não conta com estruturas sociais acolhedoras para que ele possa exercitar a sua linguagem e, portanto, selar a pertinência subjetiva do seu discurso.

Se faltam ao adolescente estruturas sociais por onde ele possa transitar, convém indagar, das estruturas disponíveis, qual a que pode, por missão e compromisso, revendo o seu desempenho, reintroduzir o jovem, a partir de sua emergência real, no âmbito do seu dimensionamento verdadeiro? A resposta é uma só: a escola! Nela, o individual, o social, o simbólico e o imaginário podem constituir dimensões adequadamente apropriadas, em favor da localização pedagógica do binômio adolescente/cidadania. Localização que *[...] funciona como ideia mediadora entre a subjetividade, implicada na palavra "adolescente" e o sujeito jurídico, o cidadão, com direitos e capaz de assumir livremente obrigações*, como assinala Taber. Para concluir: *os dispositivos pedagógicos, processuais, sociais etc. precisam ser repensados de acordo com esses fundamentos.*

A partir deste quadro amplo da circunstância adolescente, parece conveniente buscar um mapa-síntese do universo complexo do jovem adolescente, focando, fundamentalmente, as particularidades da idade jovem numa perspectiva de ampliação da visão, de entendimento e de verbalização do adolescente como sujeito social. Este apanhado assume relevância para a educação e para a escola de Ensino Médio, sobretudo à medida que constitui plataforma de referência à prática docente centrada em currículo aberto e no qual cada jovem possa evoluir em sua individualidade, relacionando-se construtivamente com os outros e com o coletivo social. Sempre, a partir de sua própria identidade, pois [...] *quem busca a sua identidade fora de si está condenado a viver na ausência de si mesmo, movido pelas opiniões e desejos dos demais "não estará nem aí".*

O trabalho educativo está, sem dúvida, condicionado pelas particularidades da realidade jovem. A prática docente se estende sobre um amplo campo de atração que envolve o jovem enquanto estudante, ou seja, aprendiz, mas também, enquanto ser em formação, portanto com uma realidade corpórea, mental e psíquica que exige uma tração docente além da realidade visível da sala de aula. Vive, o professor, desta forma, uma condicionalidade dialética representada pelo jogo de influências contraditórias que marcam o aluno do Ensino Médio enquanto adolescente. Na verdade, o ensino se desenvolve em contextos de realidades díspares e, muitas vezes, antagônicas que exigem, do professor, conhecimentos objetivos das particularidades dos alunos, muitas delas plantadas em fatores sociais, culturais, históricos, institucionais, políticos e econômicos e que, no caso do aluno da escola pública, concentram enorme relevância. Como diz Gimeno (1990: 75), *[...] o docente não define a prática, mas, em todos os casos, seu papel na mesma.*

No Brasil, a escola de Ensino Médio é, em muitos casos, a única chance que o jovem das classes populares possui para "dar sentido" e reforçar o sentido de sua cultura e de seus múltiplos valores. Ele, a ela, acorre como a única instância capaz de ajudá-lo a abrir portas para ampliar as possibilidades de imprimir dimensão social e política a sua vida. Giroux (1990a: 13) já chamara a atenção para o fato de que as instituições educativas são os lugares nos quais os alunos se introduzem "em suas formas particulares de vida", na busca de uma preparação adequada para o seu futuro pessoal e profissional.

Sem ampla competência institucional, a escola de Ensino Médio jamais poderá atender as particularidades do aluno jovem das classes populares. Os jovens ricos contam com complementações de atendimento educacional em suas famílias, clubes, academias, nas viagens, nos cursos de língua e, quando necessário, nas clínicas de psicologia e no próprio ambiente social e cultural. Os jovens pobres, por sua vez, não têm ao seu dispor outros tipos de recurso intelectual e cultural para suprimento de suas necessidades e carências, que não os disponibilizados pela escola. Como aponta Popkewitz (1990: 37), o ensino é ao mesmo tempo um processo de desenvolvimento, de emancipação e um mecanismo institucional de regulação com funções de reprodução e de legitimação social. Mas, para que isto aconteça, é necessário que a escola tenha meios, recursos e competência instalada para produzir respostas adequadas a esta natureza dual do ensino. Respostas que são cada vez mais complexas e que exigem, da escola de Ensino Médio e de seus professores, não apenas capacidade acadêmica, mas, sobretudo, capacidade intelectual, política e ética que lhes assegurem trabalhar com conhecimentos vivos e, não, com disciplinas e programas de ensino que se entrecruzam apenas em alinhamentos abstratos da sala dos professores, dos horários escolares e, raramente, nas agendas criativas de planejamento do semestre letivo. Agendas que são, cada vez mais, pacotes adquiridos de instituições descontextualizadas.

A escola de Ensino Médio é a escola do jovem com corpo, emoções, inteligência e projetos de vida. Com certeza, não é a escola de conhecimentos abstratos. Por isso, ou esta escola se abre à emoção, ou se fechará, cada vez mais, ao conhecimento.

4
A ESCOLA MÚLTIPLA DE ENSINO MÉDIO

Não há nenhuma razão seja por força de lei, seja por imperativo social, para a escola de Ensino Médio ser uniforme na organização, homogênea no currículo e inflexível na avaliação. Mas assim ela é, apesar de se saber que a escola é o aluno e sua diversidade. A face única desta escola é a foto de sua própria deformação.

Como instituição social, esta escola deve apresentar conformações diversas porque diferentes e plurais são as atribuições que legalmente lhe são confiadas. O aluno que nela está tem um semblante variado, trajetos diferentes de vida e projetos de vida, também, diferentes.

Uma destas atribuições é, precisamente, vincular-se ao contexto sociocultural do aluno, o que requer ajustamentos permanentes do seu projeto pedagógico. Essa necessidade de ajustamento da escola à realidade circundante exige uma nova visão dos papéis dos agentes envolvidos e do conceito de organização onde o horizonte da construção da cidadania implica autonomia, participação e construção compartilhada. Compartilhamento indispensável quando se pretende um processo educativo transformador.

A escola às voltas com as exigências de uma sociedade em mudança rápida deve garantir o desenvolvimento do aluno através da capacidade de renovação, ajustamento e adaptação. Só estas condições asseguram a satisfação das necessidades emergentes. Hoje, o mundo real é o mundo das emergências!

Dessa forma, torna-se fundamental, por parte dos sistemas de ensino, a ultrapassagem de práticas sociais alicerçadas na exclusão, na discriminação e na apartação social que inviabilizam qualquer projeto educacional para uma prática institucional que garanta um padrão de qualidade cimentado no princípio da equidade, da diversidade, da autonomia e da flexibilidade. Prática onde a escola configure uma conduta diferente, um perfil em composição e uma identidade própria, como assim constituem-se os alunos nas suas diferenças individuais, nas suas percepções genuínas e variadas de aprender e assimilar cada ensinamento.

A diversidade na escola permite a revelação e o desenvolvimento dos múltiplos talentos, como afirma o relatório da Unesco (2000: 39)[1]. *[...] os alunos devem e podem adquirir na escola instrumentos que os ajudarão a dominar as novas tecnologias, a enfrentar os conflitos e a violência; a criatividade, a empatia, a iniciativa e a cooperação devem ser cultivadas para torná-los cidadãos e ao mesmo tempo criadores e atores.* Só assim se corporificam os princípios da autonomia e da diversidade dos dispositivos legais na vida concreta da escola.

Toda boa prática pedagógica se alicerça em pressupostos claros. Isto vale para a sala de aula, para a escola como um todo e para os sistemas de ensino. Trata-se de um conjunto de conceitos, diretrizes, parâmetros e valores que garantem a formação escolar, via currículo múltiplo, a articulação dos conhecimentos e a unidade de propósitos.

A cadeia de pressupostos marcantemente presentes na educação básica – e, portanto, no Ensino Médio – pode ser desenhada através de um conjunto de 6 (seis) painéis conceptivos e articulados, como se pode ver:

---

1. MEC/UNESCO. *Educação*: um tesouro a descobrir. Brasília/São Paulo: Cortez, 2000.

⇨	PRESSUPOSTOS PSICOLÓGICOS	As diferenças individuais determinam as formas de aprender.
⇨	PRESSUPOSTOS SOCIOLÓGICOS	A escola como agência de desenvolvimento do aluno é, também, agência de aperfeiçoamento da sociedade.
⇨	PRESSUPOSTOS FILOSÓFICOS	O entendimento da realidade e a busca de respostas para os seus desafios são funções da educação e da escola.
⇨	PRESSUPOSTOS ANTROPOLÓGICOS	O homem é um ser datado e, como tal, sujeito e autor de sua história.
⇨	PRESSUPOSTOS HISTÓRICOS	A educação trabalha com valores do passado em transformação no presente. Por isso, a escola é, ao mesmo tempo, a permanência e a mudança.

PRESSUPOSTOS PEDAGÓGICOS

⇨ A aprendizagem é um ato consentido que requer do aluno compreender a si próprio e ao mundo da seguinte forma:
I. Interagindo e buscando respostas e explicações sobre o mundo.
II. Estabelecendo um equilíbrio entre as suas capacidades desenvolvidas e de compreensão e o seu potencial emocional, afetivo, ético e social, para conviver em harmonia consigo mesmo e com os outros, objetivando melhorar as condições de vida na Terra.
III. Construindo a autonomia intelectual, através do pensamento crítico embasado na argumentação e associação de conhecimento. Tudo isso para poder exercer plenamente as suas responsabilidades cívicas e sociais como cidadão.

Estes pressupostos estão incluídos em toda a legislação do ensino, nos vários níveis de atribuições definidos na Lei de Diretrizes e Bases para a União Federal, para os estados, escolas e docentes e, ainda, nas diretrizes curriculares de todos os segmentos estruturantes da educação básica. Estão igualmente presentes, agora de forma operacional, na proposta pedagógica da escola, prevista no art. 12 da LDB.

Como se sabe, na educação escolar não há proposta pedagógica sem currículo. Por outro lado, não se pode falar em verdadeiro currículo se ele não possui uma organização permeável à diversidade da inteligência dos alunos e às suas diferentes realidades. Nesse sentido é que se afirma que currículo é contexto. Não é por outra razão que a Lei 9.394/96 diz, em seu artigo primeiro, que *a educação abrange os processos formativos que se desenvolvem na vida familiar, na convivência humana, no trabalho, nas instituições de ensino e pesquisa, nos movimentos sociais e organizações da sociedade civil e nas manifestações culturais.*

Em função da abrangência do conceito de educação, pode-se concluir que as formas alternativas e diversificadas de organização curricular buscam contemplar precisamente a multiforme realidade da demanda. Na verdade, a rede escolar deve estar pronta para receber alunos da cidade e do campo, das áreas urbanas privilegiadas e das periferias, jovens e adultos, ingressantes no mercado de trabalho e trabalhadores já experientes, pessoas de condição econômica média e alta e pessoas submetidas a todas as formas de privação cultural e socioeconômica. Ou seja, as formas alternativas de organização do currículo visam atender a esta pluralidade de circunstâncias.

Para responder a essa diversidade não se pode trabalhar com a visão tecnicista de organização curricular inflexível. Partindo-se do pressuposto de que o que se deve privilegiar é uma educação básica e uma cultura geral sólida, a organização do currículo não se submete mais a uma política educativa homogeneizadora que nega a diversidade e os pontos de partida desiguais dos que aprendem. Pensa-se em um outro Ensino Médio que, além de escolar, é um Ensino Médio para contextos plurais, como podemos visualizar no seguinte esquema:

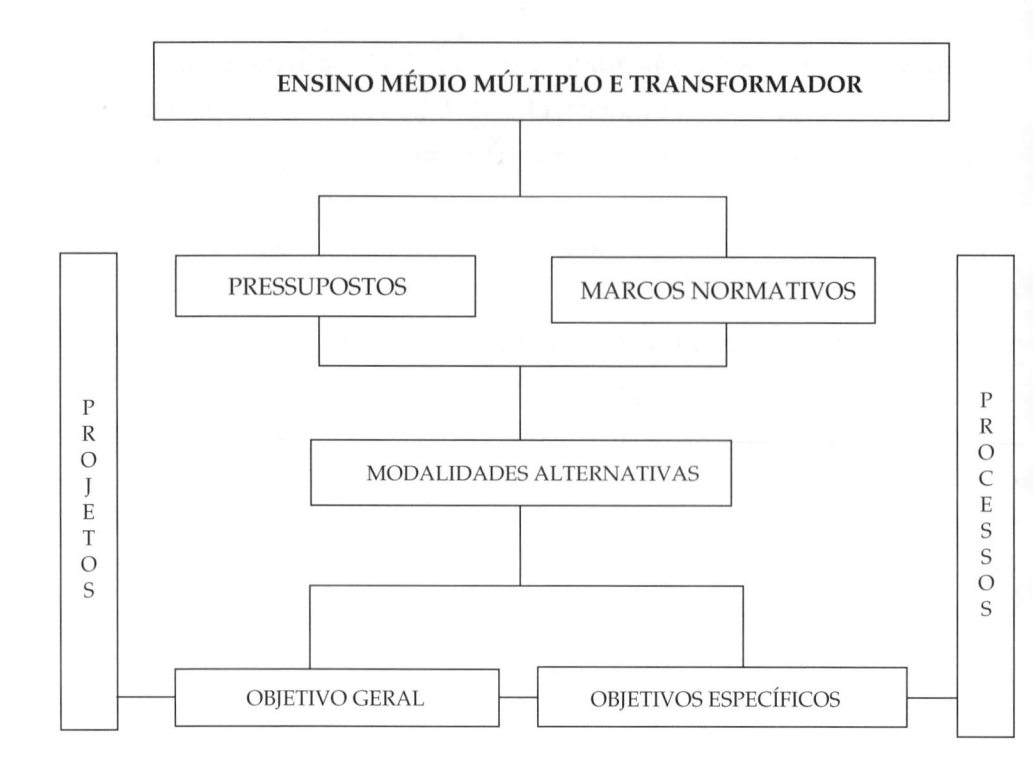

Trabalha-se com a ideia de um sistema educativo pluralista dentro do qual convivem diferenciadas formas de organização dos processos de aprendizagem. Em decorrência, adotam-se modelos pedagógicos múltiplos e currículos diversos. Nessa perspectiva, a organização curricular não é uma "camisa de força", senão uma forma de se assegurarem níveis de operacionalização dos princípios da relevância, pertinência, flexibilidade e intensidade do que se aprende, do como se aprende e do para que se aprende. Não há equidade sem qualidade e esta, em educação, supõe a existência de **modalidades alternativas de oferta e de organização curricular para demandas específicas**. Os conselhos de educação, enquanto órgãos normativos dos sistemas, precisam ter uma visão flexível, dinâmica e resolutiva desta questão. Igualmente o Consed, enquanto instância política, tem que estar com sua agenda permanentemente aberta para a existência de uma escola flexível, plural e multicultural.

Convém, ainda, acrescentar que o currículo e a escola estão condicionados por uma sociedade cada vez mais exigente em termos de qualificação do trabalhador. Na verdade, a reestruturação produtiva gera mudanças permanentes na forma de organização do conhecimento. Reestruturação que acena para novas construções e novas propostas. O mundo do trabalho requer uma escola mais pluralista na visão e na organização.

Ao focar a questão dos objetivos do Ensino Médio em cada contexto específico, há que se considerar a gama de fatores restritivos representada por índices de privação cultural, ao lado de um altíssimo percentual da população escolar com distorção idade/série, a par de uma rede de atendimento absolutamente desigual. Todas essas constatações sinalizam para a necessidade e urgência de uma oferta diversificada de atendimento escolar e, portanto, também, de uma organização curricular multiforme, com formas alternativas para dar atenção à demanda.

As modalidades alternativas ou itinerário curricular voltado para demandas específicas cobrem duas categorias de objetivos, a saber:

Objetivo geral
• Implementar o princípio constitucional da universalização da educação básica, assegurando o Ensino Médio de qualidade a um número cada vez maior dos que procuram a escola como um direito à educação básica.

Objetivos específicos
• Oferecer metodologias e práticas pedagógicas que permitam o acesso, a permanência e o êxito no projeto escolar do aluno, com enfoque no mundo do trabalho, no mundo da produção e na educação multicultural.

• Compatibilizar o interesse do aluno com a oferta de conteúdos disponibilizados pela escola como suporte para a reelaboração do conhecimento, vetor indispensável para a autonomia intelectual.

• Resgatar as experiências individuais, patrimônio do currículo oculto, através da valorização do saber não sistematizado.

• Oferecer oportunidade, pelo mecanismo da alternância, de conclusão da educação básica a alunos trabalhadores, com tempo restrito para estudar.

• Trabalhar com alternativas metodológicas diversificadas que contemplem a pluralidade dos contextos e da demanda.

• Implantar rotas de atendimento que respeitem os perfis individuais da clientela com sua base cultural e faixa etária.

O eixo de sustentação da proposta, baseada nos princípios da qualidade, da interdisciplinaridade e da contextualização aponta para a urgência do uso de alternativas de atendimento diversas das tradicionalmente empregadas. Nesse sentido, parte-se da proposição de que, para alunos diferentes, práticas pedagógicas diferentes. Para trajetos diferentes, projetos diferentes! A escola deve olhar com mais atenção as contribuições da etnografia à prática escolar.

Para efetivação desse objetivo, a escola necessita realizar estudos sobre as características da demanda, estabelecer parâmetros e possibilidades de ofertas alternativas de atendimento e, de forma determinada e consequencial, adotar programas de acompanhamento de egressos[2].

Tem-se que a população-alvo, nesse caso, tipifica uma ou mais das seguintes situações.

a) Aluno fora da faixa etária: aluno que, por motivos diversos, encontra-se com distorção idade/série, portanto, fora do fluxo escolar regular.

b) Aluno de periferias urbanas: geralmente afastado das chamadas áreas nobres urbanas.

c) Aluno da zona rural: que não conta com instituição de ensino, meio de transporte e acesso regular a fontes de aprendizagem.

d) Aluno – trabalhador precoce: que, embora não esteja na faixa etária própria para ingressar no mundo do trabalho, já está envolvido em jornadas laborais para sustento próprio e ajuda à renda familiar.

---

2. Por que o MEC impõe, através de formulários de avaliação qualitativa dos cursos superiores, programas institucionais de avaliação de egressos, mas não determina idêntica exigência para o Ensino Médio, como etapa de finalização da educação básica? O Enem/Vestibular olha noutra direção!

e) Aluno – trabalhador adulto: que possui larga experiência laboral como resultado de uma vivência diária;

f) Aluno portador de necessidades especiais: cuja escola deve observar a potencialidade intelectual, a maturidade emocional e o contexto socioeconômico e cultural em que está inserido.

g) Aluno oriundo de população indígena com necessidades específicas e contextualizadas: aluno que necessita de alternativas para uma vida humana mais plena, digna, com responsabilidade social, e de produção de bens necessários à sobrevivência humana.

Uma gama variada de alternativas na organização, no espaço e no tempo escolar:

1) centro educacional integrado;

2) escola de campo;

3) classes de passagem;

4) programas de Estudos Independentes;

5) circuito de escolas de transição;

6) classes polimodais;

7) clínicas de ensino;

8) programas de aceleração;

9) programas de ativação de aprendizagem modular;

10) educação a distância, incluindo meios como:

- radiodifusão;
- postos de telessalas;
- internet e sistemas interativos diversos;
- módulos à base de material impresso.

Aqui vale lembrar o que diz a LDB em diversos passos, sobre a diversidade le organização do ensino escolar:

1) Art. 3º, inc. III:

• *O ensino será ministrado com base nos seguintes princípios [...]: Pluralismo de ideias e de concepções pedagógicas.*

2) Art. 4º, inc. VII:

• *O dever do Estado com a educação escolar pública será efetivado mediante a garantia de [...]: Oferta de educação escolar regular para jovens e adultos, com características e modalidades adequadas às suas necessidades e disponibilidades, garantindo-se aos que forem trabalhadores as condições de acesso e permanência na escola.*

3) Art. 15:

• *Os sistemas de ensino assegurarão às unidades escolares públicas da educação básica que as integram progressivos graus de autonomia pedagógica e administrativa [...].*

4) Art. 23:

• *A educação básica poderá organizar-se em séries anuais, períodos semestrais, ciclos, alternância regular de períodos de estudos, grupos não seriados, com base na idade, na competência e em outros critérios, ou por forma diversa de organização, **sempre que o processo de aprendizagem assim o recomendar**.*

5) Art. 28:

• *Na oferta de educação básica para a população rural, os sistemas de ensino promoverão as adaptações necessárias a sua adequação às peculiaridades da vida rural e de cada região, especialmente:*

I. Conteúdos curriculares e metodologias apropriadas às reais necessidades e interesses dos alunos da zona rural.

II. Organização escolar própria, incluindo adequação do calendário escolar às fases do ciclo agrícola e às condições climáticas.

III. Adequação à natureza do trabalho na zona rural.

6) Art. 35:

• *O Ensino Médio, etapa final da educação básica, com duração **mínima de três anos** [...] (grifo nosso).*

Este conjunto de dispositivos da LDB firma, de forma inequívoca, o direito assegurado ao aluno de uma organização escolar flexível, apropriada às suas características, aos seus interesses e às suas condições de vida e de trabalho. Em qualquer caso, a organização desta escola diferenciada deverá levar em conta programas estruturados a partir dos seguintes princípios:

1) Equidade

• Organizar uma sala de aula com qualidade funcional, isto é, permeável às especificidades dos alunos, vítimas de descompassamento escolar. Via de regra, são alunos desfavorecidos culturalmente e aos quais deve ser assegurado o direito à aquisição de competências socialmente significativas.

2) Satisfação

• A escola não é um mero lugar de desenvolvimento de programas de ensino, mas o lugar adequadamente organizado para o aluno construir o itinerário de satisfação de suas necessidades básicas de aprendizagem. Essa perspectiva é a base para a construção de uma autoestima sólida e agregadora e, portanto, de uma identidade equilibrada.

3) Diversidade

• O foco da ação docente deve estar no eixo identidade/alteridade. Por isso, o ponto essencial da agenda do professor é o da articulação entre o itinerário educativo da sala de aula e a diversidade sociocultural do aluno.

4) Pertinência

• Os múltiplos condicionamentos que estão na base do desempenho do aluno devem ser considerados na avaliação. Em decorrência, três aspectos no fazer avaliativo devem ser objeto de atenção: o delineamento dos contextos em que a aprendizagem vai-se operando, a identificação dos processos envolvidos e o dimensionamento dos insumos utilizados.

5) Ritmo individual

• Os alunos podem ser iguais na ocupação dos ambientes físicos da escola, porém, são totalmente diferentes na construção de suas ambiências mentais e emocionais de aprendizagem. Uma educação para o indivíduo não é uma educação individualista, mas uma educação volta-da para a construção de identidades com diferenciação, singularidades e, portanto, com ritmos próprios de aprendizagem e de refinalização dos conteúdos aprendidos.

A escola com oferta de Ensino Médio múltiplo pode adotar, entre outras formas de organização, as seguintes:

1) Organização modular

Nesta modalidade, o currículo proposto estrutura-se em 3 módulos:

1) Módulo de Disciplinas de Apoio (MDA);

2) Módulo de Disciplinas de Irradiação (MDI);

3) Módulo de Disciplinas Diferenciadas (MDD).

O **Módulo de Disciplinas de Apoio (MDA)** possui uma carga horária fle-xível no sentido de não delimitar o tempo (a lei determina oitocentas (800) ho-ras/aula/anuais) de que o aluno necessita para adquirir as habilidades ne-cessárias ao melhor desempenho nesse nível. Funciona esse período como um *nivelamento* para o seu desempenho escolar, com os seguintes componen-tes curriculares:

COMPONENTES	
Língua Portuguesa	Língua Estrangeira
Matemática	Física
Química	Biologia
Geografia	História
Sociologia	Filosofia
Arte	Educação Física

O **Módulo de Disciplinas de Irradiação (MDI)** volta-se ao aprofunda-mento dos conhecimentos anteriormente adquiridos, tendo por objetivo verticalizar os chamados conhecimentos básicos, interagindo com a realidade através dos mecanismos da contextualização e da interdisciplinaridade. Aqui, trabalha-se na *construção dialógica do conhecimento* (FREIRE, 1982: 14).

Esse módulo tem como objetivo aprofundar, ampliar, completar e desenvolver o conteúdo visto inicialmente de forma mais genérica. Daí a necessidade de uma negociação pedagógica quanto à forma de adequar as disciplinas no sentido de ofertas diferenciadas que atendam às diversidades dos alunos de acordo com suas características.

A rota de orientação dos alunos, envolvendo etapas, áreas e tipos de atividades, poderá incluir temas e procedimentos como:

a) Leitura e mídia impressa e eletrônica: extensão da Língua Portuguesa.

b) Uso da terra e espaço urbano: derivação da Geografia.

c) Ética e cidadania: extensão da Filosofia.

d) Transformações do século XX: extensão da História.

e) Poluição, degradação do meio ambiente: extensão da Química, da Biologia e da Física.

f) Estudo da música, da pintura, do artesanato e do folclore: como extensão das Artes.

g) Energia, seca, fome, analfabetismo: extensão da Geografia, da História, da Sociologia e da Biologia.

h) Linguagem tecnológica: extensão da Língua Portuguesa e da Língua Estrangeira.

i) Exploração da pluralidade do patrimônio cultural: extensão da Língua Portuguesa, da Filosofia, da Sociologia, da Geografia, da História, Arte e de outras mais disciplinas do currículo.

Essa fase se enquadra no período correspondente ao segundo momento do aluno na escola de Ensino Médio.

O Módulo de Disciplinas Diferenciadas (MDD) compreende a inclusão de disciplinas que atendam às necessidades mais imediatas e respondam, assim, aos desafios locais e regionais. Cumpre o preceito legal que dispõe como finalidade do Ensino Médio a preparação básica para o trabalho e a cidadania do educando, para continuar aprendendo (art. 35 da LDB).

Na organização curricular, a escola cuidará para que sejam atendidas as recomendações de demandas apontadas no art. 28 da LDB, relativas às adaptações necessárias às peculiaridades da região, observando, especialmente:

I. Os conteúdos curriculares e as metodologias utilizadas que atendam às necessidades, interesses e características dos alunos.

II. A organização escolar própria, incluindo a adequação do calendário escolar às fases do ciclo agrícola e às condições climáticas (art. 28, § III).

III. A adequação do currículo ao mundo do trabalho e às formas genuínas de cultura da população.

No cumprimento do dever constitucional de universalização do atendimento escolar, os sistemas de ensino deverão oferecer uma escola de organização plurimodal, capaz de diversificar seu modelo de acordo com as peculiaridades da clientela.

A verificação do rendimento escolar deverá ser contínua com ênfase na aquisição de competências e habilidades que demonstrem mudanças de comportamento, observando (art. 24, § 5º, da LDB):

a) Prevalência dos aspectos qualitativos sobre os quantitativos e dos resultados ao longo do período sobre os de eventuais provas finais;

b) Possibilidades de aceleração de estudos para alunos com atraso escolar;

c) Possibilidade de avanço nos cursos e nas séries mediante verificação do aprendizado;

d) Aproveitamento de estudos concluídos com êxito;

e) Obrigatoriedade de estudos de recuperação, de preferência paralelos ao período letivo, para os casos de baixo rendimento escolar, a serem disciplinados pelas instituições de ensino em seus regimentos.

A escola com um currículo assim deve ter, na interdisciplinaridade dos conteúdos, na flexibilidade do currículo e no trabalho em equipe as estratégias fundamentais de organização e funcionamento.

Na montagem curricular buscam-se articular os eixos estruturantes e os princípios da Estética da Sensibilidade, da Política de Igualdade e da Ética da Identidade. Eixos integradores do contexto cidadania/trabalho e expresso na legislação educacional contemporânea, com ênfase na Res. CNE/CEB 04/10. A visualização acomoda-se na seguinte estrutura:

VISUALIZAÇÃO DA ORGANIZAÇÃO CURRICULAR MODULAR

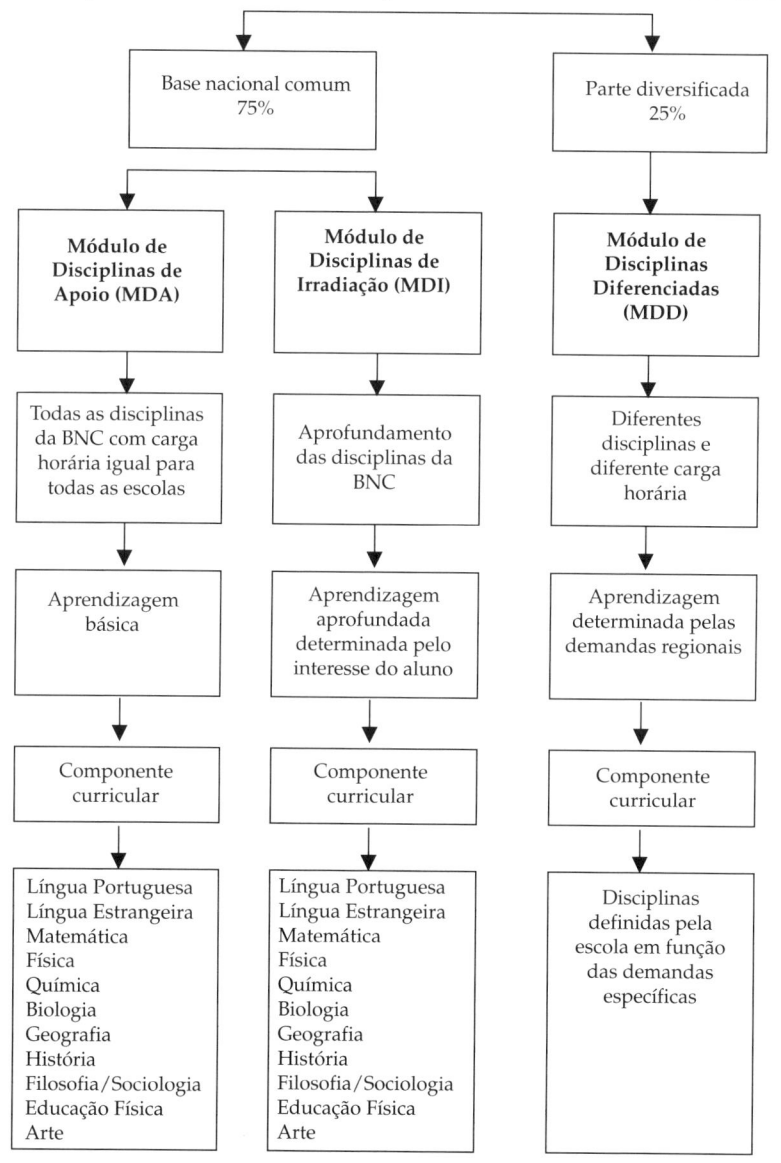

2) Currículo por alternância

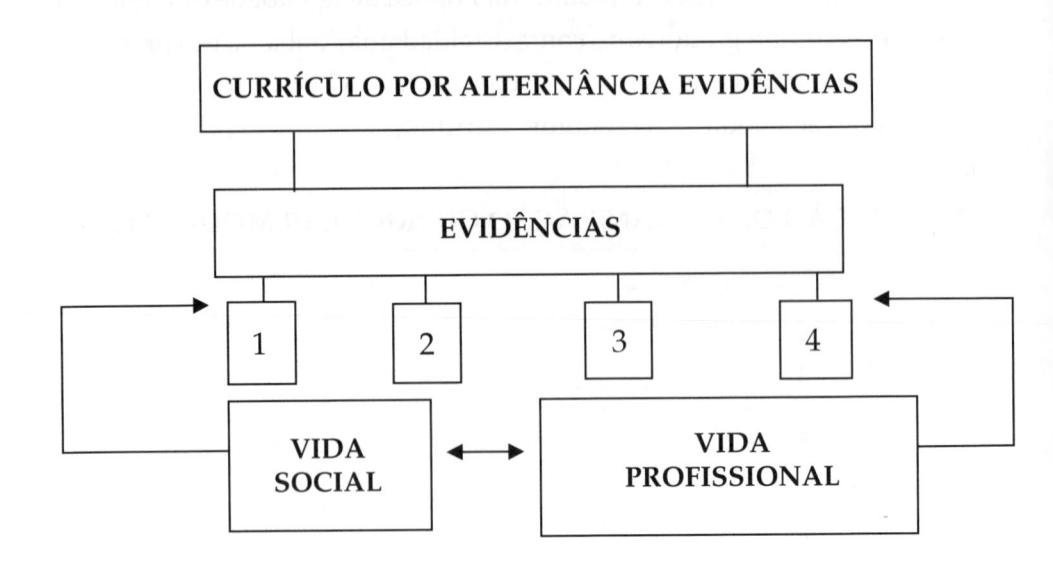

Observação: cada escola constrói as suas evidências através do projeto pedagógico.

O **currículo por alternância** compreende modalidades de ofertas curriculares que têm como foco a disponibilidade do educando, alternando o trabalho escolar com períodos destinados a atividades profissionais e pessoais. São currículos que se organizam sob a forma de ciclos temáticos, módulos pontuais ou feixes de disciplinas convergentes, desenvolvidos em períodos correspondentes a meses, semanas e dias.

Os períodos curtos geralmente são empregados no estabelecimento das ligações relacionadas entre os ensinamentos escolares e a vivência do aluno, a experiência vivida cotidianamente. Nesse sentido, a escola deve ser o ponto de apoio, o centro de convergência, o lugar de onde os alunos partem em busca de exploração do mundo, colhendo fontes, documentos, impressões, dúvidas, sensações, questões, problemas e indagações. Com esse material coletado, voltam à escola e nela, sob a orientação do professor, realizam uma verdadeira digestão de tudo que foi consumido para construir e reelaborar o seu verdadeiro conhecimento. Esses períodos são realmente difíceis de ser cronometrados, medidos ou predefinidos. Mas o professor serve, também, para **qualificar o tempo!**

Esse currículo atende aos princípios da conveniência pessoal, da atualidade, do ritmo próprio, da individualidade dinâmica e das diferenças individuais, permitindo, de um lado, ao aluno, desenvolver-se a partir dos ensinamentos escolares e, do outro, a vivenciar, concomitantemente, situações da vida profissional e social, sem que uma exclua a outra. Ao mesmo tempo em que o aluno vai desenvolvendo os seus conhecimentos intelectuais, está se preparando e já enfrentando as exigências do mundo contemporâneo.

Na oferta dessa modalidade de currículo, Fraisse (1997: 51) invoca quatro evidências práticas à socialização do aluno, quais sejam:

1) Ritmo e adaptação – São situações vivenciadas individualmente, que se caracterizam por mudanças, havendo necessidade de troca de hábito e de novas atitudes. Essas fases diferem em tempo e em modo de pessoa para pessoa;

2) Estágios e progressão cíclica – Os estágios do desenvolvimento intelectual e afetivo evoluem em uma progressão cíclica. O ritmo de progresso pode variar de um indivíduo para o outro;

3) Diferenciação e integração – São situações vividas em sala de aula coexistindo ou se alternando, advindas de mudanças de programas, mudanças de métodos, experiências anteriores, condições de vida que diferem de pessoa para pessoa. A diferenciação alterna-se com a integração à medida que os alunos convivem e convergem em torno de um interesse comum;

4) Ritmos individuais e comunicação – A heterogeneidade encontrada em grupos de alunos pode comprometer as relações interpessoais. O ato de pensar não se processa igualmente para todos e respeitar essa diversidade facilita o entendimento de diferenciação nos desempenhos escolares.

Na perspectiva aqui enfocada, é importante reforçar a ideia de que a escola deve ficar atenta para a afirmativa de De Léon (1997: 17)[3]:

---

3. LÉON, A. *Psicopedagogia dos adultos*. São Paulo: Nacional/USP, 1977.

[...] seja qual for o grau de estabilidade das características intelectuais ou temperamentais, a vida de cada indivíduo é marcada pela alternância de fases, mais ou menos longas, de expansão e retraimento, de utopia e realismo, de vontade de mudar e de conservadorismo, de criação pessoal e de assimilação, de interesses teóricos e de preocupações metodológicas ou técnicas etc. A orientação e o estilo das atividades gerais são dominados pela alternância de fases em que levam a melhor, ora os valores de distensão, ora os valores de tensão.

Entender e usar esses conhecimentos na elaboração, organização e acompanhamento das tarefas educativas permite, ao planejamento do ensino, trabalhar um currículo que atenda a demandas diferenciadas.

3) Currículo através de projetos

O currículo através do método de projetos atende a necessidades inerentes aos marcos subjetivos dos alunos, uma vez que, na sua dinâmica, contém a participação pessoal, direta e permanente do aluno nas situações de aprendizagem, além da oportunidade para trabalhar o elemento ético e o senso de responsabilidade.

A sua efetivação impõe algumas condições que deverão ser discutidas e decididas inicialmente, sob pena de o projeto sofrer solução de continuidade. Essas decisões preveem:

- determinação política no tocante à utilização do princípio da autonomia como instrumento legal;
- definição dos papéis e tarefas pedagógicas dos participantes do projeto;
- atitude pessoal que inclua pesquisa, como condição do exercício de aprender;
- autoformação e busca insistente de novas fontes de referência;
- trabalho de equipe com foco na realização de um produto coletivo;
- utilização da interdisciplinaridade como aporte didático-pedagógico.

Essa organização curricular tem como objetivo primeiro inquietar os participantes no sentido de fazê-los agir em busca de soluções de problemas, através da ação-reflexão-ação. Um projeto surge, inicialmente, como uma irrealidade que se corporifica a partir da realização das ações.

Não existem projetos desligados da ação. O projeto é uma ação prestes a ser empreendida. Uma possibilidade vislumbrada não é projeto até que lhe dê uma ordem de marcha, como afirma Machado (1997: 32).

Características do projeto

- Parte-se de um tema negociado com a turma.
- Inicia-se um processo de pesquisa.
- Buscam-se e selecionam-se fontes de informações.
- Estabelecem-se critérios de ordenação e de interpretação das fontes.
- Recolhem-se novas dúvidas e perguntas.
- Estabelecem-se relações com outros problemas.
- Representa-se o processo de elaboração do conhecimento que foi seguido.
- Recapitula-se (avalia-se) o que se aprendeu.
- Conecta-se com um novo tema ou problema.

Essas características, segundo Hernández (1998: 26), estão presentes, de uma forma ou de outra, nessa organização curricular, uma vez que a aprendizagem e o ensino se realizam mediante um percurso que nunca é fixo, mas servem de fio condutor para a atuação do docente em relação aos alunos.

QUESTÕES CURRICULARES A RESPONDER NO PROJETO

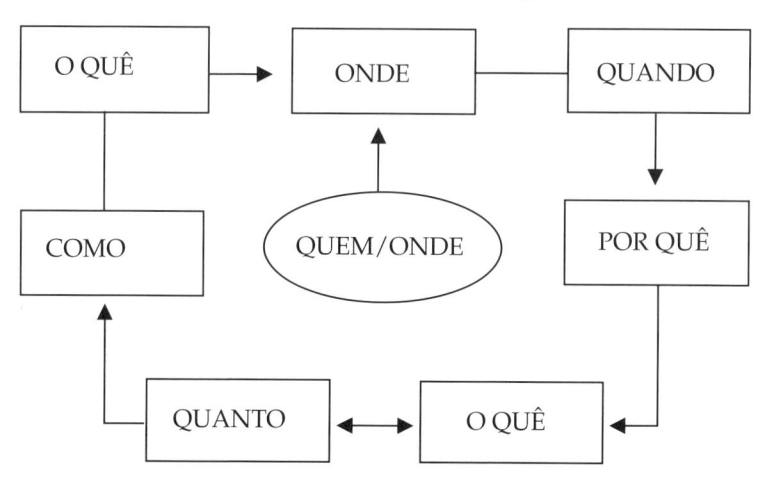

O projeto é programado naturalmente através de etapas subsequentes. *Estas etapas serão trabalhadas de forma a sequenciar a linha de raciocínio do indivíduo, já que este parte de uma hipótese inicial, elenca necessidades, transforma informações coletadas em base de conhecimento, depura o material coletado, estrutura suas descobertas criando novas hipóteses, analisa, apresenta, avalia e recebe críticas,* comenta Nogueira (2001: 95).

Embora reconhecendo a necessidade do planejamento, devemos lembrar que não se trata de um código rígido de atuação, uma vez que as necessidades no momento da execução exigirão flexibilidade e adaptações. Isso não significa afirmar que devemos improvisar, mas, sim, estruturar o que será realizado. Esta definição pode ser realizada com a ajuda dos alunos.

Nessa fase, é fundamental que usemos, como orientação, os questionamentos básicos do planejamento contidos no clássico interrogatório:

O quê? – O que vamos fazer neste projeto?
Onde? – Na escola ou na turma tal?
Quando? – Quando iniciaremos o trabalho?
Como vamos fazer? – Durante as aulas de História e Geografia.
Quem? – Quem vai executar cada tarefa?
Por quê? – Por que estamos tratando deste assunto? *Quais serão os objetivos?*
Quanto custará? – Quais serão os recursos materiais, humanos e financeiros necessários para execução do projeto?

O professor, com base no nível do curso, define as competências e as habilidades, os conhecimentos, valores e atitudes que os alunos devem adquirir. Para que haja êxito, este caminho deverá conter a seguinte pavimentação:

• planejamento das atividades relacionadas aos objetivos pretendidos;

- explicitação, ao aluno, do que se pretende avaliar, enfatizando o que será valorizado;

- realização de avaliação contínua, sem necessidade de um momento específico para tal;

- discussão sobre os critérios de correção;

- autoavaliação;

- correção, utilizando a investigação da causa dos erros e dos acertos;

- devolução dos trabalhos corrigidos e discussão com o grupo;

- situacionalidade do aluno com relação a si mesmo e ao grupo;

- desenho de caminhos e atalhos para resolver obstáculos;

- monitoramento da caminhada do aluno e do grupo.

Uma questão relevantíssima diz respeito à viabilidade do projeto.

São muitas as condições exigidas para um projeto se tornar viável. Entre elas, vale destacar as seguintes:

- **Ser relevante**: conter importância o suficiente para despertar interesse coletivo.

- **Ser controverso**: no sentido de produzir discussão e debate.

- **Ser integrador**: despertar a compreensão de que, para o êxito do trabalho, é necessário que o grupo forme um todo, torne-se inteiro. Um complementa o que falta ao outro. Só através dessa incorporação o projeto alcança os resultados.

- **Ser um instrumento**: induzir mudanças de comportamentos e atitudes, uma vez que o trabalho em grupo impõe regras e normas.

- **Ser resultado de um consenso**: tomar em consideração as necessidades e desejos de um grupo.

Quais são os passos do projeto? A estrutura do projeto cobre as seguintes etapas:

- título do projeto;

- justificativa, especificando a relevância do projeto;
- identificação: instituição, grupos, turmas etc.;
- objetivos;
- responsáveis;
- esclarecimento sobre o tema objeto do projeto;
- áreas, disciplinas e metodologias que compõem o projeto;
- relação dos docentes participantes e papéis no projeto;
- profissionais e demais envolvidos no projeto e respectivos níveis de envolvimento;
- suporte técnico operacional do projeto;
- recursos materiais, humanos e financeiros previstos;
- formas e mecanismos de mobilização;
- cronograma;
- instrumentos de orientação e acompanhamento;
- modalidades e instrumentos de avaliação;
- meios de socialização e divulgação dos resultados;
- previsão e formas de estímulos e premiação.

Definida e composta esta estrutura, o projeto vai para a parte de desenvolvimento e execução.

Essa etapa compreende a passagem da reflexão para ação propriamente dita. É o momento em que o projeto se corporifica, tornando tudo que estava em nível de intenção para o âmbito da ação. Nessa fase inicia-se a criação e a produção, tornando-se fundamental a disponibilidade dos recursos materiais, recursos humanos e recursos financeiros, sob pena de inviabilizar o projeto. É imprescindível contar com material didático e recursos tecnológicos, além do apoio e orientação dos professores. Aqui começa a etapa de mobilização.

Com o tema escolhido parte-se para as ações que motivarão a participação entre tantas outras que podem ser executadas. Os participantes do projeto poderão montar material visual com o objetivo de despertar o interesse e o estímulo, podendo ser: painéis, artigos, fotografias, reportagens, gráficos estatísticos sobre o tema do projeto, e ainda:

- cartazes em toda a escola com ilustrações sobre o tema do projeto;

- faixas e murais em lugares estratégicos da escola sobre o tema;

- cartas enviadas à comunidade sobre o projeto;

- folhetos explicativos;

- filmes exibidos na escola acompanhados de comentários sobre o tema do projeto;

- palestras;

- jornal;

- rádio;

- serviço de som;

- panfletagem.

A etapa seguinte é a da revisão. Nessa fase, realiza-se uma espécie de avaliação de tudo que foi realizado até ali. Questionam-se os alunos, verificam-se os êxitos e os fracassos, as dúvidas e as certezas, os produtos e as experiências, o grau de satisfação e de insatisfação, o que pode ser acrescido, retirado ou substituído, enfim, essa é a fase onde se replaneja, reproduz e renegocia. É a fase de avaliação e autoavaliação de todo o processo.

Esgotada a etapa da revisão, parte-se para as providências voltadas para a apresentação do que se construiu.

Essa é a fase destinada à exposição dos resultados. É a ocasião onde os alunos apresentam, aos demais, o produto do trabalho e discorrem sobre o processo vivenciado. Deve ser preparada com cuidado por tratar-se de uma ocasião muito especial, onde os alunos prestam contas do que criaram, experimentaram, descobriram, elaboraram, observaram e produziram. É este o momento de o professor verificar o aproveitamento do aluno durante o processo, verificar as competências e habilidades adquiridas e avaliar o que foi aprendido a respeito do tema.

GRÁFICO DE VISUALIZAÇÃO DAS ETAPAS DE PLANEJAMENTO DO PROJETO

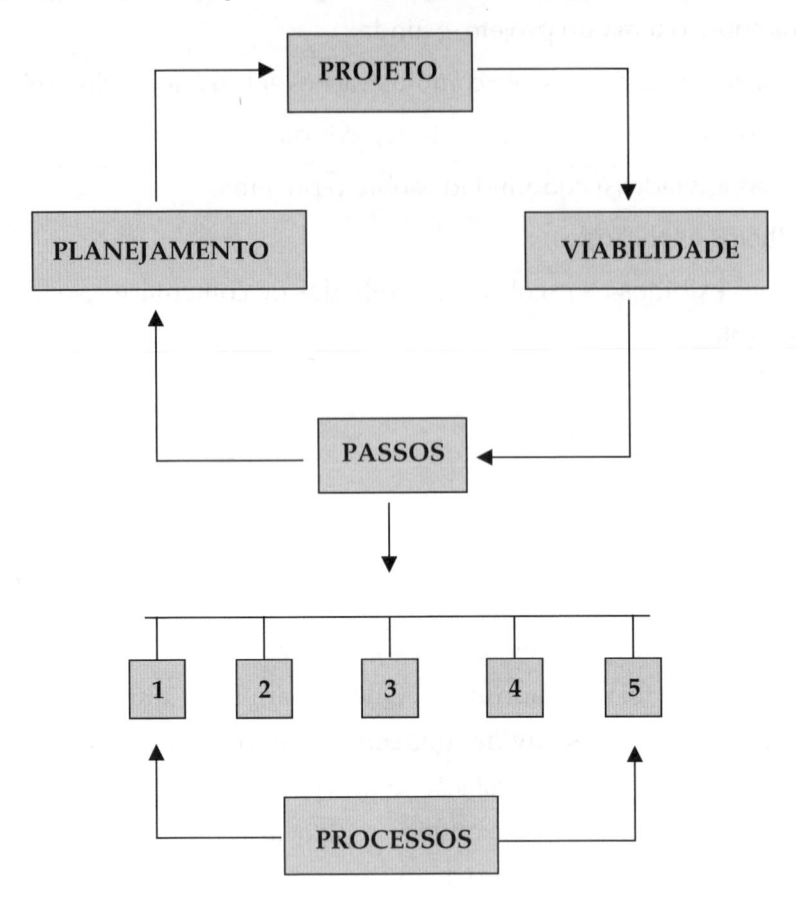

Por fim, alcança-se a etapa da avaliação.

Apesar de, durante toda a execução do projeto, estar havendo avaliação, o professor deverá reservar um momento de culminância, destinado a ela, para que todos os participantes do projeto tenham oportunidade de avaliar todas as etapas, expor seus pontos de vista e apresentar suas sugestões. Este é o momento em que o professor fará as críticas construtivas e os elogios. É, ainda, a hora da autoavaliação e, sobretudo, de verificar se as competências sociais foram atingidas na compreensão da análise e aceitação dos erros.

O currículo através de projetos pode ser desenvolvido pela escola como um todo, por algumas turmas ou por uma turma. O importante é que a adesão seja espontânea e o entendimento aponte o projeto como um processo participativo, construído a partir de uma ideia inicial de organização e programação do trabalho institucional, interinstitucional, de uma série, ou de uma disciplina. Em qualquer dos casos, está sempre fundamentado em situações-problema, com abrangências de elementos políticos, socioculturais, educativos, didáticos, pedagógicos, específicos e gerais.

4) Currículo focado em quadros de interesse

Esse tipo de organização curricular, como o próprio nome está dizendo, pretende atender ao aluno, segundo o seu foco de interesse. Nessa ótica, as classes não são organizadas por série, nem por disciplinas, mas, sim, por quadros de interesse dos alunos em determinadas aprendizagens.

O ano letivo, nessa modalidade de currículo, é desenvolvido através da oferta de cursos eletivos de curta duração, de algumas semanas. Nesse período, o grupo de alunos estuda profundamente um assunto por eles mesmos definidos e trabalhados por um ou por vários alunos ou grupos de alunos.

Em síntese, a diversidade organizacional da escola está na base de uma política de Estado de educação inclusiva. Aqui o aluno é um sujeito social em formação, ocupando um espaço em que o olhar normativo da escola é substituído pela visão emancipadora do cidadão. *Para organizar e dirigir situações de aprendizagem, é indispensável que o professor [...] seja capaz de encontrar o essencial sob múltiplas aparências, em contextos variados* (PERRENOUD, 2000: 27).

A ideia de uma só escola para todos não advoga o enquadramento dos alunos, mas a sua emancipação. É só a escola múltipla na organização que poderá atender a diversidade dos alunos. Os sistemas de ensino resistem a trabalhar com escolas plurais, primeiro porque seu funcionamento tem custos mais elevados e segundo porque o Ensino Médio no Brasil virou cursinho preparatório para o ingresso na universidade. E com o Enem/Vestibular implantado pelo MEC, esta ideia foi reforçada.

A escola de Ensino Médio, única e uniforme, ignora a diversidade das identidades e, por isso, trabalha com um currículo maquiado: aquele que só pode ser conferido e aferido pelos que já nascem na escola!

5
DOS DIREITOS HUMANOS A UMA EDUCAÇÃO BÁSICA UNIVERSAL DE QUALIDADE

Falar Ensino Médio é referir educação básica. É nela que se estende suas raízes e, não, no vestibular.

A educação é um bem público e, mais do que isto, um direito humano fundamental. Em decorrência, aos estados cabe respeitar, promover, proteger, avaliar e ajustar, permanentemente, políticas que assegurem a igualdade de oportunidades no acesso e na permanência, com êxito, na escola, de todos os seus cidadãos. O sucesso da aprendizagem significa não apenas garantir, ao aluno, um rendimento escolar compatível com o que se espera dele no ciclo de estudos em que está matriculado, mas, extensivamente, que adquira todas as competências cognitivas e culturais para continuar estudando ao longo da vida.

Um olhar sobre a educação básica no Brasil, sobretudo com foco no Ensino Médio, mostra que as populações periféricas dos centros urbanos e dos territórios com menores níveis de desenvolvimento permanecem em situação de grande vulnerabilidade social e educacional. Importa dizer que estas coletividades continuam entranhadas em contexto social de desigualdade crônica. Como num processo de irradiação contaminadora, esta situação vai-se impregnando em todos os espaços de zonas periféricas urbanas, suburbanas e de *bairros rurais*[1], onde se instala a imensa rede de escolas públicas estaduais de Ensino Médio.

---

1. Expressão usada por vários estudiosos em diferentes momentos, cabendo lembrar: James Watson (1953), Antônio Cândido (1955) e Maria Isaura Pereira Queiroz (1973).

Diante do mapa da fragmentação social, da coesão coletiva cediça e das ruas entregues à violência de toda ordem, a educação escolar é convocada para responder a desafios múltiplos, na perspectiva da redução das desigualdades, da conscientização responsável voltada para a mobilização social cidadã, tendo como focos a robustez de valores democráticos e a convivência adequada com a diversidade.

No horizonte de uma sociedade democrática, o direito à educação está alicerçado nos princípios da obrigatoriedade, gratuidade, não discriminação e qualidade de acesso e permanência com sucesso na escola.

O princípio da qualidade é desdobrado em um conjunto de elementos estruturantes dos programas e dos processos de ensino que devem convergir para o aumento de densidade da cidadania e da democracia. Estes elementos são a relevância, a pertinência, a equidade e o apoderamento. A relevância se explicita em mecanismos de encaixes múltiplos que, a partir do desenvolvimento de competências qualificadoras, orientam o indivíduo a participar de esferas diversas da vida social, abrindo vias para construção de projetos pessoais, familiares, profissionais e culturais.

A pertinência tem a ver com o eixo identidade/contexto. É ele que vai ensejar o desempenho do indivíduo face à diversidade de situações que a vida oferece. Nesta perspectiva, os programas de Ensino Médio devem ser trabalhados na moldura da aprendizagem significativa, portanto, daquilo que dá sentido operativo essencial aos diferentes domínios da vida do aluno. Na prática, a ideia não é a escola perto dos atores sociais, mas dentro da vida dos atores sociais.

A equidade é o manto do Estado sobre toda a população. Diz respeito à atividade prestacional estatal que se volta para todos os cidadãos, garantindo-lhes a igualdade de oportunidades educacionais, através de disponibilização de meios e recursos para que cada um tenha a resposta adequada às suas necessidades. *A eficácia e a eficiência são atributos da ação pública que nos indicam em que medida são alcançados os objetivos e se usam, adequadamente, os recursos destinados a esta tarefa* (UNESCO/OREALC, 2007: 10).

O apoderamento refere-se ao direito de o aluno ser ator de sua aprendizagem. Há um certo tipo de escola que busca pilotar a aprendizagem, substituindo a vontade do aluno pela vontade do professor. Este deve ser, na verdade, um estimulador da autonomia daquele. A escola é única no sentido de ser um espaço de reflexão crítica e de exercício e construção da autonomia. Isto envolve processos, práticas pedagógicas e modalidades diferentes de avaliação. Como alerta Perrenoud (1995: 128), "[...] buscar uma pedagogia das diferenças é desaprender, 'desconstruir', ultrapassar práticas conhecidas para tentar outras formas". O apoderamento ocorre quando "a apreensão e a descrição dos significados dos sujeitos (Eruckson e Dauster) compõem a matéria-prima de norteamento da prática pedagógica". Aqui o professor é sujeito *pensante* ensinante e o aluno, sujeito *pensante* aprendente. Na sala de aula não pode ser ignorado o jogo das relações sociais e, por isso, a escola não pode superestimar a rigidez das formas de ensinar e de aprender, muitas vezes próximas de uma ambiência militar.

Uma sala de aula com sujeitos sociais ausentes é um simulacro, uma enganação pedagógica. O tempero da aprendizagem são as vivências e as memórias de cada aluno. Apoderar-se é isto: ter o direito de viver plenamente a autoimagem.

A articulação destes elementos de composição estruturante da aprendizagem pressupõe uma inteira revisão das políticas atuais do Estado brasileiro no campo da educação básica e da escola de Ensino Médio em particular. Neste sentido, causa preocupação o conteúdo e a tramitação do Plano Nacional de Educação, em análise no Congresso Nacional. Em fase de audiências públicas, o texto que cobre vinte metas, dentre as quais está a "extravagância" de aumento de 50% do ensino em tempo integral das escolas públicas. O MEC calcula que o cumprimento das metas custará aproximadamente 61 bilhões ao tesouro público, enquanto especialistas em financiamento educacional avaliam 80 bilhões. O projeto do PNE prevê que os vários níveis de administração elevem gradualmente o investimento público em educação, chegando, em 2020, a 7% do Produto Interno Bruto (PIB), percentual previsto para o PNE vencido (2001-2010). Documentos enviados pelo MEC à Câmara Federal para subsidiar os debates em nada ajudam a aclarar as possibilidades de execução do PNE, sobretudo no que tange à inclusão de novos alunos, considerando que o PNE prevê uma expansão de vagas sem a correção das distorções hoje existentes.

É grandemente discutível o valor definido pelo MEC para calcular o custo/aluno na perspectiva da ampliação desejada de vagas para os próximos dez anos. No horizonte há apenas clarão, e não claridade. Basta ver Parecer aprovado pelo CNE, há um ano, com detalhamento do que o colegiado considera essencial para a elevação dos padrões de melhoria da qualidade do ensino. No Parecer estão definidos itens essenciais, como: número médio de alunos por turma, piso salarial do Magistério, material necessário para as escolas (livros, equipamentos eletrônicos, cadeiras etc.). O Parecer, por enquanto, nem foi homologado nem rejeitado. Ou seja, falta ao MEC clareza para resolver a penumbra reinante.

O Brasil vai lutar para conseguir investir, em educação, 10% do PIB lá pelo ano de 2020. Portanto, vamos tentar chegar daqui a 10 anos ao que sinalizava o PNE 2001-2010 há 10 anos. Tudo faz crer que continuaremos com uma educação básica **desrepublicanizada** e um Ensino Médio desnorteado. Inclusive, sem um quadro permanente de professores, porque, grande parte, temporários.

Sem a reversão desta perspectiva, o Brasil continuará com as taxas vergonhosas de baixa eficiência dos sistemas de ensino, o que pode ser aferido por uma análise comparativa do percentual de conclusão do Ensino Médio entre jovens de 18 a 24 anos nos seguintes cinco países[2]:

Coreia do Sul	97%
Estados Unidos	89%
França	84%
Inglaterra	80%
Brasil	37%

Fontes: Gabinete de Estatísticas da União Europeia/Eurostat, 2009; IBGE, 2010.

---

2. A taxa de concluintes do Ensino Médio no Brasil é menor do que a taxa nacional de distorção dade/série também no Ensino Médio: 38,3%.

Qualquer que seja a configuração organizacional da escola múltipla de Ensino Médio, é impositiva uma articulação de fatores para anular as desconformidades deste nível de ensino. Em uma visão compacta, mas capaz de oferecer um lastro seguro para a retificação das políticas de Estado na educação básica e, no Ensino Médio, em particular, como etapa de plenificação da educação básica, são inafastáveis os seguintes aspectos:

- salário profissional inicial decente;

- carreira docente regular;

- recuperação programada do salário comparativamente a outras profissões;

- melhoria na formação;

- reconfiguração da jornada de trabalho;

- previsão de tempo assegurado para atividades de planejamento e de avaliação;

- investimento permanente em infraestrutura.

Sem a existência destes fatores não será possível atrair candidatos talentosos para as licenciaturas e para as habilitações do curso de Pedagogia.

Por outro lado, é urgentíssimo que os sistemas de ensino revejam suas políticas de expansão de matrículas do Ensino Médio, quase sempre focadas no turno da noite. Esta visão está presa a uma avaliação do passado. Pensava-se, então, que grande parte dos trabalhadores tinha o dia todo ocupado, e só à noite estava disponível para estudar. De pronto, trabalhava-se com a ideia de pleno emprego. Hoje, como mostrou levantamento da ONG Parceiros da Educação, com mais de três mil alunos de 18 escolas de São Paulo, metade dos alunos do Ensino Médio diurno não trabalha. Idêntico levantamento foi feito com alunos de três escolas do Distrito Federal, na cidade de Taguatinga, e ficou comprovado que 48,3% estudam à noite porque não encontraram vaga no Ensino Médio diurno. Como disse uma aluna dessas escolas: "Passo o dia inteiro em casa, esperando que chegue a noite, para ir para o colégio. Vou insatisfeita e volto cansada". Esta situação se agravou com a implantação do Ensino Fundamental de 9 anos, fato que obrigou muitas escolas públicas a deslocarem as classes de Ensino Médio para a noite.

A sociedade brasileira deve exigir, do Estado, o cumprimento do papel adequado de fiador e regulador do direito de toda a população a uma educação de qualidade. Isto passa pela discussão da gênese das causas que produzem desigualdade fora e dentro dos sistemas educacionais. Para tanto, duas providências, no contexto atual do Brasil, surgem inadiáveis. De um lado, trabalhar a avaliação na perspectiva da educação inclusiva, o que supõe o conceito de qualidade da educação como direito universal e, de outro, como aponta a Unesco/Orealc (2007: 15):

> rever os sistemas atuais de financiamento da educação para desenvolver as mudanças necessárias para que o Estado cumpra o seu papel de fiador do direito de todos a uma educação de qualidade. Os atuais repasses de recursos públicos são claramente insuficientes. É mister que se desenvolvam esforços para determinar qual é o custo de uma educação de qualidade em diferentes contextos, superando os esquemas homogenizadores e os repasses calcados em comportamentos históricos.

É importante compreender, por fim, que os enormes problemas do Ensino Médio Público não podem ser atribuídos às escolas e aos seus professores. Estes estão diariamente construindo o currículo real da aprendizagem, mesmo que os resultados das avaliações internacionais do Enem apontem para um fracasso sem aparente solução oficial. Aqui, cabe a indagação fundamental de Arroyo (2011: 271), posta em termos profundamente humanos:

> A pressão sobre mestres e alunos cresce para deixar para trás este fardo. Difícil para as crianças e adolescentes, jovens e adultos e para seus mestres não se perguntarem por que logo eles vítimas dessa história de dominação-segregação, serem pensados no próprio sistema escolar como um fardo, uma mancha. Terão de prender-se nessa imagem? Uma das vivências mais inquietantes dos trabalhadores em educação é sentir o desprestígio social de seu trabalho por não apagarem essa mancha do quadro da nação.

É notório que a história da educação, da instituição escolar e da instrução pública está visceralmente ligada à mística republicana e à ideia da implementação de avanços da sociedade democrática.

Nesta perspectiva, a escola pública foi e continuará sendo o espaço aberto para a população pobre ver assegurado o seu direito à educação básica.

Assim, estreitar os caminhos do êxito no Ensino Médio para esta população significa retirá-la das possibilidades concretas de ela participar ativamente da sociedade do conhecimento.

Buscando um ensino que a escola pública não tem como oferecer, o Enem, em seu formato atual, reforça o abismo das desigualdades sociais, marca registrada de nossa formação política e cultural. Por outro lado, se pouco importam os salários dos professores, resta saber que tipo de conhecimento e de aprendizagem o Estado brasileiro deseja oferecer aos alunos do Ensino Médio. A sociedade sabe que dignificar o salário docente é a melhor forma de assegurar, aos professores da rede pública, o direito de construir identidades profissionais comprometidas com uma escola de Ensino Médio plenificadora da educação básica e formadora de uma memória pedagógica consistente.

REFERÊNCIAS

ABDOUNUR, O.J. (2002). *Matemática e música*: o pensamento analógico na construção de significados. São Paulo: Escrituras.

ABRAHÃO, J. (2011). "A educação movimenta a economia". *Revista Educação*, ano XIV, n. 167. São Paulo: Segmento.

ALTET, M. et al. (2003). *A profissionalização dos formadores de professores*. Porto Alegre: Artmed.

ARROYO, M. (2011). *Currículo:* território em disputa. Petrópolis: Vozes.

_____ (2000). *Ofício de mestre*: imagens e autoimagens. Petrópolis: Vozes.

_____ (1985). *Mestre, educador, trabalhador* – Organização do trabalho e profissionalização. Belo Horizonte: UFMG [Tese de doutorado].

ASSMANN, H. (1998). *Reencantar a educação* – Rumo à sociedade aprendente. Petrópolis: Vozes.

BOFF, L. (2003). *Ethos mundial:* um consenso mínimo entre os humanos. Rio de Janeiro: Sextante.

BRASIL/Ministério da Educação (2010). *Conferência Nacional da Educação Básica* – Documento final. Brasília: MEC/SEB.

_____ (2008). *Conferência Nacional da Educação Básica* – Documento final. Brasília: MEC/SEB.

_____ (2004). *Orientações Curriculares do Ensino Médio*. Brasília: MEC/SEB.

_____ (1999). *Parâmetros Curriculares Nacionais do Ensino Médio*. Brasília: MEC/ Semtec.

BRASLAVSKI, C. (org.) (2001). *A educação secundária*: mudança ou instabilidade. Brasília: Unesco/Santillana.

BUENO, M.S.S. (2000). *Políticas atuais para o Ensino Médio*. Campinas: Papirus/Fa pesp.

CARNEIRO, M.A. (2010). *LDB fácil* – Leitura crítico-compreensiva artigo a artigo. 17 ed. Petrópolis: Vozes.

_____ (2002). *Os projetos juvenis na escola de Ensino Médio*. Petrópolis: Vozes.

_____ (1988). *Mudar o cotidiano*. Petrópolis: Vozes.

_____ (1987). *Temas de educação comunitária*. Petrópolis: Vozes.

CASASSUS, J. (2007). *A escola da desigualdade*. Brasília: Unesco/Liber Livro.

CASTELS, M. (2000). *A sociedade em rede*. São Paulo: Paz e Terra.

CATANI, D. (2010). "Estudos de história da profissão docente". *500 anos de educação no Brasil*. 4. ed. Belo Horizonte: Autêntica.

CATANI, D. et al. (orgs.) (1997). *Docência, memória e gênero*. São Paulo: Escrituras.

CITELLI, A.O. (2001). "Educação e mudanças: novos modos de conhecer". In: CHIAP PINI, L. (org.). *Outras linguagens na escola*. São Paulo: Cortez.

CNE/CEB (2010). *Resolução 04/10*. Brasília: MEC.

CNI/SENAI (2008). *Competências transversais*. Vol. 8. Brasília: Senai/DN [Texto ela borado por Moaci Alves Carneiro].

CONSELHO DE DESENVOLVIMENTO ECONÔMICO E SOCIAL (2010). *Agenda para o novo ciclo de desenvolvimento*. Brasília: Presidência da República.

CONTRERAS, J. (2002). *A autonomia dos professores*. São Paulo: Cortez.

DEMO, P. (1998). *Charme da exclusão social*. Campinas: Autores Associados.

_____ (1993). *Desafios modernos da educação*. Petrópolis: Vozes.

FRANCO, L.A.C. (1987). *A escola do trabalho e o trabalho da escola*. São Paulo: Cor tez/Autores Associados.

FRANCO, M.L.P.B. (1994). *Ensino Médio*: desafios e reflexões. Campinas: Papirus.

FREIRE, P. (1982). *Ação cultural para a liberdade*. Rio de Janeiro: Paz e Terra.

FRIGOTTO, G. & CIAVATTA, M. (orgs.) (2004). *Ensino Médio*: ciência, cultura e tra balho. Brasília: MEC/Semtec.

FRIGOTTO, G.; CIAVATTA, M. & RAMOS, M. (orgs.) (2005). *Ensino Médio integrado*: concepções e contradições. São Paulo: Cortez.

GATTI, B. (org.) (2008). *Construindo caminhos para o sucesso escolar*. Brasília: Unesco/Consed/Undime/Inep/MEC.

GONZÁLEZ, J.A.T. (s.d.). *Educação e diversidade*: bases didáticas e organizativas. [s.l.]: [s.e.].

GUENTHER, Z.C. (2006). *Desenvolver capacidades e talentos*: um conceito de inclusão. Petrópolis: Vozes.

HEIDEMANN, F.G. & SALM, J.F. (orgs.) (2009). *Políticas Públicas e desenvolvimento*: bases epistemológicas e modelos de análise. Brasília: UnB.

HELENE, O. (2011). "O caso do Enem (Ou ocaso do Enem?)". *Caros Amigos*, ano XIV, n. 166/11. São Paulo: Casa Amarela.

HELENE, O. & HORODYNSKI-MATSUSHIGUE, L.B. (2011). "Como vai a educação brasileira". *Le Monde Diplomatic*/Brasil, ano 4, n. 43, fev. São Paulo: Instituto Pólis.

HOFFMAN, J. (2009). *Avaliação mediadora*: uma prática em construção da pré-escola à universidade. 30. ed. Porto Alegre: [s.e.].

IPEA (2006). *Brasil*: o estado de uma nação. Rio de Janeiro: Paulo Tafner.

IPEA/Governo Federal (2006). *Brasil: o estado de uma nação* – Mercado de trabalho, emprego e informalidade. Rio de Janeiro: Paulo Tafner.

KRAWCZYK, N. (2004). "A escola média: um espaço sem consenso". In: FRIGOTTO, G. & CIAVATTA, M. (orgs.). *Ensino Médio, ciência, cultura e trabalho*. Brasília: MEC/Semtec.

KRAWCZYK, N.; CAMPOS, M.M. & HADDAD, S. (orgs.) (2000). *O cenário educacional latino-americano*. Campinas: Autores Associados.

KUENZER, A.Z. (2002). *Pedagogia de fábrica*. São Paulo: Cortez.

_____ (2000). *Ensino Médio* – Construindo uma proposta para os que vivem do trabalho. São Paulo: Cortez.

_____ (1997). *Ensino Médio e profissional* – As políticas do Estado não liberal. São Paulo: Cortez.

LIBÂNEO, J.C. (2009). *Adeus, professor; adeus, professora?* – Novas exigências educacionais e profissão docente. 11. ed. São Paulo: Cortez [Col. Questões da Nossa Época].

LOPES, E.M.T.; FARIA FILHO, L.M. & VEIGA, C.G. (orgs.) (2010). *500 anos de educação no Brasil*. 4. ed. Belo Horizonte: Autêntica.

LUCKESI, C.C. (2009). *Avaliação da aprendizagem escolar*. 20. ed. São Paulo: [s.e.].

MAIA, E. & CARNEIRO, M. (2000). *A reforma do Ensino Médio em questão*. São Paulo. Biruta.

MEC (1999). *Parâmetros Curriculares Nacionais* – Ensino Médio. Brasília: [s.e.].

MEC/SEB (2004). *Orientações curriculares do Ensino Médio*. Brasília: MEC/Dpem.

_____ (1991). *Ensino Médio como educação básica*. São Paulo: Cortez [Cadernos Seneb].

MONLEVADE, J. (1996). "Pequenas geografia, história e economia da profissão docente no Brasil" [debate]. In: MENEZES, L.C. (org.). *Professores*: formação e profissão Campinas: Autores Associados/Nupes [Col. Formação de Professores].

MORIN, E. (2003). *A cabeça bem feita* – Repensar a reforma e reformar o pensamento Rio de Janeiro: [s.e.].

_____ (2001). *A religação dos saberes*: o desafio do século XXI. Rio de Janeiro: Bertrand.

_____ (2000). *Os sete saberes necessários à educação do futuro*. Brasília/São Paulo: Unesco/Cortez.

NADAI, E. (1991). *A educação como apostolado*: história e reminiscências (São Paulc 1930-1970). São Paulo: Feusp [Livre-docência].

NÓVOA. A. (1987). *Les temps des professeurs* – Analyse socio-historique de la profession enseignante au Portugal (XVIIIe-XXe siècles). Vols. I e II. Lisboa: Instituto Naciona: de Investigação Científica.

OLIVEIRA, D.A. & DUARTE, M.R.T. (2003). *Política e trabalho na escola*. Belo Horizonte: Autêntica.

RAMOS, M.N. (2003). *A pedagogia das competências*: autonomia ou adaptação. São Paulo: Cortez.

RODRIGUEZ, A. & HERRÁN, C. (2000). *Educação secundária no Brasil*: chegou a hora Washington: BID/Bird.

SANTOS, M.S. & MARIA, L. (2001). *O Brasil*: território e sociedade no início do séculc XXI. Rio de Janeiro: Record.

SAVIANI, D. (2009). *PDE/Plano de Desenvolvimento da Educação* – Análise crítica da política do MEC. Campinas: Autores Associados.

SCHWARTZMAN, S. & BROCK, C. (2005). *Os desafios da educação no Brasil*. Rio de Janeiro: Nova Fronteira.

SENADO FEDERAL (2008). *Constituição da República Federativa do Brasil*. Brasília: Subsecretaria de Edições Técnicas.

SIFUENTES, M. (2009). *Direito fundamental à educação*. Porto Alegre: Nuria Fabris.

SOUSA, E.F. (2010). *Direito à educação*: requisito para o desenvolvimento do país. São Paulo: Saraiva [Série IDP].

TARDIF, M. & LESSARD, C. (2009). *O trabalho docente*: elementos para uma teoria da docência como profissão de interações humanas. 5. ed. Petrópolis: Vozes.

TORRES, R.M. (1995). *Que (e como) é necessário aprender?* São Paulo: Papirus.

UNESCO (2003). *Ensino Médio no século XXI*. Brasília: Unesco [Série Educação, vol. 9].

_____ (2000a). *Fundamentos da nova educação*. Brasília: Unesco [Cadernos Unesco Brasil. Série Educação, vol. 5].

_____ (2000b). *Educação*: um tesouro a descobrir. São Paulo: Cortez/Unesco/MEC [Relatório para a Unesco da Comissão Internacional sobre Educação para o Século XXI].

USP/Faculdade de Educação (1988). *Ensino de 2º grau*: perspectivas/anais. São Paulo: USP.

VEIGA, I.P.A. (2004). *Educação básica e educação superior*: projeto político-pedagógico. Campinas: Papirus.

VELOSO, F. et al. (orgs.) (2009). *Educação básica no Brasil* – Construindo o país do futuro. São Paulo: Elsevier.

CULTURAL

Administração
Antropologia
Biografias
Comunicação
Dinâmicas e Jogos
Ecologia e Meio Ambiente
Educação e Pedagogia
Filosofia
História
Letras e Literatura
Obras de referência
Política
Psicologia
Saúde e Nutrição
Serviço Social e Trabalho
Sociologia

CATEQUÉTICO PASTORAL

Catequese
Geral
Crisma
Primeira Eucaristia

Pastoral
Geral
Sacramental
Familiar
Social
Ensino Religioso Escolar

TEOLÓGICO ESPIRITUAL

Biografias
Devocionários
Espiritualidade e Mística
Espiritualidade Mariana
Franciscanismo
Autoconhecimento
Liturgia
Obras de referência
Sagrada Escritura e Livros Apócrifos

Teologia
Bíblica
Histórica
Prática
Sistemática

REVISTAS

Concilium
Estudos Bíblicos
Grande Sinal
REB (Revista Eclesiástica Brasileira)
SEDOC (Serviço de Documentação)

VOZES NOBILIS

Uma linha editorial especial, com importantes autores, alto valor agregado e qualidade superior.

VOZES DE BOLSO

Obras clássicas de Ciências Humanas em formato de bolso.

PRODUTOS SAZONAIS

Folhinha do Sagrado Coração de Jesus
Calendário de mesa do Sagrado Coração de Jesus
Agenda do Sagrado Coração de Jesus
Almanaque Santo Antônio
Agendinha
Diário Vozes
Meditações para o dia a dia
Encontro diário com Deus
Guia Litúrgico

CADASTRE-SE
www.vozes.com.br

EDITORA VOZES LTDA.
Rua Frei Luís, 100 – Centro – Cep 25689-900 – Petrópolis, RJ
Tel.: (24) 2233-9000 – Fax: (24) 2231-4676 – E-mail: vendas@vozes.com.br

UNIDADES NO BRASIL: Belo Horizonte, MG – Brasília, DF – Campinas, SP – Cuiabá, MT
Curitiba, PR – Florianópolis, SC – Fortaleza, CE – Goiânia, GO – Juiz de Fora, MG
Manaus, AM – Petrópolis, RJ – Porto Alegre, RS – Recife, PE – Rio de Janeiro, RJ
Salvador, BA – São Paulo, SP